高等院校经济管理类专业应用型本科系列教材

管理信息系统

主　编　张利娜　郑桂玲
副主编　张　琰　高　杨　胡　明

东南大学出版社
SOUTHEAST UNIVERSITY PRESS
·南京·

内 容 提 要

本书以"信息技术推动信息系统的发展,引发社会、组织和管理的变革"为主线,从社会发展和技术系统的视角,全面介绍当代管理环境的变化、管理信息系统的基本概念、信息系统对提升企业竞争力的作用、管理信息系统的技术发展、管理信息系统规划及建设的流程、管理信息系统在企业的应用案例以及管理信息系统面临的伦理问题。本书采用"理论知识+知识回顾与检测+协作练习"的教材体系,分 11 章,每章包括学习目标、导入案例、正文、本章关键术语、课后思考题、协作练习和本章测试及答案等七个部分。本书充分体现经管类学科特点,高度契合新文科人才培养需求,内容新颖、资源丰富、案例翔实、深入浅出,既可作为高等院校经济管理类专业管理信息系统课程的教学用书,也可以作为企、事业单位管理人员的参考用书。

图书在版编目(CIP)数据

管理信息系统 / 张利娜,郑桂玲主编. —南京:东南大学出版社,2023.12

高等院校经济管理类专业应用型本科系列教材

ISBN 978-7-5766-1052-9

Ⅰ.①管… Ⅱ.①张…②郑… Ⅲ.①管理信息系统—高等学校—教材 Ⅳ.①C931.6

中国国家版本馆 CIP 数据核字(2023)第 242575 号

责任编辑:曹胜玫 责任校对:咸玉芳 封面设计:顾晓阳 责任印制:周荣虎

管理信息系统
Guanli Xinxi Xitong

主　　编	张利娜　郑桂玲
出版发行	东南大学出版社
出 版 人	白云飞
社　　址	南京四牌楼 2 号　邮编:210096　电话:025-83793330
网　　址	http://www.seupress.com
电子邮件	press@seupress.com
经　　销	全国各地新华书店
印　　刷	丹阳兴华印务有限公司
开　　本	787mm×1092mm　1/16
印　　张	15.5
字　　数	387 千字
版　　次	2023 年 12 月第 1 版
印　　次	2023 年 12 月第 1 次印刷
书　　号	ISBN 978-7-5766-1052-9
定　　价	39.00 元

本社图书若有印装质量问题,请直接与营销部联系。电话(传真):025-83791830。

前　言

党的十八大明确提出"坚持走中国特色新型工业化、信息化、城镇化、农业现代化道路",并把"信息化水平大幅提升"纳入全面建成小康社会的总体目标之中,将信息化提高到前所未有的战略高度。企业是市场的主体,是推动科技创新的生力军。近年来,随着信息技术的不断发展,信息化已经成为企业发展的必然趋势。企业实现信息化过程中,能否有效地管理信息是首要问题。管理信息系统是由人和计算机设备或其他信息处理工具组成并用于管理信息的系统,其在强调管理、信息的现代社会中越来越普及。经过几十年的建设和发展,管理信息系统在提升企业的资源管理效率、改善决策质量、提升管理控制水平以及提高企业内外部的沟通效率等方面发挥了重要作用。

当前,大数据、云计算、人工智能等新技术日新月异,其发展促进企业管理产生了深刻的变革,企业的产品生产、服务和业务模式都在不断创新。管理信息系统逐步成为企业管理创新的核心,各行业对具备信息技术知识及操作技能的管理人才需求迫切。同时,技术应用是一把双刃剑,如何有效应对引发的伦理问题,引导企业科学、规范管理也日趋重要。本教材顺应社会需求,以"信息技术推动信息系统的发展,引发社会、组织和管理的变革"为主线,从社会发展和技术系统的视角,全面介绍当代管理环境的变化,管理信息系统的基本概念,信息系统对提升企业竞争力的作用,管理信息系统的技术发展,管理信息系统的规划、分析、设计方法,管理信息系统在企业的应用以及管理信息系统面临的伦理问题。每章前面设置学习目标和导入案例,让学生明确章节目标和知识应用情境,每章后面配套关键术语、课后思考题、协作练习,帮助学生巩固所学知识,培养协作意识。

本书共11章,第1章到第3章,重点介绍信息技术、信息系统对现代企业管理的影响,其中第1章介绍信息技术背景下企业管理环境的变化,第2章介绍管理信息系统的基础概念、发展阶段及趋势,第3章介绍信息系统与企业组织管理的关系,分析信息系统建设对组织环境以及对企业竞争战略的影响。第4章和第5章介绍管理信息系统的技术发展,系统介绍数据库技术和计算机网络技术,让学生从信息系统建设视角系统学习数据库模型、数据库设计基础知识,了解计算机网络新技术及最新应用。第6章至第9章基于管理信息系统生命周期思想,系统介绍了管理信息系统的战略规划、开发、系统分析、系统设计、系统实施和维护、评价等内容,帮助学生厘清企业信息系统建设的完整流程。第10章从信息系统应用视角分析了管理信息系统建设的典型案例。第11章介绍了信息技术应用中面临的伦理问题,引导学生辨析信息伦理问题,熟悉法律法规,树立正确的信息伦理观、人生观、价值观。

本书具有以下特点：

（1）充分体现管理类学科特点，高度契合新文科人才培养需求，引入丰富的案例素材，生动解析信息技术背景下企业管理行为变革现状，让学生认识到应用新技术改进企业管理方法的必要性和意义。

（2）注重立德树人，有机融入课程思政元素。本书结合内容要点，深挖、提炼其蕴含的思政元素，并在每章的学习目标中增加课程思政目标。除此之外，增设信息安全与伦理内容，学生通过导入案例、知识学习、课后思考以及协作练习，培养科学信息伦理观，为保护自身合法权益、正确应对企业信息系统建设和运营过程中面临的隐私保护、知识产权等问题奠定基础。

（3）突出学生的中心地位。在内容组织上充分考虑学生的学习兴趣和学习特点，如每一章都设置学习目标，提高学生学习的针对性；甄选丰富的案例素材，将抽象的知识具体化，深化学生对所学知识的认识；依情境设置有挑战度的协作练习，引导学生分组完成任务，提升学生的协作能力以及分析、解决问题的能力。

（4）注重教材内容的新颖性。教材系统介绍云计算、大数据技术和人工智能、移动互联网、ChatGPT等新技术及应用现状，充分体现管理信息系统在我国的最新应用，满足学生对新知识的学习需求。

本书由张利娜、郑桂玲担任主编，负责全书总体框架的构建、总纂，由张琰、高杨以及胡明担任副主编，他们均是来自教学一线的骨干教师和行业精英，掌握学科的最新进展，能够将新知识融入教材。本书第1章、第3章、第6章和第11章由张利娜老师撰写，第2章、第7章、第8章由郑桂玲老师撰写，第4章、第10章由张琰老师撰写，第5章、第9章由高杨老师撰写，南京金陵饭店集团有限公司董事、总经理胡明先生对本书的应用特色进行了系统指导。全书由张利娜、郑桂玲和张琰老师负责书稿的审定工作，东南大学成贤学院经济管理学院的孙亮老师、21级电子商务的赵悦晴同学负责部分资料的搜集和整理。

由于作者水平有限，书中难免存在疏漏和不妥之处，诚挚地希望读者对本书的不足之处给予批评指正。

笔者

2023年8月

目 录

第1章 信息时代的管理 1
  学习目标 1
  导入案例 2
  1.1 当代管理环境的变化 2
    1.1.1 全球化的经济环境 4
    1.1.2 新兴技术与大数据的影响 5
    1.1.3 组织结构的变化 6
  1.2 信息技术对企业的影响 6
    1.2.1 信息化提升了企业的生产效率 7
    1.2.2 信息技术助力人力资源管理模式迭代 7
    1.2.3 信息技术推动企业营销模式的转变 8
    1.2.4 信息技术提高了企业财务管理质量 8
    1.2.5 信息技术有效提升了物流管理效率 8
  1.3 企业信息化的社会效应 8
    1.3.1 社会宏观环境改善效应 9
    1.3.2 社会生产力系统变革促进效应 9
    1.3.3 促进经济集约化增长效应 10
    1.3.4 产业结构优化效应 10
  本章关键术语 10
  课后思考题 10
  协作练习 11

第2章 管理信息系统概述 13
  学习目标 13
  导入案例 14
  2.1 信息及信息系统 14
    2.1.1 数据与信息 15
    2.1.2 系统 16
    2.1.3 信息系统 17
  2.2 管理信息系统的概念 17
    2.2.1 管理信息系统的产生背景与定义 18
    2.2.2 管理信息系统的特点

  2.2.3　管理信息系统的分类 ·· 19
 2.3　管理信息系统的结构 ··· 20
  2.3.1　管理信息系统的概念结构 ·· 20
  2.3.2　管理信息系统的层次结构 ·· 20
  2.3.3　管理信息系统典型子系统 ·· 21
 2.4　管理信息系统的发展历程及趋势 ·· 23
  2.4.1　业务处理系统 ·· 23
  2.4.2　管理信息系统 ·· 23
  2.4.3　决策支持系统 ·· 24
  2.4.4　商务智能系统 ·· 24
本章关键术语 ·· 24
课后思考题 ··· 24
协作练习 ·· 25

第3章　信息系统与组织

学习目标 ·· 26
导入案例 ·· 26
 3.1　信息时代的组织管理 ··· 26
  3.1.1　组织的定义 ··· 27
  3.1.2　信息时代组织结构能力要求 ··· 27
  3.1.3　信息时代的组织结构 ·· 28
 3.2　信息系统和组织环境 ··· 31
  3.2.1　产品的生产组织过程 ·· 34
  3.2.2　组织规模 ·· 34
  3.2.3　管理的规范化程度 ··· 36
  3.2.4　组织的系统性 ·· 36
  3.2.5　信息处理与人 ·· 37
 3.3　信息系统与组织战略 ··· 37
  3.3.1　信息系统的战略意义 ·· 38
  3.3.2　信息系统对企业竞争力的影响 ·· 38
  3.3.3　信息系统与竞争战略 ·· 39
本章关键术语 ·· 41
课后思考题 ··· 42
协作练习 ·· 43

第4章　数据库技术

学习目标 ·· 46
导入案例 ·· 46
··· 46

4.1 数据库系统概述 ·· 47
  4.1.1 数据库系统的组成 ·· 47
  4.1.2 数据库系统的特点 ·· 49
  4.1.3 数据库系统的结构 ·· 50
4.2 数据库设计基础 ·· 52
  4.2.1 数据模型 ·· 53
  4.2.2 数据库设计概述 ·· 59
  4.2.3 数据库的概念结构设计 ··· 59
  4.2.4 数据库的逻辑结构设计 ··· 62
  4.2.5 数据库的物理结构设计 ··· 63
4.3 关系数据库的规范化 ··· 67
  4.3.1 关系规范化的定义 ·· 67
  4.3.2 第一范式(1NF) ·· 68
  4.3.3 第二范式(2NF) ·· 69
  4.3.4 第三范式(3NF) ·· 69
本章关键术语 ·· 70
课后思考题 ··· 71
协作练习 ·· 71

第5章 计算机网络技术 ·· 73
  学习目标 ·· 73
  导入案例 ·· 75
  5.1 计算机网络概述 ·· 75
    5.1.1 计算机网络的概念与分类 ·· 79
    5.1.2 计算机网络的拓扑结构 ··· 80
    5.1.3 信息系统模式 ··· 83
  5.2 互联网新技术的融合 ··· 83
    5.2.1 云计算 ··· 87
    5.2.2 大数据 ··· 89
    5.2.3 物联网 ··· 94
    5.2.4 人工智能(AI) ··· 98
  本章关键术语 ·· 99
  课后思考题 ··· 99
  协作练习 ·· 102

第6章 管理信息系统规划与开发 ··· 102
  学习目标 ·· 102
  导入案例

6.1 企业信息化建设过程中存在的问题 …………………………………………… 103
6.2 管理信息系统规划的基础理论 ………………………………………………… 103
    6.2.1 管理信息系统战略规划的概念 …………………………………………… 103
    6.2.2 管理信息系统战略规划的作用 …………………………………………… 104
    6.2.3 管理信息系统战略规划的内容 …………………………………………… 104
    6.2.4 管理信息系统战略规划的组织与实现步骤 …………………………… 105
6.3 信息系统发展的阶段论 ………………………………………………………… 107
6.4 管理信息系统规划的方法 ……………………………………………………… 108
    6.4.1 企业系统规划法 …………………………………………………………… 109
    6.4.2 关键成功因素法 …………………………………………………………… 112
    6.4.3 战略目标集转化法 ………………………………………………………… 114
6.5 流程重组 …………………………………………………………………………… 115
    6.5.1 业务流程的概念 …………………………………………………………… 115
    6.5.2 流程重组的基本理论 ……………………………………………………… 116
    6.5.3 企业流程重组的实施步骤 ……………………………………………… 116
6.6 管理信息系统的开发策略和开发方法 ……………………………………… 118
    6.6.1 管理信息系统的开发策略 ……………………………………………… 118
    6.6.2 管理信息系统的开发方法 ……………………………………………… 119
本章关键术语 …………………………………………………………………………… 124
课后思考题 ……………………………………………………………………………… 124
协作练习 ………………………………………………………………………………… 124

第7章 管理信息系统分析 …………………………………………………………… 129
学习目标 ………………………………………………………………………………… 129
导入案例 ………………………………………………………………………………… 129
7.1 系统分析概述 …………………………………………………………………… 131
    7.1.1 系统分析的主要任务 ……………………………………………………… 131
    7.1.2 系统分析的主要内容 ……………………………………………………… 131
7.2 系统的详细调查 ………………………………………………………………… 132
    7.2.1 系统详细调查的内容 ……………………………………………………… 132
    7.2.2 系统详细调查的原则和方法 …………………………………………… 133
7.3 业务流程分析 …………………………………………………………………… 134
    7.3.1 组织结构分析 ……………………………………………………………… 134
    7.3.2 业务功能分析 ……………………………………………………………… 135
    7.3.3 组织与功能关系分析 ……………………………………………………… 136
    7.3.4 业务流程图 ………………………………………………………………… 136
7.4 数据流程分析 …………………………………………………………………… 138
    7.4.1 数据内容 …………………………………………………………………… 139

7.4.2 数据分析 ················· 141
　　　7.4.3 数据流程图 ··············· 144
　7.5 数据字典 ························ 144
　　　7.5.1 数据字典的定义 ··········· 144
　　　7.5.2 数据字典的组成 ··········· 146
　　　7.5.3 数据字典的用途 ··········· 147
　7.6 处理逻辑 ························ 147
　　　7.6.1 判断树 ··················· 148
　　　7.6.2 判断表 ··················· 150
　　　7.6.3 结构化语言 ··············· 150
　7.7 新系统的逻辑方案 ················ 151
　本章关键术语 ······················· 151
　课后思考题 ························· 152
　协作练习 ··························· 154

第8章 管理信息系统设计 ············· 154
　学习目标 ··························· 154
　导入案例 ··························· 155
　8.1 系统设计的目标及任务 ············ 155
　　　8.1.1 系统设计目标 ············· 156
　　　8.1.2 系统设计任务 ············· 157
　8.2 系统设计的方法 ·················· 157
　　　8.2.1 结构化系统设计 ··········· 158
　　　8.2.2 功能模块结构图设计 ······· 163
　　　8.2.3 计算机物理系统配置方案设计 · 164
　8.3 代码设计 ························ 164
　　　8.3.1 代码的概念及作用 ········· 164
　　　8.3.2 代码设计的原则与步骤 ····· 165
　　　8.3.3 代码设计的种类 ··········· 167
　8.4 校验码设计 ······················ 169
　8.5 数据存储设计 ···················· 169
　　　8.5.1 数据存储结构规范化 ······· 169
　　　8.5.2 文件类型及文件设计 ······· 170
　　　8.5.3 数据库设计 ··············· 171
　8.6 输入/输出设计 ··················· 171
　　　8.6.1 输出设计 ················· 173
　　　8.6.2 输入设计 ················· 175
　8.7 编写系统设计说明书

本章关键术语 …… 177
课后思考题 …… 177
协作练习 …… 177

第9章 管理信息系统实施与评价

学习目标 …… 178
导入案例 …… 178
9.1 系统实施概述 …… 178
9.2 物理系统实施 …… 179
 9.2.1 硬件系统的实施 …… 179
 9.2.2 软件系统的实施 …… 180
 9.2.3 网络系统的实施 …… 181
9.3 软件测试和系统测试 …… 182
 9.3.1 软件测试的定义 …… 182
 9.3.2 软件测试的方法 …… 182
 9.3.3 系统测试 …… 182
9.4 系统切换 …… 185
 9.4.1 系统切换定义 …… 187
 9.4.2 系统切换方式 …… 187
9.5 系统运行、维护与评价 …… 187
 9.5.1 系统运行 …… 189
 9.5.2 系统维护 …… 189
 9.5.3 系统评价 …… 191
本章关键术语 …… 192
课后思考题 …… 197
协作练习 …… 198
…… 198

第10章 管理信息系统的应用案例

学习目标 …… 200
10.1 联想 ERP 项目的成功实施 …… 200
 10.1.1 联想实施 ERP 项目的背景 …… 200
 10.1.2 联想 ERP 项目亟待解决的问题 …… 200
 10.1.3 联想 ERP 项目的实施 …… 201
 10.1.4 联想 ERP 项目总结 …… 201
10.2 顺丰速运的信息化建设 …… 202
 10.2.1 信息化综合集成应用全面 …… 204
 10.2.2 全生命周期管理效益显著 …… 204
10.3 海尔集团的 CRM 整合方案 …… 206
…… 207

            10.3.1 海尔集团背景 · 207
            10.3.2 海尔的客户服务系统 · 208
            10.3.3 海尔集团 CRM 战略的实施 · 209
        10.4 Lazada 跨境电商平台 · 210
            10.4.1 Lazada 跨境电商平台简介 · 210
            10.4.2 Lazada 平台系统架构的演化 · 211
            10.4.3 新的 Lazada 平台系统 · 211
        本章关键术语 · 212
        课后思考题 · 213
        协作练习 · 213

第11章 信息技术应用的伦理问题及应对策略 · 215

    学习目标 · 215
    导入案例 · 215
    11.1 商业伦理概述 · 216
        11.1.1 商业伦理的含义 · 216
        11.1.2 引发道德伦理的关键技术趋势 · 217
    11.2 信息系统的道德维度 · 218
    11.3 信息的安全问题 · 219
        11.3.1 知识产权 · 219
        11.3.2 大数据信息技术的伦理挑战 · 219
        11.3.3 网络暴力 · 221
        11.3.4 网络诈骗 · 222
    11.4 信息技术伦理问题应对策略 · 224
        11.4.1 网络知识产权保护措施 · 224
        11.4.2 大数据伦理问题的应对策略 · 225
        11.4.3 网络暴力应对策略 · 226
        11.4.4 网络诈骗应对策略 · 227
    本章关键术语 · 228
    课后思考题 · 228
    协作练习 · 229

参考文献 · 231

第1章 信息时代的管理

学习目标

1. 了解企业当代管理环境的变化。
2. 理解信息技术对企业管理产生的影响。
3. 理解信息系统对企业组织结构变化的影响。
4. 理解信息化产生的社会效应。
5. 辨析新技术应用对现代企业管理的挑战,激发创新使命感和责任意识。

导入案例

加多宝数字化营销之路

加多宝集团是一家以香港为基地的大型专业饮料生产及销售企业。加多宝旗下产品包括红色罐装、瓶装、盒装"加多宝"和"昆仑山雪山矿泉水"。历经20余年发展,凉茶已建立起熟稔的消费认知,品类进入精耕新时代。

近年来,随着网络技术的不断发展,加多宝不断深化与互联网企业的合作,通过数字化、智能化实现战略升级,探索企业营销新模式。

1. 携手互联网企业,探索提升顾客体验新路径

加多宝联合京东商城、滴滴打车、韩都衣舍、一嗨租车等移动互联网品牌组成的淘金联盟,在快速消费品行业内启动了以"有你更金彩"为主题的淘金行动。消费者只需要通过扫描加多宝产品罐身上的二维码,进入活动界面后,即有机会获得淘金联盟中的部分电商消费券,然后在这些电商平台上消费的时候使用这些消费券,即可获得不同力度的优惠。而这些来自不同行业电商的平台囊括了衣、食、住、行等诸多领域,他们与加多宝携手,共同为消费者打造"金彩生活圈"。在每个星期的星期五,加多宝还会推出名为"金彩星期五"的特别活动,与北京微影时代科技有限公司等互联网企业进行专场合作,同样通过扫描金罐加多宝罐身的二维码,即有机会获得优惠的电影票。

2. 借助网络平台,与消费者建立良性互动

当今,互联网发展日新月异。移动互联网蕴涵巨大的消费潜能,加多宝通过网络与消费者实现良性互动,为企业的长远发展奠定牢固的客户基础。加多宝联合大众点评,联系超过5 000家品牌KTV门店,在微信朋友圈发起好友"KTV必点歌曲""默契度大考验"活动,将活动受众引流到大众点评,通过线上活动完成线下约唱。这一系列互动将网络平台作为主要的活动场所,通过活动福利回馈了消费者、增强与消费者之间的联系、影响消费者的情感评价,并最终使消费者产生一定程度的购买偏好。

3. 利用新媒体技术，创新消费体验

近年来，加多宝积极实现品牌年轻化转型，以数字驱动营销模式创新。2021年，加多宝加大短视频等互联网媒体营销布局，以数字营销实现品牌年轻化。春节期间，加多宝开启"牛气冲天都在宝里"抖音挑战赛，通过数字化营销传播，实现了社群营销的突围。4月，加多宝签约中国国家体操队，随即开启"赢战2021喝彩中国"快手挑战赛，号召"宝粉"为中国体育健儿加油助威，在全国范围内掀起喝彩中国的声浪高潮。

迄今为止，加多宝已与十余家互联网企业达成合作关系的联盟，专场活动互动量逾200万人次。通过与互联网企业强强联盟，加多宝将传统的线下快速消费品企业与新兴的线上电商平台企业相结合，通过自身产品拓宽消费者的消费渠道、通过二维码入口进入活动场景、通过合作进行跨界整合，不仅给电商平台带来足够的流量，还为自己积淀了稳定的客户群体。这共赢的合作擦出的耀目的火花，值得传统快速消费品行业深思。

（资料来源：[1]任仲文．互联网＋领导干部读本[M]．北京：人民日报出版社，2016：34-35；[2]食业家．2021年盈利再创新高，看加多宝的经营之道[EB/OL]．（2022-01-26）[2023-05-03]．https://baijiahao.baidu.com/s?id=17229691325810981826&wfr=spider&for=pc．）

1.1 当代管理环境的变化

互联网和新市场正在改变传统企业的投入和收益结构，也加速了传统企业模式的消亡。企业的管理者不得不面对环境变化对企业的影响，也在思考着新的管理环境下企业如何适应变化以保持自身竞争优势。当代企业面临的环境变化主要从以下四个方面体现：其一，经济发展的全球化变革，使企业间的竞争加剧；其二，信息技术快速发展，知识及技术对企业发展的影响日趋扩大；其三，企业数字化管理逐步引入及深化；其四，企业为适应环境的变化需要动态地对组织结构进行调整。

1.1.1 全球化的经济环境

经济全球化(Economic Globalization)是指世界经济活动超越国界，通过对外贸易、资金流动、技术转移、服务提供、各国相互依存与联系而形成了全球范围的有机经济整体。一般而言，经济全球化是指世界各国经济的日益融合，特别是商品和资金的跨国界流动。经济全球化涉及商品和服务贸易、资本流动和资产贸易（例如货币、股票）、技术转让以及劳动力的跨国界流动。

经济全球化表现为贸易全球化、生产全球化、金融全球化、科技全球化几个方面。

1) 贸易全球化

经济全球化促进了世界多边贸易体制的形成，提高了国际贸易的增长速度，促进了全球贸易自由化的发展，也使得加入WTO组织的成员以统一的国际准则来规范自己的行为。世界各国开始跨越国界进行各种形式的贸易活动。销售活动克服了地域的限制，在全球范围进行，国际贸易的商品范围也在迅速扩大，从一般商品到高科技产品，从有形商品到无形服务等几乎无所不包。如人们可以在世界各地享受到可口可乐、麦当劳、丰田、海尔等企业的产品及相应的服务。

2) 生产全球化

生产全球化是生产超越民族国家的疆界，在国际范围内形成一个相互依赖的有机整体的过程。它包括直接生产过程全球化和再生产过程全球化两层含义。作为生产社会化在世界范围内的延伸，它属于生产力范畴。机器大工业的出现，使生产国际化进入早期阶段。资本主义垄断的加强，使生产国际化进一步发展。生产全球化主要表现为：①跨国公司的崛起。日益增多的大型公司到国外投资生产成为跨国公司；现有的跨国公司不断在世界各地增设子公司。②出口贸易额在国民生产中比重不断上升。一些大企业产品越来越以国外市场为主要对象。③国家间经济合作加强。一些国家共同开拓某些新兴产业，合作新建大型工程。④劳动力国际市场逐步形成与不断扩大。⑤国家间新技术交流受到重视，新技术革命速度加快。⑥主要资本主义国家加强在经济发展与经济政策方面的协调，建立区域一体化的经济联合体。

以互联网为标志的科技革命，从时间和空间上缩小了各国之间的距离，促使世界贸易结构发生巨大变化，加速生产要素跨国流动，这不仅对生产超越国界提出了内在要求，也为全球化生产奠定了基础，是推动经济全球化的根本动力。例如，生产波音747飞机的几百万个零部件是由分布在65个国家的1 500家大企业和15 000家中小企业协作生产的。

3) 金融全球化

金融全球化是指金融业跨国发展，金融活动按全球同一规则运行，从而形成全球一体化的趋势。金融活动的全球化主要可包括以下几个方面：①资本流动全球化。随着投资行为和融资行为的全球化，即投资者和融资者都可以在全球范围内选择最符合自己要求的金融机构和金融工具，资本流动也全球化了。20世纪80年代以来，国际资本流动呈现出不断加速和扩大的趋势。特别是90年代以来，国际资本以前所未有的数量、惊人的速度和日新月异的形式使全球资本急剧膨胀。②金融机构全球化。金融机构是金融活动的组织者和服务者。金融机构全球化就是指金融机构在国外广设分支机构，形成国际化或全球化的经营。20世纪80年代以来，为了应对日益加剧的金融服务业全球竞争，各国大银行和其他金融机构竞相以扩大规模、扩展业务范围和推进国际化经营作为自己的战略选择。进入90年代后，世界一些国家先后不同程度放松了对别国金融机构在本国从事金融业务或设立分支机构的限制，从而促进了各国银行向海外的拓展。③金融市场全球化。金融市场是金融活动的载体，金融市场全球化就是金融交易的市场超越时空和地域的限制而趋向于一体。目前全球主要国际金融中心已连成一片，全球各地以及不同类型的金融市场趋于一体，金融市场的依赖性和相关性日益密切。

4) 科技全球化

科技全球化主要是指人类科学技术活动的全球化，其核心内容主要包括三个方面：①科技研究开发资源的全球配置，即按照比较优势原则在世界范围内配置研究开发资源，以求得研究开发产出的最大化；②科学技术活动的全球管理，即不仅研究开发的组织形式是向全球开放的，而且各国均须在统一的制度框架和标准下，按照共同的国际规则进行科技成果的交易并为科技成果的持有者提供知识产权保护；③研究开发成果的全球共享，即在一定的规则和条件下，科技研究成果的应用是全球性的，科学技术知识的溢出和扩散成为世界经济中的一个重要现象。这三个方面相辅相成、互相促进，共同构成了科技全球化浪潮的主旋律。其中，研究开发资源的全球配置又具有根本性的重要意义，直接影响到科学技术活动的全球管理和研究开发成果的全球共享的规模和程度。

经济全球化给企业的管理者带来了很大的挑战，企业的管理者需要对分布在全球的工厂（办事处）销售点以及员工进行组织和管理。具体来看，主要表现在以下三个方面：①管理者的工作量及决策时间内面对的数据大幅度增加；②在全球范围内管理及调控企业的经营情况，使"身临其境"变得不现实；③全球范围内的分公司、销售点需要及时得到管理者的各种调控信息。如果不依靠管理信息系统，将耗费巨大的时间和资金成本。因此，没有管理信息系统的助力，就不可能加速实现经济全球化，企业也将无法在全球化背景下生存。

1.1.2 新兴技术与大数据的影响

随着计算机的出现和逐步普及，信息对整个社会的影响逐步提高到一种极为重要的位置。信息量、信息传播速度、信息处理速度以及应用信息的程度等都以几何级数增长。在互联网、云计算、物联网、移动计算等新兴技术的带动下，社交媒体、协同创造、虚拟服务等新型应用模式，拓展了人类创造和利用信息的范围和形式，也正在对管理理论与实践产生深远影响。企业从不断产生的交易数据中获取万亿级字节的有关消费者、供应商和运营管理等方面的信息；网络传感器被植入手机、智能手表、汽车以及机械等设备，用以感应、创造并交换信息；社会化媒体中数以亿计网民的实时交流与内容分享，使得大数据呈指数级增长。大数据作为互联网、云计算、物联网、移动计算之后IT产业的一次颠覆性的技术变革，正在重新定义国家战略决策、社会与经济管理、企业管理、业务流程组织、组织与个人决策的基本过程和方式。

1) 新兴信息技术

影响管理领域的新兴信息技术，主要表现在物联网、云计算、移动计算和数据分析等方面。

（1）互联网、物联网为决策提供数据来源。互联网上的社交媒体、移动手机和物联网的迅速发展，使得企业可以将信息系统产生的数据、物联网中传感器搜集到的数据、社交媒体中用户产生的数据以及移动平台的数据整合起来，并使用整合后的信息来预测消费者的行为和发现市场趋势。社交媒体的蓬勃发展还改变了人与人交流的方式，很多企业开始使用社交媒体工具与顾客进行交流并搜集顾客信息。商家还能利用移动技术产生的位置和时间等方面的信息，向顾客定向推送促销信息，进行精准营销。

（2）数据分析技术对数据进行挖掘以获得知识和预测未来，并以可视化的方式将分析结果展示给决策者，帮助他们进行决策。行业企业已经逐渐认识到数据将是核心的生产要素。数字经济活跃，数据分析也深刻影响行业企业的发展与创新改革。如新零售行业，处于行业供应链前端的研发设计、原材料生产、装备制造等流程，要考虑处于供应链后端的分销、零售、广告营销、消费者的消费方式。后端的数据逆向牵引前端，通过数据分析，消费方式逆向影响和牵引生产方式。

（3）云计算为组织提供了依靠外部资源进行数据管理和数据分析的服务模式。大数据时代中小企业面临的挑战是没有足够的资金用于投资大数据分析技术，云计算则允许他们通过租借的方式从云端获取数据管理和数据分析资源。大数据和云计算的增长能够帮助企业制定业务数字化战略，提高决策有效性，促进价值创造。

（4）移动计算则提供了一种更加快捷、更加普遍的资源接入方式。移动技术能够吸引消费者参与到组织的沟通与交流中来，将企业的业务流程拓展到消费者身边，并从消费者那里获得丰富的信息，影响组织的战略管理、创新管理和竞争优势。

现实中，通常需要同时具备多种技术才能实现价值的创造。例如，通过物联网技术，企业可以获取大量的数据，但是如果企业没有分析技术，那么这些数据并不能为企业创造价值。再如，将大数据和商务分析放到云端，实现大数据与云计算的结合，能够为企业带来更大的可扩展性、成本节约和规模经济优势。

2）大数据

大数据是指无法在一定的时间内用常规软件工具对其内容进行抓取、管理和处理的数据集合。大数据具有体量大、多样化、价值密度低、变化速率高等属性特征。

（1）新兴信息技术条件下的数据生成和交互加速了数据的海量积累，使得数据规模剧增。例如，在市场营销领域，网络上购物评论、社交媒体体验分享的用户生成内容、用户的位置移动等产生了大量数据，通过收集、分析这些海量数据，使得精准营销、全渠道营销、智能营销成为可能。

（2）大数据的生成和交互丰富了数据类型，使得数据的多样性成为常态。多样性强调数据的多源异构和富媒体（如文本、语音、图片、视频等）特点。例如，社交网络上的公众声音、智慧交通平台上的交通轨迹等均为来源广泛的多源异构数据。

（3）数据在海量积累的同时也减少了价值数据的占比，使得价值发现的难度提升。价值密度低使得数据挖掘和商务分析成为大数据应用的关键。例如，对在线企业或服务平台，网络访问量增加，业务活动不断扩展，识别高价值的潜在用户变得相对困难，也凸显出大数据分析的重要性。

（4）数据生成和交互强化了流数据形态和即时性，使得数据传输和交换速率显著提高。例如，智能手机客户端应用软件（App）的使用，需要在服务内容和效果方面（包括相关的浏览、下载、上传、响应、展现等）有良好的临场感和实时体验。

新兴信息技术与大数据给管理带来了变革性的影响，在对管理信息系统提出更高要求的同时，也为管理信息系统的发展带来新的机遇。

1.1.3 组织结构的变化

传统经营环境下，企业的外部环境相对稳定，企业的主要目标是在稳定运行中创造效益。相应的，企业采用金字塔式组织结构，企业权力集中、分工明确、结构严谨，企业往往基于一个固定的标准化运作程序来生产大量的产品和服务。信息技术、知识经济以及经济全球化给现代企业管理带来新的机遇和挑战。新的市场环境下，消费者个性化需求不断增加，消费者的转移成本降低，企业间的合作模式也不断发生变化，这就要求企业能够快速反应，转换管理模式，快速满足消费者个性化需求。唯有这样，消费者才能够在激烈的竞争环境中立足。

20世纪80年代以来,企业的组织结构逐渐呈现扁平化、柔性化、数字化的发展趋势。①扁平化。近年来,企业利用信息技术更新沟通、管理工具,扩大管理幅度,提升管理技能,进一步提升企业信息传递速度,降低协调难度,提高企业的决策效率。这对于企业应对快速变化的外部环境,增加企业决策的灵活性至关重要。如小米公司有近万名员工,但每一个团队都不会太大,稍微大一点就拆分成小团队,这样的管理制度减少了层级之间互相汇报浪费的时间。在2012年"815电商大战"中,小米从策划、设计、开发到供应链仅用了不到24小时准备,上线后其微博转发量近10万次,销售量近20万台。②柔性化。当今市场竞争激烈,现代企业需要及时响应客户需求,既要创新又要灵活,柔性化的组织结构有助于企业更好地适应变化的环境,建立企业的竞争优势。③数字化。"数字化"企业中几乎所有的商业关系,诸如客户、供应商、雇员以及核心的业务流程,都是通过数字化的信息系统进行连接和沟通的;核心的企业资产如智力成果、财务和人力资源,也是以数字化信息系统的方式进行管理和运作的。"数字化"企业对外部环境的反应速度要比传统的企业快得多,使之能够在竞争激烈、变化无常的市场环境中生存并保持持续的竞争力。现有企业正积极向数字化企业转型。截至2020年,卡奥斯已汇聚全球390余万家资源,服务约4.3万家企业和3.3亿用户,构建起一个庞大的生态系统。如疫情防控期间,卡奥斯并没有直接生产一只口罩。然而,数以百计的企业能迅速转产、数以亿计的口罩等防疫物资能生产出来,都离不开卡奥斯搭建的资源对接平台。2020年春节(正月初二),一位卡奥斯创客到药店买口罩,柜台空空如也。他立即联系了三位同事,大家连夜建群,商议设计解决方案,昼夜不停地开发平台。正月初六,抗疫物资供需对接平台正式上线,口罩生产厂家、原材料提供厂家、设备提供厂家、有需求的医疗机构……超过6 000家资源方接入平台。

1.2 信息技术对企业的影响

信息技术在信息数据收集、整理和处理方面有很大优势。将信息技术应用到企业管理之中,有助于实现企业经济管理的现代化、智能化和系统化。企业可以借助信息技术获取海量信息,挖掘其中蕴含的价值,优化企业的组织结构,推动企业实现组织变革,提高企业经济管理效率。具体体现在下列五个方面。

1.2.1 信息化提升了企业的生产效率

信息化推动企业全要素生产率的增长,促进企业整体创新升级。首先,在生产方面,信息化促进产品信息含量的增加,有助于满足消费者的需求;在市场方面,信息化可以解决市场均衡问题,为企业与消费者提供充足的市场信息,降低交易成本;在管理方面,及时、准确的信息沟通可以解决企业管理效率问题;在技术方面,信息化实现了企业各方面信息的有效传输,可以利用信息技术进行挖掘、集成、互联和互动;在研发方面,信息化可以为企业研发提供技术环境,优化组织结构,使企业在研发中更有效地配置、使用、处理、开发和利用信息资源,从而提高研发效率。此外,信息基础设施、应用软件及信息技术人员等可以成为企业新的研发资源。更重要的是,信息化可以为企业提供独特的、难以模仿的信息能力,对企业研发产生积极影响——降低市场分析成本,更好地匹配研发与需求,缩短研发周期,提高研发的当期收益,进而实现对企业加大研发投入的激励。

以海尔为例来进行分析。一台中央空调就需要胀接一千多个铜管,过去,工人得抱着一米长、十几千克重的胀管枪,来回移动打胀管,还要一个个手工检漏,工作服被汗打湿了从来没干过。如今,企业通过物联网设备互联、AR协作、AI检测等技术,机器人可以自动定位胀接部位、自动位移、自动替换合适胀头,并通过压力传感器等将铜管胀开,既解放了人力,又提高了效率、降低了失误率。

1.2.2 信息技术助力人力资源管理模式迭代

信息技术有助于提升企业人力资源管理效率。①推动人力资源管理流程的优化。信息技术为人力资源管理工作减轻了工作量,大大提升了管理效率,工作人员节省下来的精力和时间可以对信息进行核对,减少了工作失误,大大提升了管理质量与管理效果。网络招聘改变了人力资源管理的流程,加快了招聘员工的速度,实现了更快的人员筛选。另外,企业在开展新员工入职培训时,可以利用多媒体等方式,如通过播放视频等向新员工直观地展现企业的运营理念和文化氛围,使其能够快速了解工作内容。②为人力资源管理增添新的活力。人力资源管理内容主要侧重对员工的行为监督。将信息技术应用于人力资源管理中,更多的是强调对员工的激励,通过更加人性化的管理模式,以员工发展为目标,采用团队管理的形式,提高员工的工作积极性,使其充分体验到提高能力、掌握新知识的成就感,并在这个过程中,员工通过交流合作、互相学习,彼此之间加深了解,进而加强员工之间的整体凝聚力。信息技术还可以应用到企业员工考勤上,通过互联网线上打卡,不仅避免了上下班高峰时期聚集打卡现象,还可以减少由于打卡机器出现故障而产生的考勤纠纷,并且让考勤机制更加透明,提升企业考勤的公平公正。③提高人力资源管理效率。传统的人力资源管理模式中,整个流程均由人工主导和处理,工作量大、工作内容繁杂,效率普遍不高。如在薪酬管理中,传统的薪酬发放包含了工资表的记录、信息核对、确认签字、薪资派发等环节,耗时长且容易发生错误。借助信息技术,企业可以直接通过网上银行转账的方式为员工发放薪资,不仅提升了工作效率,还降低了工资发放过程中的失误率。另外,当员工个人信息发生变更时,员工可以自行登录企业信息平台进行处理,不仅为人力资源管理工作减少了操作流程,也方便了管理人员的信息统计,防止由于管理人员遗忘或者疏漏造成整合统计时出现误差的问题。

1.2.3 信息技术推动企业营销模式的转变

现代信息技术环境下,消费者消费行为及心理产生变化。网络环境下,消费者消费的主动性大大提升,人们对商品的认知更加深入、需求逐渐呈现多元化、个性化趋势。相应的,企业需要充分考虑消费者的需求来进行产品的设计、生产及销售,企业的营销观念和营销模式都发生了很大变化。

营销观念上,企业的市场营销逐步向"一对一"理念转化。该理念倾向于定制化产品和服务,要求充分利用互联网与信息技术的优势,通过ABC顾客分类管理法来构建数据库,运用高效的沟通交流平台为消费者提供全面的配套服务。定制产品及服务能够提高消费者对于商家的信任度,同时也能促进消费者与商家的沟通,及时了解消费者的消费心理与需求。根据这些信息来设计或调整产品设计,不仅能提高营销效率、提升消费者满意度,同时也是掌握消费者心理,提高自身竞争实力的一种途径。

营销模式由规模化营销向数字化营销转变。以往的销售模式通常都是利用中间商作为渠道进行规模化营销,因此生产企业所生产出的产品需要流经多个中间经销商之手才能到达消费者手中。在电子商务背景下,企业能够利用电子商务平台与消费者进行直接沟通,运用网络实现线上交易。这种营销模式的优势在于能够有效省去中间的"经手"环节,实现"面对面"式交易。企业在提高营销效率的同时,消费者也享受到了更低的价格,使得企业与消费者双方的经济效益都得到了提高。如一个消费者基于生活体验,在海尔网络平台咨询"能不能设计一款冰箱,冷藏室干湿分储,既能不风干又能不回潮,冷冻室空间还要大,保鲜也要加强,总之要满足全家的需求"。看到用户的需求之后,海尔依靠510万名用户参与社群交互,全球多家供应商提供解决方案,整个方案迭代了56次方才定型,这款冰箱在45天后顺利上市,当天销量就达到20多万台。

1.2.4 信息技术提高了企业财务管理质量

现代信息技术的发展为企业财务会计创造了更多的机遇,同时带来了新的发展空间,受到了更多人的关注。如果把信息技术运用在企业财务会计上,就可以改变传统财务管理的弊端,以提高工作水平,更好地应对所出现的问题。通过这种变革,企业财务会计顺利实现了网络化的管理模式,提高了整体的财务会计管理的工作效率,比传统的财务会计管理更加有优势。传统的财务会计已不再适应时代发展的特点了,因此,必须将现代信息技术与企业财务会计相结合,这样便可以实现技术的提升,协调业务的开展。另外,在现代化信息技术的影响下,工作人员便可以快速进行数据分析和数据的查找,很大程度上提高了企业财务管理的质量,使其更加科学化。

1.2.5 信息技术有效提升了物流管理效率

物流管理过程中,信息技术的应用有着鲜明特征。首先,物流管理的信息技术应用的实时性强。企业要想提供个性化服务,在信息化技术的应用上就要科学化实施。产品种类比较多的小额度业务的管理,在信息化的技术应用下,实时性就比较强,对物流信息的及时掌握有着积极促进作用。其次,物流管理信息技术应用中,对信息质量要求高。物流管理活动的实施需要多方面的参与及支持。因此,物流系统必须获得充足的信息。同时,物流在信息化技术应用中,需要满足价值链各方的信息需求,要确保信息准确、信息沟通顺畅。

在未来的物流管理过程中,将会广泛采用动态信息采集技术。正确、快速地采集和读取动态货物或载体的信息,并对其加以利用,可以明显地提高物流效率。

1.3 企业信息化的社会效应

1.3.1 社会宏观环境改善效应

企业信息化绝不是企业的孤立行为,而是企业内部信息化与外部信息化互动的过程。

企业信息化不仅仅是一个企业的内部事务,与其所在供应链端的企业乃至全社会具有非常密切的关系。例如,企业要实现电子商务,光靠一个企业自己采用信息技术是不够的,必须使该企业所在供应链的上下游企业都具备开展电子商务的条件。同时,还需要银行、税务、海关等外部环境在信息认证、电子支付与结算、计税缴税、报关通关等各方面提供便利条件,才有可能真正实施电子商务。因此,企业信息化具有广泛的社会关联性。从另一个角度看,企业信息化,除了向内部要效益外,还需要向外部要效益。企业信息化的外部效益主要体现为信息化的社会变革效益。企业信息化的发展无疑推动了经济基础设施建设和市场经济发展,同时也改善了相关的经济、政治、金融、法制、社会文化、制度环境。

1.3.2 社会生产力系统变革促进效应

信息经济时代,生产要素理论发生变化,知识、信息、人力资本作为重要的要素资源改变着整个社会的生产力系统。企业作为经济发展的微观主体,大力推进和发展信息化建设必然推动生产力系统的变革。首先,信息技术的快速发展,加快了社会产业结构的调整。如信息技术催生了互联网、电子商务、物联网、大数据等一系列新兴的产业。这些新兴产业实现了技术的突破和集成,大幅提高了社会的生产效率和效益。同时,传统的制造业、金融业和服务行业逐步普及信息技术,开发了 MIS、MRP、ERP 等信息系统,并在企业应用,为企业赢得商机、节约资源,提高了生产效率。其次,信息技术的发展及应用改变了企业的生产组织形式和管理方式。信息化的生产过程,通过信息的集成和共享,优化了企业的生产方式,实现多维度的生产协调,有助于构建高效、透明的生产组织。同时,信息技术的应用,加快了企业管理方式的变革,使得企业的绩效评估、监督控制、营销推广等运营更加科学、合理。最后,信息技术的应用,推动了社会生产方式的智能化,促进了智能经济的发展。近年来,人工智能、机器学习技术不断进步及广泛应用,实现了企业生产的自动和智能化。企业在生产过程中可以及时、准确地获取海量的数据,并自动完成分析、诊断和调整,降低了生产成本,减少了生产延迟,大幅提升了生产效率。智能生产方式以及智能经济的发展,成为社会生产方式进一步完善和升级的重要推手。

1.3.3 促进经济集约化增长效应

在传统的工业经济中,有形的劳动、资本、原材料、能源等是经济增长主要的生产要素。而在信息经济时代,无形的信息不仅成为生产要素,而且成为最为重要的一种生产要素。信息要素的作用主要表现在其对传统生产要素的优化功能上。信息要素渗透性强,它可以渗入到其他生产要素之中,优化其他生产要素的配置和管理,提高其运行的有序度和效率,使微观经济运行机制发生变化,加快运行速度,提高经济效益。如某餐厅连锁品牌的生产流程从采购、加工、配送到销售全面数字化,所有流程都能在互联网平台上追踪和管理。同时,通过引进高科技设备,如智能化厨房设备和自动化配餐系统等,实现了集约化生产和配送。餐厅利用大数据技术和人工智能技术,对销售情况进行实时监控和分析,能够根据销售情况进行生产计划调整,有效避免了浪费和过剩。

1.3.4 产业结构优化效应

企业是国民经济的细胞,实现企业信息化,将有助于推进领域信息化及区域信息化,有效推动产业结构调整和产业优化升级。首先,信息技术渗透性强,其应用能够实现生产要素在各行业间的重新配置,从而快速改善各行业、企业的劳动生产率和综合交易效率。其次,信息技术与产业深度融合,缩短了企业各类产品的生命周期,加快了产业生命周期进程。当前,全球化趋势不断加快,国际竞争愈加激烈,中国制造业需要利用信息技术实现产业自动化、智能化,从而加快改变中国制造业发展现状,提升产品附加值和利润空间。最后,信息技术应用有助于降低微观经济活动的成本。这主要通过以下几方面体现出来:一是在数字化环境中,搜索成本更低,企业的搜索范围更大且搜索质量显著提升;二是数字产品可复制性高且成本低;三是全球定位技术、动态信息采集技术的发展及广泛应用,降低了物流成本,提升了物流效率;四是基于信息技术,经济活动的追踪和验证成本进一步降低。

综上所述,信息产业是高渗透、高增值的战略性新兴产业,它的发展及广泛应用带来积极的社会效应。信息产业的发展及应用有助于在产业内部实现自我循环和增值,同时,助推传统产业实现升级改造,在使传统产业增值的过程中拓展自身的市场发展空间。

本章关键术语

贸易全球化
生产全球化
金融全球化
科技全球化
大数据
企业信息化
社会效应
扁平化
柔性化
数字化

课后思考题

1. 信息技术环境下企业的管理环境发生了怎样的变化?
2. 信息技术对企业管理产生怎样的影响?结合你所学专业进行分析。
3. 结合新技术分析企业信息化的发展趋势。

协作练习

亚马逊的创新

根据财报,亚马逊 2022 财年净销售额为 5 140 亿美元,同比 2021 财年时期的 4 698 亿美元,增长9%。亚马逊不断创新服务模式,拓展服务范围。目前,亚马逊服务于消费者、卖家、开发商、企业、内容创作者、广告商和员工。亚马逊通过在线和线下实体店为消费者提供服务,客户通过亚马逊的网站、移动应用程序、Alexa设备、流媒体以及去线下实体商店访问产品。亚马逊公司还制造和销售电子设备,包括 Kindle、Fire 平板电脑、Fire TV、Echo、Ring、Blink 和 eero,以及开发和制作媒体内容。此外,亚马逊还提供订阅服务,例如 Amazon Prime,该会员计划包括数百万件商品的快速免费送货、获奖电影和连续剧的访问权等。

亚马逊在在线零售上取得了极大的成功。亚马逊必须建立一个巨大的支持性基础设施,来保证其提供优质的线上服务。亚马逊的基础设施可以支持其在节日旺季每天将近 4 000 万件货物运送到目的地。这意味着,在平时亚马逊的基础设施会存在产能过剩的情况。如何有效利用这些基础设施?亚马逊自 2000 年开始,尝试将过剩的产能租借给其他公司,这对推动亚马逊的云服务奠定了良好基础。

今天,亚马逊的业务链可以被划分为三个主要的部分:在线零售、订单履行、云服务。

在线零售

亚马逊从一家线上书店做起,创建了在线零售的商业模式。它从 1998 年开始,每一年都增加新的产品分类。目前,亚马逊的业务包含在线零售的各个方面,它销售库存的商品,通过联合运营计划激励销售,也通过商品页面或寄售服务帮助顾客销售存货。亚马逊公司不断创新,提升客户体验,这其中包括了产品推荐展示,如购买某产品的顾客也购买了另一产品,在线顾客评论,顾客评论排序,书单,查看书中内容,为特定订单和常购买用户自动免费邮寄,Kindle 电子书和全新概念设备。

亚马逊的商品通常以折扣价格出售,对于会员两天内邮寄的商品还提供免邮费服务,因此,零售业务利润非常小。亚马逊通过严格的管理体制、先进的技术手段以及不断创新的经营理念降低运营成本,获得长期的竞争优势。

近年来,亚马逊不断拓展经营范围。利用 Kindle 阅读器,亚马逊已经成为平板电脑厂商,更重要的是,从长远来看,已经成为在线音乐和视频供应商。为了向客户推广 Kindle 应用,2013 年亚马逊推出了自己的交易货币,即亚马逊币。2014 年,亚马逊开设了 3D 打印商店,顾客可以设计自己的玩具、珠宝首饰以及其他一系列产品。

除了线上零售,亚马逊也出售订单履行服务。

订单履行

订单履行(Fulfillment by Amazon,FBA)是由亚马逊提供的一项服务,其他销售商可以将货物交给亚马逊储存、封装和运输。基于该项服务,顾客将库存运至亚马逊的仓库,在拥有使用权的情况下,可以连接到亚马逊的信息系统。进一步,顾客使用 Web 服务技术,可以将自己的订单信息系统与亚马逊的库存、订单履行、物流应用相连接。亚马逊提供了统一标准的界面 Amazon Marketplace Web Service(MWS)。使用 Web 标准技术,FBA 顾客的订单和付款数据可以直接连接到亚马逊的信息系统,通过亚马逊的零售销售应用销售库存。顾客使用这项服务,需要支付订单履行和仓储空间费用。亚马逊通过自己的储存管理、订单履行和信息系统来完成顾客的订单。

顾客除了利用 FBA 管理库存之外,还可以利用亚马逊平台销售商品。亚马逊会为顾客提供线上销售相关的订单流程服务,包括退货处理、错误订单处理以及线上咨询等。同样的,顾客获取相关服务,需要支付一定费用。亚马逊FBA收费主要包括仓储费和订单处理费。仓储费用包含月度仓储费和长期仓储费。月度仓储费根据商品的体积和重量计算费用,按月收取,每年的2月15日和8月15日会进行费用调整。如果物品存储时间超过180天,则收取长期仓储费,一般而言,仓储时间越长,费用越高。订单处理费用根据产品的种类和尺寸等因素计算,收费涵盖了订单信息搜集、包装、印刷、标签、装运以及退货、跨境处理等多项服务。

云服务

亚马逊Web服务允许企业以多种方式租借亚马逊的计算机设备。亚马逊的Elastic Compute Cloud(EC2)能够让企业迅速连接亚马逊的计算机资源。亚马逊还有多种支付方式。企业可以用每小时不到一便士的价格购买计算机时间。这种能力的关键在于租借企业的计算机程序能够与亚马逊的交互,自动增减租用的资源。举例来说,如果一个新闻网站发布了一条引起巨量点击的消息,这个新闻网站就可以完成编程、请求、配置,并在一个小时、一天甚至一个月或更长的时间里使用更多的计算机资源。

2015年,亚马逊推出了WorkMail——一个潜在的基于云的Microsoft Exchange的替代品,以及Amazon Home Services(当地专业化的服务)、Amazon Destinations(旅行网站)、Amazon Dash(一键重订设备)。杰夫·贝佐斯在2014年宣布亚马逊正在尝试使用无人机技术进行包裹运送。2015年3月,美国联邦航空管理局授权亚马逊在美国测试无人机技术。用飞行机器人取代人类驾驶员的前景对在线零售商颇具吸引力,因为预计30分钟送货时间将成为药品、零食和婴儿用品等特定送货的标准时限。亚马逊的无人机计划在顾客点击"购买"按钮后的半小时内,从送货站向外延伸7英里(11.27千米),在车流上空飞行,递送重达5磅(约2.27千克)的包裹。这一速度将使在亚马逊下订单的速度与顾客自己去商店的速度一样快,并有助于抵消电子商务中最大的成本之一:花钱请人开车把包裹送到家里。

(资料来源:克伦克,博伊尔. 管理信息系统:第7版[M]. 冯玉强,等译. 北京:中国人民大学出版社,2019:74-77.)

结合案例材料,讨论以下问题:

1. 如果将来想在亚马逊这样的公司中得到重用,需要具备什么样的能力和技能?通过哪些方式可以获取这些能力和技能?

2. 如果一家实体零售店想要通过网络增加商品销售,你会推荐亚马逊吗?为什么?

3. 信息时代,实体零售店如何将自己的信息系统和亚马逊这样的互联网企业进行整合?

本章测试及答案

第 2 章 管理信息系统概述

学习目标

1. 掌握数据、信息的概念及相互关系。
2. 了解信息系统的含义。
3. 掌握管理信息系统的概念。
4. 了解管理信息系统的结构。
5. 了解管理信息系统的发展历程及趋势。
6. 正确理解国家发展战略和产业政策,强化承担国家发展的历史责任感。

导入案例

某企业管理信息系统的开发应用

某企业在厂长的积极支持下决定采用与外单位协作的方式开发管理信息系统。一开始,研制工作开展得较有条理。首先是进行系统调研和人员培训,并规划了信息系统的总体方案。在系统分析和系统设计阶段绘制数据流程图和信息系统流程图的过程中,课题组和主要科室人员在厂长的支持下多次进行了关于改革管理制度和方法的讨论。他们重新设计了全厂管理数据采集系统的输入表格,得出了改进的成本核算方法,试图将月盘点改为旬盘点,将月成本核算改为旬成本核算,将产量、质量、中控指标由月末统计改为日统计核算。整个系统由生产管理、供销及仓库管理、成本管理、综合统计和网络公用数据库五个子系统组成。各子系统在完成各自业务处理及局部优化任务的基础上,将共享数据和企业高层领导所需数据通过局域网传送到服务器,在系统内形成一个全面的统计数据流,提供有关全厂产量、质量、消耗、成本、利润和效率等 600 多项技术经济指标,为领导做决策提供可靠的依据。在仓库管理方面,通过计算机掌握库存物资动态,控制最低、最高储备,并采用 ABC 分类法加强库存管理。

但在实际执行中,虽然课题组夜以继日地工作,软件设计还是比原计划拖延了半年才开始进入系统转换阶段,可以说,系统转换阶段是系统开发过程中最为艰难的阶段。许多问题在这个阶段开始爆发出来,如:

1. 手工系统和计算应用系统同时运行,对于管理人员来说,这加重了其负担。在这个阶段,管理人员要参与大量原始的输入和计算机结果的校核。特别是仓库管理系统,需要把全厂几千种原材料的月初库存一一输入,工作量极大,而当个别程序出错且修改时间较长时,往往需要重新输入。这就引起了某些管理人员的不满。
2. 在产生的经济效益方面,虽然计算机打印出来的材料订购计划优于原来某些计划员凭经验编写的订购计划，但计划员面子上过不去，到处说计算机系统不好用，并表示不愿意使用新的系统。

以上这些问题，经过努力，逐一得到解决，系统开始正常运行，并获得上级领导和兄弟企业的好评。

但是，过了一段时间，企业环境发生了很大的变化。一是厂长奉命调离；二是厂外开发人员移交后撤离；三是企业效益下降，人心惶惶，无暇顾及信息系统发展中产生的各种问题。与此同时，新任厂长不太支持该管理信息系统的应用。这时，原来支持该系统应用的计划科长也一反常态，甚至在工资调整中不给计算机室人员提工资，结果使已掌握软件开发和维护技术的主要人员调离工厂，整个系统陷入瘫痪状态，最后以失败告终。

管理信息系统的合理应用，可以有效提升企业经营管理效果，但是获得系统管理者的认同很重要。

（资料来源：黄梯云，李一军. 管理信息系统[M]. 7 版. 北京：高等教育出版社，2019.）

2.1 信息及信息系统

2.1.1 数据与信息

1) 数据

数据是记录客观事物的可鉴别的特殊表达方式。数据的表达形式并不只是数字，也包括文字、图像、声音、视频等多种形式。

例如管理信息系统的成绩、学生身高、销售额折线图、某日天气变迁视频、书面报告等都属于数据的范畴。

数据本身没有意义，仅仅是数据的记录是远远不够的，还需要对数据进行加工处理，寻找数据背后的含义。

2) 信息

"信息"一词来源于拉丁文"informatio"，意为解释、陈述，现在常以"information"表示。被称为"信息论之父"的香农认为"信息是用来消除随机不确定性的东西"，可以用"信息熵"衡量含有信息量的大小。

随着时代的发展，信息的含义也在不断发展变迁。目前信息的概念众说纷纭，典型的说法有：信息是音讯、消息、通信系统传输和处理的对象，泛指人类社会传播的一切内容；信息是关于客观事实的可通信的知识；信息是人们加工处理后的有价值的数据。"信息是加工处理后的有价值的数据"的提法认可度较高，包含几个方面的含义：信息是经过加工的数据；信息具有特殊意义；信息是对决策有价值的数据。

综上所述，信息为反映客观事物特征，经过加工，可传输的对决策有用的数据。可以从以下几个方面来理解：

(1) 信息是客观事物特征的反映

客观事物均具有其自身特征，资料、情报、指令等均反映事物的特征，都属于信息的范畴。信息具有真实性,虚假构造的特征不是信息。

（2）信息是可传输的

信息通过合适的媒介,可以由一端传输到另一端。信息在传递过程中可以转换载体而不影响信息的内容。信息的可传输性使得信息具有更广泛的应用。

（3）信息可以加工

信息可以通过一定手段加工,如聚类、筛选、排序后的数据具有更好的实际意义。当然,信息的加工需要维持其真实性,失真的信息只会丢失或歪曲其原有的内容。

（4）信息对决策有用

信息的价值是对信息的使用者而言的,信息的使用者使用信息帮助其消除不确定性,明晰事物当前的发展状态,为决策提供支持。

3) 数据与信息的联系与区别

信息来源于数据,但又不同于数据。数据反映的是客观事物的属性值,是对客观事物的记载,但是数据本身没有意义。而信息是经过加工处理后,可以对使用者决策具有价值、产生影响的数据,只有经过处理后的数据才可能成为信息。

例如：逆行、高度近视、荒郊野外、17 天,这些都是客观事物的描述,是数据,没有具体的环境,没有经过人脑的加工,这些数据对人们并没有多大价值。但是如果告诉我们,"甘宇在 2022 年 9 月 5 日泸定地震时,逆行拉闸泄洪,避免了河水漫过大坝淹没下游村庄,在高度近视、眼镜丢失的情况下,在荒郊野外生存 17 天",通过这些数据蕴含的信息,一个为人民服务、有强烈责任感与强大的意志力的甘宇的高大形象就展现在人们面前了。

2.1.2 系统

系统是相互联系、相互作用的若干要素按照一定规则组合在一起形成的有机整体。系统具有两个以上要素,要素与要素之间具有很强的关联性。

系统有自然系统,也有人造系统。生物系统、生态系统、气象系统等均属于自然系统。人造系统也称为人工系统,是人们为了达到某种目的而创造的系统。物流系统、企业管理系统都是人造系统。

根据系统含义可知,系统具有以下特点：

1) 整体性

系统是由若干要素组成的,各要素之所以能成为系统的组成部分,是因为各要素组合在一起能形成一个有机整体,每个部分都要服从整体,满足整体的目标追求。在系统开发时,要充分考虑整体的利益,统一协调开发,而不是各行其是,影响整体最优,从而影响系统的质量。

2) 相关性

系统的各要素之间存在相互联系、相互制约、相互依存等关系,这些相关关系是系统形成总体的必备条件。构成系统的各要素并不是独立存在的,而是在运行过程中存在相关关系,包括功能协作关系、因果制约关系、结构支撑关系等。

3) 边界性

系统是相对独立的,具有边界的。系统的各要素结合形成了系统边界,系统外部形成了系统环境。系统与环境之间具有信息的交流,系统对环境的信息传递叫信息输出,环境对系统的信息传递叫信息输入。系统与环境之间具有相互影响的作用,因此系统应具有环境适应性。

4) 层次性

系统是一个相对完整的总体,系统的环境适应性说明系统与外界具有信息交流,在一定条件下,系统可以成为更大系统的子系统,系统本身也可以划分为更多的子系统,从而形成系统的层次结构,如图 2.1 所示,系统 A 可划分为两个子系统,分别为子系统 A1 和子系统 A2,每个子系统可以接着往下继续划分为两个更小的子系统。在企业系统管理实践中,如 ERP 系统是整个企业管理信息系统的子系统,而 ERP 系统又可以分为财务管理信息系统、生产管理信息系统、销售管理信息系统等子系统,企业管理信息系统的层次结构就形成了。

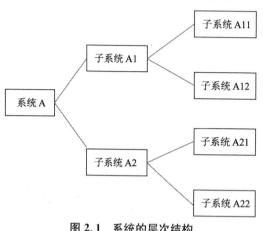

图 2.1 系统的层次结构

2.1.3 信息系统

信息系统是系统的一种,是以信息加工处理为主的系统。早期信息系统的含义主要从技术上进行界定,劳顿教授认为"信息系统技术上可以定义为支持组织决策和控制,进行信息收集、处理、存储和分配的相互关联部件的一个集合"。信息系统包括广义的信息系统和狭义的信息系统。广义的信息系统将进行信息加工处理的系统都视为信息系统,如地理信息系统、生命信息系统、企业信息系统。狭义的信息系统则是跟计算机、通信技术密切相连,强调以计算机、通信技术等现代化信息技术为手段进行信息加工处理的系统。

信息系统的功能是对信息进行采集、处理、存储、分配使用和传输。

1) 信息采集

信息采集是将处于不同地方的信息收集起来进入系统中,是后续功能的基础。信息采集首先要确定信息采集目的,拟订信息采集计划。在信息采集计划实施过程中,要注意信息的甄别,围绕信息采集目的,追寻信息的真实性、完整性,真实性是信息采集的根本要求,但同时要兼顾收集信息的经济性。

2) 信息处理

采集过来的信息,并不一定满足直接使用的要求,更多的信息还需要根据使用目的加以处理。信息处理主要包括对信息的真实性进行判别,对信息进行分类汇总,通过查询、排序、统计、结算,甚至是预测、决策等对信息加工分析。伴随着计算机技术的飞速发展,信息系统信息处理能力越来越强。

3) 信息存储

经过处理后的信息,往往不是仅供当时一次性使用,而是需要按照一定格式和顺序存储在特定载体中,这种将信息按照一定格式和顺序存储在特定载体中的过程即是信息存储。信息存储的载体多种多样,典型的有硬盘、移动硬盘、磁盘阵列、闪存、U盘等,伴随着存储技术的发展,存储容量越来越大。

4) 信息分配使用

信息分配使用主要是指将信息按照需求分配到合适的、需要的人手中。现实中,信息的使用是有权限的,并不是每个人都对信息系统中的所有信息享有查看、修改、更新等权限,而应该是根据组织管理规则及事务需要,将对信息处理的相关权限赋予适当的人。信息系统需要建立恰当的分配使用规则。

5) 信息传输

信息传输是将信息从信道一端传输到另一端,并被另一端接收。由于信息采集地、信息处理中心、信息使用者通常不在同一个地方,信息需要进行传输。信息传输分为有线和无线两种。有线主要是通过电话线和网络线路传输,信息系统的信息传输主要通过网络线路传输。无线则是利用微波和卫星技术等无线电波进行信息传输。当前信息系统中,往往是有线和无线有机结合完成信息的有效传输。

2.2 管理信息系统的概念

2.2.1 管理信息系统的产生背景与定义

随着信息系统的应用与发展,人们越来越意识到信息系统主要是一种工具,其最终目的是解决管理应用决策问题。对信息系统的内涵的阐述也发生了变化,越来越关注信息系统在管理领域的应用。在此背景下,相关学者提出了管理信息系统的概念。但是管理信息系统还是一门新兴的、综合性的边缘性学科,是一个不断发展变化的概念,相关定义尚不统一。

1970年,Water T. Kennevan给刚刚出现的管理信息系统进行了相应界定,认为"以口头或书面的形式,在合适的时间向经理、职员以及外界人员提供过去的、现在的、预测未来的有关企业内部及其环境的信息,以帮助他们进行决策"。该概念强调了决策支持,但是没有提到计算机等技术支持。1985年管理信息系统的创始人Gordon B. Davis教授给管理信息系统进行了更完整的定义,认为"管理信息系统是一个利用计算机软硬件资源,手工作业,分析、计划、控制和决策模型,以及数据库的人—机系统。它能提供信息支持企业或组织的运行管理和决策功能"。国内典型的说法认为"管理信息系统是一个由人、计算机等组成的,能进行信息的收集、传递、储存、加工、维护和使用的系统。管理信息系统能实测企业的各种运行情况,利用过去的数据预测未来,从企业全局出发辅助企业进行决策,利用信息控制企业的行为,帮助企业实现其规划目标"。也有"管理信息系统是一个以人为主导,利用计算机硬件、软件、网络通信设备以及其他办公室设备,进行信息的收集、传输、加工、存储、更新和维护,以企业战略竞优、提高效益和效率为目的,支持企业高层决策、中层控制、基层运作的集成化的人机系统"。

综上所述,管理信息系统是一个以人为主导,以计算机、通信技术等为手段,根据企业或组织管理决策需求,对信息进行采集、存储、加工、传输和使用的系统。

基于以上系统、信息系统、管理信息系统的概念可知,信息系统是系统的子集,管理信息系统是信息系统的子集,系统、信息系统、管理信息系统的关系如图2.2所示。

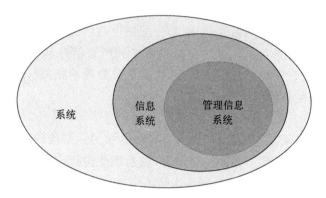

图 2.2　系统、信息系统、管理信息系统关系图

2.2.2　管理信息系统的特点

1) 管理信息系统面向管理决策

管理信息系统着重在管理,是为管理决策服务的系统。管理信息系统的规划、设计、实施都是为了解决管理问题,根据管理的需要而开发,充分发挥信息技术的优势,为管理者提供信息服务,帮助管理者做出决策。

2) 管理信息系统是一个人—机系统

随着信息技术的发展,信息技术成为管理的一种重要手段,管理信息系统必然涉及计算机信息技术,是一个有机器参与的系统。但是人是管理中最活跃的因素,管理者、被管理者都跟人有关,任何一次组织资源的调配、决策的制定,也都是人来进行的。管理信息系统需要做什么,以什么方式进行,人和机器怎么分工,都需要人的参与。只有将两者有机结合起来,充分发挥各自的优势,才能真正实现系统最优。

3) 管理信息系统是与现代管理方法和手段相结合的系统

管理信息系统是为管理服务的,要实现此目标,仅仅依托技术是不够的,脱离管理方法和手段的系统只是原来手工的计算机化,提高效率有限,背离了使用管理信息系统的目标。管理信息系统必然需要和现代管理方法和手段相结合,将先进的管理思想融合进来,充分发挥管理信息系统的价值。

4) 管理信息系统具有综合性

从广义上说,管理信息系统可以是一个对整体组织进行全面管理的综合系统。管理信息系统的应用,往往是先从组织内部个别领域开始开发,而后开始增加不同的子系统,并对各个子系统进行衔接综合,最终达到利用管理信息系统对组织进行综合服务的目标,在此基础上,进一步产生更高层次的管理信息,为管理决策提供服务。

5) 管理信息系统是一门多学科交叉的边缘学科

管理信息系统是一门新兴学科,涉及管理学、计算机科学、数学和运筹学等多种学科,从事该学科的专家学者不断从相关学科中吸取相应理论融入管理信息系统,促使管理信息系统不断发展完善,使其成为一门具有鲜明特色、多学科交叉的边缘学科。

2.2.3 管理信息系统的分类

1) 按服务对象分类

(1) 国家经济管理信息系统

国家经济管理信息系统通过现代化管理手段为中央和地方各级人民政府及国务院各主要综合经济部门提供经济信息服务,辅助进行经济分析、预测、决策。国家经济系统是一项宏大的系统工程,事关重大,国家组建了国家经济信息中心,由全国省级、副省级、地市级和县级信息中心构成,涉及能源、交通、外贸等众多行业,形成一个纵横交错、覆盖全国的综合经济信息系统。通过国家经济信息系统,相关部门可以有效把控我国经济发展现状,为需要人员提供决策支持。

(2) 企业管理信息系统

企业管理信息系统是为企业提供信息服务的,有两个大类,一类是关于办公类的,一类是关于业务类的。通常所说的企业管理信息系统即指关于业务类的企业管理信息系统,支持企业的"产供销、人财物",典型的有 ERP、CRM、专家系统、决策支持系统等。企业管理信息系统的应用,不仅减少了部分人员的需求量,降低了企业的人力成本,通过管理信息系统规划、设计,对流程进行重新考量,还能极大地提高企业经营绩效。但是企业类型多样,规模大小不一,企业管理信息系统需求不一,企业管理信息系统的研发是相关从业者工作的一项非常重要的内容,企业管理信息系统促使管理信息系统有效发展。

(3) 事务型管理信息系统

事务型管理信息系统面向事业单位,主要进行日常事务的处理。典型的事务型管理信息系统有医院管理信息系统、学校管理信息系统等。相对企业管理信息系统来说,事务型管理信息系统的功能单调一些,综合性没有企业管理信息系统强,比较少涉及决策支持,数学模型、复杂算法少。但是由于事务型管理信息系统需要处理不同单位的不同事务,不同单位间事务型管理信息系统也不会完全相同。

(4) 行政机关办公型管理信息系统

行政机关办公型管理信息系统是针对行政机关使用信息化手段,提高办公效率,提升服务水平的系统。随着人们对行政机关办事效率的要求越来越高,行政机关办公型管理信息系统的推行很有必要。行政机关办公型管理信息系统一般包括公文管理、会议管理、人事管理、车辆管理、系统管理等子系统,涉及的变化相对比较小,使用规模数量比较大,建成后容易见到效益。

2) 按信息处理方式分类

(1) 联机管理信息系统

联机管理信息系统是指由一台中央计算机连接大量地理位置分散的终端而构成的管理信息系统。该系统将数据源输入系统,进行处理后可以将结果传输到别的用户终端,数据更新比较及时,数据收集处理时延短。

(2) 脱机管理信息系统

脱机管理信息系统是根据一定时间间隔对数据进行一次收集,并将收集到的数据成批送到中央处理器进行处理,数据收集处理具有一定时延,一般用于对数据处理时效性要求不高并且数据量比较大的情况。

(3) 实时管理信息系统

实时管理信息系统是指数据源更新数据或有新数据产生时,管理信息系统将数据进行实时变更,使管理信息系统的数据始终处于最新状态。实时管理信息系统对时效性要求高,对设备性能有一定的要求。

2.3 管理信息系统的结构

2.3.1 管理信息系统的概念结构

从概念上看,管理信息系统主要由三个部分构成,即系统使用者、系统处理器和系统管理者。

系统使用者既是系统的数据来源,也是数据的应用者。系统使用者把自身对系统的需求告知系统管理者,系统管理者根据系统使用者需求进行系统开发、设计与维护,以确保系统能够满足系统使用者的要求。系统使用者的需求是通过系统处理器来实现的,系统处理器通常需要完成数据的采集、加工、存储、传输等工作,系统使用者根据需要通过系统处理器获得自己想要的信息结果。三者之间的相互关系即管理信息系统的概念结构,如图 2.3 所示。

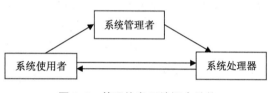

图 2.3 管理信息系统概念结构

2.3.2 管理信息系统的层次结构

管理从层次上可以分为基层管理、中层管理和高层管理。从前述定义可知,管理信息系统并不是一个简单的技术系统,不是单纯地用计算机替代人工的系统,信息技术只是一个手段,最终的目的是为管理服务。为了满足不同层次管理的需要,管理信息系统也有典型的层次结构进行对应,即基层管理信息系统、中层管理信息系统和高层管理信息系统,相关特点及内涵如表 2.1 所示。

1) 基层管理信息系统

基层管理信息系统一般都是协助各部门处理基层业务,比如日常采购,出入库管理,库存盘点,生产作业安排,销售订单管理,售后服务记录,财会登记,人力资源招聘、培训、考评等基本业务信息化处理,为这些基本业务提供查询、更新等功能,出具业务报告,真实反映组织基本业务现状,提高业务处理效率。基层管理信息系统往往逻辑简单、结构化程度高,但是数据量比较大。

2) 中层管理信息系统

中层管理信息系统以基层管理信息系统层面的业务数据为基础,充分发挥系统统计功能,构建相应算法,帮助管理者对组织单位业务计划实施监控。对组织单位业务管理存在的问题进行统计分析,有助于管理者把控现状,预测当前活动及其发展趋势,从而提出新的业务计划、管理方略,帮助组织单位成长。值得注意的是,中层管理控制的实施,不仅仅需要内部数据信息的支持,还需要经营相关方的信息,如原材料供应商、竞争对手等的信息。

3) 高层管理信息系统

高层管理信息系统对应着组织单位高层的战略管理。战略管理往往需要确定组织单位使命,根据内外部环境确定组织单位长期发展目标,对组织单位发展具有长远影响,由组织单位高层管理人员执行。战略管理涉及的问题,往往是非结构化的,需要根据大量的内外部信息,进行综合处理、判断。这就使得高层管理信息系统必须依托知识库、数据库、方法库,以及大量的数学模型及算法,将管理信息系统内的数据有效加以统计分析利用,以帮助管理者进行决策。

表 2.1 管理信息系统层次结构

层次	特点	内 涵
基层管理信息系统	协助业务处理	基层管理信息系统可对日常采购、验收入库出库移库退库、销售、售后、对账、实物管理盘点等进行协助处理,提高业务处理效率
中层管理信息系统	加强管理控制	中层管理信息系统为企业管理者提供所辖单位现状统计信息,帮助管理者把控现状、发现问题,进而改进方案
高层管理信息系统	提供决策支持	高层管理信息系统通过知识库、数据库、模型库、方法库等,以交互对话方式,帮助管理人员解决非结构化问题

2.3.3 管理信息系统典型子系统

1) 生产管理子系统

生产是人类创造社会财富的活动和过程。生产管理是指为有效提升资源利用效率,制订合理生产计划、控制生产进度、管理中成件和产成品、把控生产质量等生产活动,按时保质交付产品的管理活动。生产管理信息系统是一个面向生产过程的信息集成和信息管理平台,通过生产管理信息系统,相关人员可以随时快速了解生产情况,追踪生产过程,科学合理安排生产物料,把控产品品质,以期高效、低耗、灵活、准时地生产合格优质产品,满足客户需求。生产管理信息系统主要功能模块一般包括:生产计划管理、采购管理、设备管理、产品生产制造管理、品质管理、库存管理、生产效率分析等。

2) 销售管理子系统

销售是将组织单位创造的产品或服务提供给客户,满足客户需求的过程。销售是组织单位实现自身价值的重要环节。销售管理则是指管理客户档案、销售机会、销售订单、统计分析销售业绩等销售工作。销售管理信息系统是对销售管理进行信息化的管理信息系统,协助销售经理和销售人员管理客户、销售业务数据,控制销售活动,辅助销售经理和销售人员制定销售方案、分析销售环境、规划销售策略,以期缩短销售周期、降低销售成本、提高销售效率。销售管理信息系统主要功能模块一般包括:商品管理、客户开发维护管理、询价报价管理、销售机会管理、销售合同管理、竞争对手管理、报表数据分析等。

3) 人力资源子系统

人是经营管理最活跃的因素。人力资源是指在一定范围内的人口总体所具有的劳动能力的总和。人力资源管理则是指为满足组织单位当前及未来发展需要，通过招聘、考评、培训等活动让组织单位有效运转起来，以达到组织目标。人力资源管理系统是利用信息技术收集、记录、存储、分析管理人力资源信息，为组织单位提供完整的数字化人力资源信息，帮助管理者把控当前组织人力资源现状，为组织发展储备人才，公平公正评价组织成员能力贡献，激发组织成员积极主动性，提高组织单位效率。学术界一般把人力资源管理分为六大模块：人力资源规划、招聘与配置、培训与开发、绩效管理、薪酬福利管理、劳动关系管理等，人力资源管理系统通常也是这么划分。

4) 财务会计管理子系统

财务会计是指通过对组织单位已经完成的资金运动进行全面系统的记录、核算与监督。财务会计管理主要是涉及组织单位资金的管理，包括投融资管理、资金运营记录及监管、运营成本管理、利润分配管理等。财务会计管理信息系统以计算机、互联网技术为手段，专门用于财务会计业务处理的系统，通过该系统，旨在提高企业经营管理状况对外透明度，规范组织单位行为，帮助组织单位加强经营管理，提高经济效益，辅助管理人员对相关人员、部门进行考核。财务会计管理信息系统一般包括应收应付账款管理、成本管理、工资管理、固定资产管理、通用报表管理等内容。

5) 供应链管理子系统

供应链为生产经营管理过程中，围绕核心企业，将相关联供应商、客户连接起来形成的功能网络结构。供应链管理是指加强关联组织单位的协作，优化运作，以使整体链条单位降低成本、提高效率。供应链管理信息系统是组织单位全方位的管理应用软件，基于协同供应链管理思想，帮助组织单位实现整个业务运作自动化，并将组织单位外部供应商与客户联系起来，以充分发挥各组织单位优势，缩短生产周期，降低运营成本，建立良好的供应服务关系，强化链条上各组织单位黏性。供应链管理信息系统主要包括供应商管理、采购管理、生产管理、客户管理等模块。

6) 高级管理子系统

除支持生产、销售、人力资源、财务会计等职能部门工作对应的各子系统之外，组织单位还有掌握全局、负责长远发展的高级管理层，一般由总经理、副总经理、总工程师等人员构成。从管理信息系统的层次结构可知，高级管理者不能迷失在大量初始的业务数据里，高级管理者更需要的是经过统计分析，能给予其决策支持的信息资料。高级管理信息系统即为支持高级管理者工作需要，充分利用组织单位内外部信息，依托数据挖掘、商务智能等现代化信息技术，优异的数学模型算法，以人机良好的交互方式，协助解决非结构化问题，以达到决策支持目的的软件平台。

7) 信息处理子系统

组织单位各职能部门和管理部门都是管理信息系统中的应用人员，这些人员往往懂经营管理业务，但是业务的信息化实现可能并不清楚。在使用管理信息系统后，需要专门的信息处理部门或人员对信息进行管理。信息处理系统即是集中管理处理组织单位信息资源，保障各职能部门和管理部门人员通过系统获得必要的信息支持的系统。信息处理系统运营人员需要参与管理信息系统的规划建设,软硬件维护,各类信息需要请求,为整个管理信息系统的运行提供技术支持。

2.4 管理信息系统的发展历程及趋势

2.4.1 业务处理系统

业务处理系统(Transaction Processing Systems,TPS),也叫电子数据处理系统(Elecetronic Data Processing Systems,EDPS),是数据处理的计算机化,即用计算机处理数据,以提高事务处理效率。1954年,美国通用电气公司开始应用计算机处理商业系统,标志着原始业务处理系统的产生。

业务处理系统主要支持业务层面的日常操作,包括对基础业务数据进行记录、汇总、综合和分类,原始单据是系统输入,分类数据和汇总报表是输出。通过业务处理系统,用计算机系统替代了部分手工劳动,节约了人力成本,同时伴随着信息技术的发展,计算机的运行速度越来越快、存储空间越来越大、数据处理能力越来越强,大大提高了业务数据的处理效率,提升了事务处理的准确性和及时性。例如一个银行网点白天8小时所积累的业务,用手工处理至少需要加班4小时才能完成,但是利用计算机只需要几分钟就能完成。利用计算机业务处理系统,一个人一天甚至可以处理500笔业务,人工可能需要50人才能完成,更何况,还有联网进行异地数据传输的优势。

总之,业务处理系统能给企业日常工作带来极大便利,除计算工作外,文书档案处理、汇总报表等业务也逐步计算机化,业务处理系统已成为现代企业无法脱离的系统。

2.4.2 管理信息系统

业务处理系统主要在于提高事务处理效率,降低事务处理成本。但是信息技术的应用价值远不止这些,组织单位对信息技术的需求也远不止这些。仅就某一个部门而言,业务处理系统所带来的效益也是有限的,如生产部门,业务处理系统可以帮助记录相关原材料、零部件、中成件、产成品等数据信息,但是生产部门负责人也希望利用系统辅助决策,帮助进行生产安排。而且组织单位各项工作不是孤立的,对企业来说,产、供、销、研、人、财、物均不能独立存在,彼此之间存在着密切的关系。如生产受到采购供应的制约,也需要考虑销售市场以安排合适的产量,匹配合适的产能;而销售以生产为前提,不能过度承诺,降低交货率,反而对企业不利;企业任何经营环节均需要使用相关的人、财、物。任何组织单位的运转,都需要作为一个整体进行考量,强调整体最优,从组织单位总体目标出发,从上往下依次约束,横向之间彼此连通,从下往上逐层支持,才能使组织有效运行。然而,业务处理系统无法实现这些需求。

20世纪60年代,管理信息系统开始发展起来。管理信息系统不仅要求高效处理日常事务,更加强调对管理决策进行支持。管理信息系统充分体现各级管理层的需求,强调业务彼此间的关联性、综合性,将组织内部业务连通起来,克服地理位置的界限,帮助管理决策人员进行管理,指导生产经营活动的开展,自此,组织单位的信息化历程进入信息管理阶段。

2.4.3 决策支持系统

早期的管理信息系统为满足管理的要求,提供了大量报告。但是随着系统的运行,管理者发现,报告的有用信息却不够多,与预期相比,相差甚远,这大大挫伤了管理人员使用系统的积极性。随着人机交互技术、数据库、数据仓库、知识库、数据挖掘等技术的兴起与成熟,决策支持系统开始走入人们的视野。

决策支持系统(Decision Support Systems,DSS)是管理信息系统的概念深化,是在管理信息系统的基础上发展起来的系统,最先由美国学者莫顿(Scott Morton)在《管理决策系统》一书中提出。决策支持系统的信息基础不仅包括组织单位的基础数据,而且还包括与决策有关的知识、经验。跟决策有关的知识模型往往是以信息形式存储在系统中,是决策系统的重要组成部分,由决策者根据需要灵活调用。决策支持系统突出加工数据和产生辅助各级管理决策的信息,用以指导生产经营活动。

2.4.4 商务智能系统

商务智能由加特纳集团于1996年提出,加特纳集团认为商务智能描述了一系列概念和方法,通过应用基于事实的支持系统来辅助商业决策的制定。商务智能又称商业智慧,利用现代数据仓库技术、线上分析处理技术、数据挖掘技术进行数据分析,实现商业价值。随着人工智能技术的发展,人工智能融入信息系统,以商务决策需求为出发点,利用人工智能技术,出现了商务智能系统。商务智能不仅采用了最新的信息技术,而且包括预先设定的应用解决方案。商务智能系统主要着眼于终端用户对业务数据的访问和业务数据的传送,可同时服务信息提供者和信息消费者,目的是使企业的各级决策者获得知识或洞察力,为管理者决策过程提供支持,促使他们做出对企业更有利的决策。

本章关键术语

数据
信息
系统
信息系统
管理信息系统
业务处理系统
决策支持系统
商务智能系统

课后思考题

1. 什么是数据?什么是信息?数据和信息存在什么关联关系?

2. 如何理解管理信息系统不仅是一个技术系统,也是一个人—机系统?
3. 当前管理信息系统最新的应用有哪些?

协作练习

上海航空股份有限公司在蓝天中翱翔

成立于1985年的上海航空股份有限公司(以下简称上航)是我国第一家由地方企业投资组建的自主经营、自负盈亏的有限责任航空公司。伴随着我国国民经济改革开放的深入发展,上航依托不断完善的管理体系和先进的管理手段,抓住机遇,迎接挑战,实现持续、快速、健康的发展。经过时间的变迁,上航已从创业时8 000万元人民币的启动资金,发展到拥有10多架波音飞机、100多条国内航线,运输总周转量已位居中国民用航空运输业的第9名。在公司的发展过程中,始终重视企业信息化基础建设,比如,通过利用Oracle财务管理解决方案,成功推广应用先进的财务管理系统,利用先进的信息技术推动公司管理水平不断迈向新台阶。

理论上民航业好像很简单,上海航空公司信息技术部王经理说:"民用航空运输业就是把客人从甲地送到乙地。"当然,实际上要做的远多于此,也远比运输过程复杂。关于航线、班次、时刻、营销策略、运行控制、人员配置和其他资源配置的决策都必须依据相关可用的信息做出。可用的信息越多越及时,做出的决策就越好。上航深知要做到这一点,关键是要把所有关于其运营、市场、财务和客户的数据整合起来,加以综合性分析。

如何使公司关键业务部门及时有效地访问到决策所需的信息,对于做出正确的决策是很重要的。例如,商务部门可能需要信息来回答这样一些问题:旅客的旅行需求是什么?旅客预订的规律如何?每个航班的旅客数量、票价和收益如何?应该新开哪些航线?调整哪些航线?运行部门需要知道:航班运行问题的关键因素在哪里?航班应该如何调整、有多少机组资源可用、航班运行质量如何?

推行信息化后所有这类信息都出自同一个权威性的来源,上航经理才能对未来的发展提出战略设想。关键业务部门也能及时捕捉到市场的微妙变化,并进行需求预测。由于上航能以更加智能和有效的方式利用其信息,使得这家航空公司在充满挑战的中国民航市场中更好运营。

分组讨论:

1. 如何理解管理信息系统与企业决策的关联关系?
2. 航空业如何应用管理信息系统?

本章测试及答案

第3章 信息系统与组织

> **学习目标**
>
> 1. 了解技术视角下组织的含义。
> 2. 理解信息时代组织结构能力要求。
> 3. 理解信息系统与企业组织环境。
> 4. 掌握信息系统与企业组织战略的关系。
> 5. 正确理解国家发展战略和产业政策,激发创新使命感和责任意识。

导入案例

海尔的人单合一模式

一、人单合一 1.0 阶段——自主经营

2005年9月21日,张瑞敏在海尔全球经理人年会上首次提出"人单合一"这一概念。张瑞敏指出,人单合一模式的目的是让每一个员工找到自己的市场和用户,并在为用户创造价值的同时实现自身价值。人单合一理念将人和市场直接联系起来,要求员工直接面对市场,充分挖掘、利用用户资源为用户创造价值。

随着人单模式的提出,海尔正式进入全球化战略阶段。为了实施人单合一管理模式,海尔在组织结构上进行了多次变革,在结构上从"正三角组织"转型为"倒三角组织",并将企业划分成不同的自主经营体。

在管理实践中,海尔深刻认识到,要想让人单合一模式真正落地,需要改变作坊式管理,实现信息化经营。

二、人单合一 2.0 阶段——共享平台

为了实现信息化经营,从2013年开始,海尔进入网络化战略阶段。从2015年开始,海尔对人单合一模式进行迭代升级,进入2.0阶段。在这一阶段,海尔构建了共创共赢平台,实现企业平台化、用户个性化、员工创客化。

利用企业平台化,海尔进一步颠覆组织机制和组织框架,将科层式的组织体系转变为创客平台,创新平台赋能模式;通过用户个性化,实现企业与用户的直连,改变了用户的角色定位,将用户变成价值共创者,全程参与企业价值创造;借助员工创客化,将员工从原来的被雇用者、执行者,变成创业者、合伙人,最大限度地调动了员工的积极性。

三、人单合一 3.0 阶段——共赢进化

2019年12月26日,海尔进入生态战略阶段。相应的,"人单合一"模式再一次升级,进入3.0阶段。这一阶段,海尔将共享平台升级为共赢进化,将小微升级为链群合约。

基于共赢进化理念，用户成为一个创造者，用户参与价值创造并且和企业共同进化。海尔将用户价值从产品价值升级为场景价值，致力于打造全系产品。在这一过程中，海尔服务的用户需求边界被无限扩大。为实现这一目标，海尔进一步升级价值创造体系，利用链群合约将小微链群协同起来，共同创造场景价值。

（资料来源：诚硕商学.海尔的"人单合一"模式是什么？［EB/OL］.（2022-06-30）[2023-02-18]. https://mp.weixin.qq.com/s?__biz=MzUxNzgxNDQ4Ng==&mid=2247492386&idx=1&sn=6034ce3be64ee6d8bdc15e29b2ac6ba3&chksm=f990c29bcee74b8d82202bf1f8012a475daa9aa6d9f1fb5992ca8b5c74967855265dd7267e1e&scene=27.）

3.1 信息时代的组织管理

新的时代背景下，技术变革日新月异、全球化进程持续推进，企业面临丰富机遇的同时也需应对艰巨的挑战。为了能够在企业竞争中有一席之地，传统企业的普遍做法是努力降低成本、凸显其价格优势，这是当前国内大多数企业的发展现状。然而这种做法很难让企业有长远发展。未来，企业应该积极转变思路，利用信息技术，建立在知识和信息的基础上，调整生产、传播和应用机制，重组企业生产要素、革新战略思路，从效率型企业转变为质量型企业。

3.1.1 组织的定义

组织的概念可以从技术视角以及行为学视角进行诠释。

从技术视角，组织是一种正式而稳定的结构形态，它与周围的环境相互关联，从环境中获取资金、劳动等资源，经过组织内容的加工处理，然后将产品或服务输出到环境中，最后经过消费者检验形成新的信息输入到组织中，循环往复。如图3.1所示。

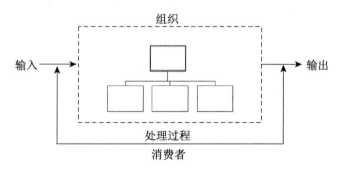

图 3.1　技术视角下组织的含义

由技术视角下组织概念的界定可以看出：一个组织引进、应用新技术，会改变企业与周围环境以及消费者之间的关系，企业输入与输出结合的方式、企业的业务处理过程会发生变化。企业可以通过技术实现资源的转换，大大提升企业的发展空间。然而，仅仅从技术视角理解组织的含义，会使企业在信息系统应用设计中忽略组织文化、组织权力等重要因素。

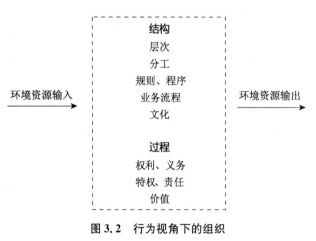

图 3.2　行为视角下的组织

因此,需要进一步从行为学视角来诠释组织。劳顿总结了行为学派对组织概念的理解,认为组织是一段时间内通过冲突和解决冲突而形成的一系列权利、特权、义务和责任的平衡集合体。如图 3.2 所示。

从行为学派对组织的理解不难发现,企业信息系统的建设不能仅仅考虑信息技术对企业的工作流程、工作效率的影响,更需要全面权衡信息技术对企业决策、企业文化、员工、业务流程等综合因素的影响。如联想集团在建设 ERP 项目的过程中,基于全体员工参与,解决了信息项目实施规律和关键要素认识不清、公司未来发展与现实需求冲突、员工的归属感和价值认同、团队建设等一系列问题之后才步入正轨。

3.1.2　信息时代组织结构能力要求

信息时代对组织结构的能力要求主要包括如下四个方面:

1) 快速反应能力

企业快速反应能力是指企业面向市场变化,发掘市场机会,避免环境威胁,迅速适应市场要求,快速向市场提供具有竞争力产品(服务)的能力。对于一个企业而言,快速反应能够让企业及时满足客户的需求,提升客户满意度。信息技术帮助企业对接,整合消费需求,组织生产,物流配送,消费者反馈各流程、节点信息,使得企业能够在最近的可能时间内提供顾客所需要的产品(服务)。在整个过程中,企业基于消费者需求组织生产,满足了消费者的需求,也减少了按照传统预期生产导致的库存积压等问题,大大降低了生产成本。

詹姆斯·弗·穆尔(James F. Moore)认为,成功的企业是那些能够快速反应和适应商业生态系统的企业。快速变化的环境要求企业通过相互学习和合作来降低交易成本,保持自身的竞争地位。20 世纪 80 年代初期,美国纺织服装行业围绕本土纺织产品生产占有率连续下降的现状,多方寻求解决方案。他们要求政府和国会采取措施、制定政策阻止大量进口纺织品。同时,他们提高设备投资,试图提升企业的生产率。他们还借助媒体,大力宣传国产纺织品的优点。然而,这些举措均未能奏效。最后,他们委托 Kurt Salmon 公司进行充分调研,发现本土纺织品产业虽然拥有完整的供应链,然而,因为各个环节信息沟通不畅导致整体效率低下。如整个服装供应链的周期为 66 周,但是仓储和转运的时间占了 44 周,再加上生产和销售过程中的库存,库存时间占到近 80%。为此,纺织服装生产厂家在 Kurt Salmon 公司的建议下和零售业者进行合作,建立了一个快速反应系统,共享信息资源,有效地降低了生产成本,实现了销售额的增长。

2) 创新能力

创新能力是技术和各种实践活动领域中不断提供具有经济价值、社会价值、生态价值的新思想、新理论、新方法和新发明的能力。"创新之父"约瑟夫·熊彼特（Joseph Alois Schumpeter）认为，创新就是建立一种新的生产函数，把一种从来没有过的关于生产要素和生产条件的新组合引入生产体系。管理大师彼得·德鲁克（Peter F. Drucker）则指出，创新的行动就是赋予资源以创造财富的新能力。

在互联网和全球化时代，企业的战略需要基于商业和创新的生态体系，主动收集海量数据、及时获取行业信息和知识，并将其汇集、整合、提升，进一步转换为独特的商业和科技智慧，产出更优秀的产品、服务或体验，寻求人的创造力和物质资源的最佳利用方式，迅速实现企业价值。如海尔的"人单合一"管理创新模式实现了由制造业向服务业的转型，从大规模的制造变为大规模的定制，丰富了员工民主管理的内涵，进一步探索了职工参与企业经营管理的有效途径，对发展社会主义市场经济条件下企业民主的具体实践具有重要价值，是管理创新带动技术创新的典范。三一重工确立了以公司董事会为核心的创新管理体制，形成了"董事会—技术创新管理委员会—技术创新管理办公室"三层面的创新治理体制和管理模式，公司董事会直接讨论决定公司的重大技术创新战略或新产品领域的进入，公司的所有部门和组织，都紧密围绕董事会精神开展工作，该管理模式的创新大大提升了公司的环境应对能力和决策执行力。IBM企业鼓励员工参与企业创新活动，充分利用群众的智慧促进其发展，2000年中期，IBM邀请上千位客户、顾问、员工及其家人，开展"创新大讨论"，就如何创新运用公司技术进行了一场头脑大风暴，最终促成了IBM全新的"智慧地球"计划。

3) 构建创新型企业文化

企业文化创新是指为了使企业的发展与环境相匹配，根据本身的性质和特点形成体现企业共同价值观的企业文化，并不断创新和发展的活动过程。企业文化创新的实质在于企业文化建设中突破与企业经营管理实际脱节的僵化的文化理念和观点的束缚，实现向贯穿于全部创新过程的新型经营管理方式的转变。

企业在创新型企业文化建设过程中应做好以下四点：第一，当代创新文化应以企业家精神为核心，追求超前、开拓、变革、卓越的文化。经济学先驱萨伊（Say）指出："把经济资源从生产效率较低、产量较小的领域转到生产效率较高、产量更大的领域的人便是企业家。"而熊彼特进一步阐述："创新是企业家对生产要素的重新组合。"由此可见，创新是与企业家精神密不可分的。同时，创新文化决定企业技术创新的价值导向。企业技术创新的规模、水平、重点以及方式往往由其价值导向决定。第二，创新文化要以制度创新为基础。通过制度创新调整企业的组织结构，修正完善企业内部的各项规章制度，可以达到资源的合理配置，发挥最大的效能。"创新之王"3M公司为了在整个公司范围内激励起创新的热情，推出了"15％规则"的制度创新，对创新文化的形成产生了积极的效果。第三，企业文化创新需要重新设计企业的行为规范。创新文化在行为规范方面表现为企业家和企业员工对创新的高度重视、理解和参与，容忍失败，企业对员工背景（国籍、所在地区和家庭等）的尊重。通用电气公司的行为规范设计是一个典型的例子，它倡导建立"无界限公司"，呼吁大家打破一切沟通、行动的障碍，所有员工应该能够获取必需的信息，也应该提供所有有用的信息，与外界充分沟通，达成共识。第四，企业文化创新要注重其实物载体。实物载体是创新文化的客观标志，具有明显的指导与示范效果。完善的报酬体系能够促进创新文化的形成与发展。报酬体系应体现对风险承担、创新进取和长期利益实现的奖励，同时鼓励知识、信息的共享以及团队合作精神。企业可通过建立个性化的办公室、设立明显的最佳创新员工标志、建立企业创新产品的展示场地等方式来弘扬创新文化。图 3.3 和图 3.4 分别表示了华为集团和阿里巴巴集团的组织文化。

图 3.3　华为公司的愿景、使命和战略

（资料来源：https://www.huawei.com/cn/about-huawei/corporate-information）

图 3.4　阿里巴巴集团的价值观

（资料来源：https://www.alibabagroup.com/cn/about/culture）

4) 团队协作能力

团队协作能力是指建立在团队的基础之上,发挥团队精神、互补互助以达到团队最大工作效率的能力。对于团队的成员来说,不仅要有个人能力,更需要有在不同的位置上各尽所能、与其他成员协调合作的能力。

从系统的角度看,一个企业在发展过程中,是横跨多个组织的利益共同体,需要协调各方利益群体的需求,实现动态平衡,共同进步。在企业内部的生态系统中,各个组成要素相互关联又彼此制约。要实现系统的稳定发展,需要寻找各要素之间最佳的协作方式。如日本的一些企业用组合生产线代替自动化生产流水线。在新的组织方式中,以班组为对象进行分工,一个班组或个人承担数十道工序,完成相对延长的生产过程。在这种模式下,每个岗位的内容更加丰富,工人为了高效地完成工作,需要努力学习新的技术和知识。在新的生产方式,零部件的移动时间大大减少,工人直接的协作沟通增强,员工的责任感显著提升,产品质量有了可靠保障。信息技术有利于实现企业各要素之间的信息共享,促进沟通,进而达成各要素群体之间的合作。企业的良性发展,除了靠企业自身,还需要企业与价值链上的企业实现协作共赢。价值链上的各个企业形成了交错、多维的网络结构,通过该网络结构可以实现不同企业间的资源互补、整合多类知识和多方力量,降低交易成本,进而提升企业的经营效率。

3.1.3 信息时代的组织结构

组织结构形式对组织的绩效至关重要。一个企业的组织结构形式往往受到诸多因素影响,这些既包括企业自身的性质、规模、管理者的决策等内部因素,也包括市场、环境的变化和文化因素等外部因素。工业经济时代,U型、矩阵式、M型等组织形式对该时期企业的发展起了非常重要的作用。信息时代背景下,企业面对的生产要素和战略资源发生重要改变,知识、信息和技术在企业发展过程中起到的作用不断提升,企业面临的环境也更加复杂多变。对多数企业,尤其是新技术、知识型企业来讲,传统的组织结构形式已然不能满足其迅猛发展的需求。

信息时代产生了新型的组织结构形式,包括学习型组织、虚拟组织、临时性组织和"C型"组织等。

1) 学习型组织

学习型组织是指通过培养整个组织的学习氛围、充分发挥员工的创造性思维能力而建立起来的一种能持续发展的组织。学习型组织沟通效率高、适应性强,是知识型组织的理想状态,具备持续学习的能力。

学习型组织没有单一的模式,它是用一种全新的思维方式来重塑组织。学习型组织强调每一个成员的重要性,鼓励成员识别顾客的需求,通过为顾客创造价值来实现自己的价值,不断学习和尝试,在这个过程中推动组织进步和成长。企业建立学习型组织,需要从以下五个方面着手:①建立共同愿景。基于共同愿景可以实现个体目标和组织目标的统一,提升组织的凝聚力和执行力。②建立团队学习模式。团队学习是学习型组织学习的一个基本单位,有利于单位成员之间相互学习、互相交流、共同进步。团队学习是发展团队成员整体搭配与实现共同目标能力的过程。③改变员工的心智模式。本位主义、固执己见等传统思维形式往往引发组织内部冲突,通过团队学习、标杆学习,强化沟通交流,有助于改变员工的心智模式,塑造创新氛围。④鼓励员工自我超越。维克多·弗兰克(Viktor Emil Frankl)提出"自我超越"概念,他认为人真正追求的不是自我实现,而是超越自我的生活意义。"自我超越"通过不断的学习和创造来实现,这需要员工不仅要认清楚自己的目标,还需要为了实现目标不断地学习、奋斗,这是建立学习型组织的精神基础。⑤养成系统思考的能力。系统性思考是"见树又见森林"的艺术,要求员工以系统的观点看待组织的发展,有助于增强员工对组织使命的认同感,将个人奋斗行为与企业的发展相融合。

谷歌在构建学习型组织时进行了诸多有益的尝试。首先,让最优秀的员工来教学。优秀员工是企业最宝贵的学习资源,谷歌尊重最优秀的员工,鼓励其为公司人才培养做出贡献。其次,刻意学习。要求员工明确自身目标,然后基于目标将活动分解成细小的动作,细心观察思考,逐步改进。再其次,比较。将自己的选择和行业大师进行对标,如果结果有差异,就找原因并不断反馈、修正。最后,训练。找到自己的薄弱环节,不断练习,提高自身能力。

2) 虚拟组织

虚拟组织是一种区别于传统组织的以信息技术为支撑的人机一体化组织,其特征以现代通信技术、信息存储技术、机器智能产品为依托,实现传统组织结构、职能及目标。在形式上,没有固定的地理空间,也没有时间限制。组织成员通过高度自律和高度的价值取向实现团队共同目标。

虚拟组织给组织发展提供了一个通过网络、借助信息化来缩减成本和增加规模效应的方向。如耐克公司本身不生产任何产品,公司总部只是将设计图纸交给负责承包的生产厂家,让他们严格按图纸式样进行生产,然后贴上耐克的牌子,再将产品通过公司的营销网络销售出去。耐克公司没有堆积如山的原材料,也没有庞大的运输车队,甚至没有一间厂房、一条生产线和一个生产工人,因为这些它都不需要。耐克公司所拥有的是非凡的品牌、卓越的设计能力、合理的市场定位以及广阔的营销网络,有了这些在传统企业眼中"虚"的东西,就可以选择市场上最好的制鞋厂家作为供应商,按照自己的设计和要求生产耐克运动鞋。并且,因为没有有形资产的束缚,耐克公司随时可以根据市场环境和公司战略的需要转换生产基地。就这样,耐克公司不用一台生产设备,却缔造了一个遍及全球的体育用品王国。每双耐克鞋,其生产者获得的收益只有几美分,而凭借全球的营销网络,耐克总公司却能从每双鞋中获得几十甚至上百美元的收入。

3) 临时性组织

企业管理环境日渐复杂,临时性组织得到学者的广泛关注。Janowicz-Pan-jaitan 等系统介绍了比利时一项高速公路施工的推进过程。该高速公路施工队由企业、公共机构、社会团体等10家不同的组织构成,各组织抽调员工组成新的项目团队,项目成员在近一年的合作过程中,密切协作,最终完成了富有挑战的任务,之后所有成员回归到各自组织中继续工作。李乐和杨伟指出,因为没有正式的机构、陌生成员间基于特定任务短期内相互协作、任务完成后各自解散等特征的组织越来越受到学者们的关注,具有这些特征的组织被称为"临时性组织"(temporary organization)。在现代工作和生活中,临时性组织应用越来越广泛,具体的应用领域包括了新产品研发项目、项目设计、灾害救援系统、专家手术小组等。

临时性组织的整合研究框架见图 3.5 所示。

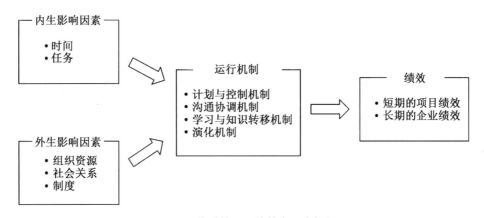

图 3.5　临时性组织的整合研究框架

由图 3.5 可以看出，临时性组织需要考虑的因素既包括时间、任务等内生的影响因素，也要考虑组织资源、企业的社会关系、制度等外生影响因素。在运行过程中，要能够形成良好的管理机制，包括做好项目规划和控制，建立良好的沟通协调机制，形成良性的学习与知识转移机制及演化机制，创设良好的项目运行环境。最后，临时性组织既要关注短期项目绩效也要考虑企业的长期绩效，关注企业的长期发展。

4)"C 型"组织

近年来，在一些知识密集型企业，尤其是软件开发企业中，又出现了一种被称"C 型"组织(或称社区型组织)的新的组织形式。有学者指出，"C 型"组织伴随着互联网的迅猛发展而产生，以开源文件为基本特征、没有正式组织结构和边界、其组织成员遍布全球，基于共同兴趣和目标结合在一起，是一种松散而高效的组织形式。

"C 型"组织具有以下特征：①没有正式的组织边界；②追求更高目标的强有力的团队文化；③所进行的工作没有物资报酬——产品供免费使用；④没有商业秘密——所有的开发工作都是在互联网上公开进行的；⑤联络方式经济有效；⑥项目最初源自兴趣而不是基于市场调查；⑦免费公开产品的源文件。在"C 型"组织中，由于数以百计、数以千计甚至数以万计(如 Linux 的案例)的开发者的加入，软件开发进程大大加快，程序错误的检查和修复效率也比不公开源代码的开发方式高得多。

目前，"C 型"组织有两种开发方式。一种是"经典"方式，即某一个人或小组进行软件开发，并将源代码公开以寻求合作和帮助。如一个(或几个)聪明的电脑程序迷要开发一个很有前景的软件(如操作系统或工具软件)。在开发的早期阶段，他(们)把该软件的源代码公开到因特网上，希望其他有兴趣的人一同参与该软件的开发。于是，其他对该软件的前景感兴趣的人开始对该软件进行改进，互联网上就会留下他们所做的改进工作，而这些工作又会经过其他开发者的技术与市场等方面的评估和讨论。在经过公开的讨论之后，最初的开发者就可以决定是否值得进一步开发。而假如没人对此软件感兴趣，那这个项目可能就夭折了。显然，这其实就是一个早期的市场前景调研试验。另外一种方式是指现有的某组织开发出了一种产品供人免费使用，对非员工公开源代码，允许他们修改和完善。这种方式的最典型、最著名的例子就是美国网景公司,他们对外公开了 Netscape 浏览器的源代码。

3.2 信息系统和组织环境

信息系统的输入、输出与企业的环境密切相关,好的信息系统应该具有环境适应性,能够主动适应环境的变化。信息系统在企业具体的运营效果受到多个环境因素的影响,包括了产品的生产活动特点、企业组织规模的大小、管理规范化程度、组织的系统性以及如何实现人机和谐等。

3.2.1 产品的生产组织过程

企业的管理方法和手段需要和不同行业、企业的生产特征、组织方式、信息需求特征相结合才能提高企业的管理效率。

1) 行业类别以及信息化需求

（1）采掘业

采掘业是对自然产生的矿物的开采和挖掘,主要包括各种金属矿和非金属(如煤炭、铁矿、石油与天热气、化学矿等)的采选、木材采伐及自来水的生产与供应等。采掘业是国民经济的基础性产业,我国93%的能源、80%的工业原料、70%的农业生产资料来自采掘业产品。

采掘业生存和发展的过程中需要重点控制两条线,一个是安全生产线,企业需要提高安全生产保障水平,确保生产安全;另一个是成本线,企业需要提高管控水平,降低生产成本。采掘行业信息化需求主要体现在以下五个方面:①信息化是落实安全生产的需求,确保各项生产和生产保障系统正常进行;②建立数字地质模型,实现"虚拟矿山",优化开采工艺,科学制订生产计划;③建立集成的信息化平台,有效搜集和共享数据,科学整理和分析数据,支持高层决策;④通过信息系统,规范企业管理标准,提高企业管控水平;⑤建立全方位、全过程的成本管理系统,有效降低企业成本。

（2）冶炼业

冶炼业是对采掘业所提供的物料进行深加工的行业,使物料的化学、物理特性发生转变。冶炼业的生产方式多采用流程式生产,机器设备专用化程度高,生产灵活性小。冶炼企业组织生产过程中,企业管理的重点是物料的储运及管理,多采用现代化管理方法。

冶炼业信息化建设需求主要体现在以下四个方面:①及时准确地采集各种生产业务数据,准确描述生产制造活动的特征并及时共享给生产执行部门,确保生产过程顺畅;②打通企业基层、中层以及高层沟通链路,实现企业各层次间信息的双向沟通,整合知识资源,强化企业的管理深度;③整合不同车间的生产业务,统一生产资源规划,提高生产的灵活性;④细分、跟踪车间岗位职工的工作职责,督促岗位工人尽职守则,保证生产的有效性和正确性。

（3）制造业

制造业是指对制造资源(物料、能源、设备、工具、资金、技术、信息和人力等),按照市场要求,通过制造过程,转化为可供人们使用的工业品与生活消费品的行业。制造业是国家的战略性产业。制造企业数量大,产品品类繁多,生产工艺复杂多样,生产过程的计划和管理是其日常管理的重点。

中国制造业产能巨大,同时结构性产能过剩问题严重,制造业信息化改造需求迫切。制造业信息化的需求主要体现在以下五个方面:①融入信息技术和智能技术,提高产品的技术含量,提升功能层次,提高产品附加值;②广泛利用电子信息技术、自动化技术提高生产效率,降低生产成本;③深入开发和广泛利用信息资源,优化组合企业资源,提升企业信息化管理水平;④利用信息系统平台整合制造资源,发展网络制造、虚拟制造、网络营销,建立企业间动态联盟,优化竞争策略,提升企业整体效益;⑤建立基于供应链平台的快速响应系统,提升企业灵活性和竞争力。

(4) 服务业

服务业是指从事服务产品的生产部门和企业的集合。服务业范围广、业务性强,具有分散性和地方性特点,往往提供综合性服务。服务业是当前我国国民经济结构中最大的产业。

服务业的信息化有助于提升服务业的整体水平,主要体现在以下两个方面:①服务业信息化有助于加强对顾客的了解。通过信息技术平台可以与客户实时沟通,了解客户需求,为顾客提供更优质的服务。②服务信息化有助于企业精准了解客户需求,满足客户个性化需要,提升客户的满意度和忠诚度,提升服务整体水平。

2) 生产方式的类别

生产组织方式是指生产者对所投入的资源要素、生产过程以及产出物的有机、有效结合和运营方式。生产组织方式全面综合了企业生产与运作管理中的战略决策、系统设计和系统运行管理问题。不同经济时期,生产模式的差异导致生产组织方式也有所不同。不同行业的生产方式主要包括流程式生产、离散式生产和项目式生产三类。

(1) 流程式生产

如图 3.6 所示,流程式生产是通过一条生产线将原料制成成品,如集成电路、药品及食品、饮料制造、采掘业、冶炼业等。流程式生产方式有连续性生产和重复生产两种。

流程式生产具有如下特征:①流程式生产的机器设备一般按照产品的工艺顺序进行布局,结构较为固定;②各工作中心的加工时间相近,生产能力稳定;③产品功能相似,产品品类较少;④产品产量一般较大,在制品库存少,产品生产周期较短。

采用流程式生产的企业信息化需求如上文所述。

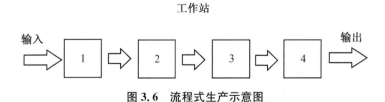

图 3.6 流程式生产示意图

(2) 离散式生产

离散式生产是指产品的生产过程通常被分解成很多加工任务来完成。每项任务仅要求企业的一小部分能力和资源。企业一般将功能类似的设备按照空间和行政管理建成一些生产组织(部门、工段或小组)。在每个部门,工件从一个工作中心到另外一个工作中心进行不同类型的工序加工。企业常常按照主要的工艺流程安排生产设备的位置,以使物料的传输距离最小。

离散式生产特征如下:①产品由多个零部件构成,产品工艺复杂,变化性强;②不同的零部件的加工装配过程彼此独立又相互关联,任何一个零部件的缺失都会导致产品无法完成;③产品品类繁多,单个产品产量小,产品生产周期较长。

采用离散式生产企业的信息化需求如上文所述。

(3) 项目式生产

项目式生产是一种面向订单设计的生产类型,其生产经营活动往往是由一个个项目组成。项目式生产的产品多为大型复杂产品(如高端装备和成套设备),产品生产的重复性低,重复购买可能性小,生产管理方式以项目管理为中心。

项目式生产方式有以下特点:①项目基于客户需求调研而成立,项目过程包括调研、设计、生产、测试、验收等过程,生产周期长;②产品为定制产品,没有标准的生产工艺;③生产活动以任务形式组织,生产计划变动性大;④信息量大且较为分散;⑤资源以外配置为主,强调企业间的协作以及资源整合能力。

项目式生产的独特性使得其信息化建设需求持续升温。

3.2.2 组织规模

组织规模即一个组织所拥有的人员数量以及这些人员之间的相互关系。组织规模是管理信息系统环境中最重要的因素之一。组织的规模决定着管理信息系统应用的目标和规模。因此,在管理信息系统建设过程中,系统分析人员的首要任务是根据组织规模确定系统的规模和目标。

不同规模的企业,管理信息系统建设的特点也有很大的差异。首先,在系统的开发投资方面,小规模的企业资金、人才等资源有限,在系统开发过程中会受到诸多限制(如无法购买性能更优的软硬件设备),风险承受力小,投资比较慎重;大企业资金宽裕、渠道众多,风险承受能力以及消化风险的能力都比较强。其次,在系统复杂性以及系统性能方面,小企业系统建设需求多在于解决其核心业务发展问题,功能简单。开发过程中因为资源受限,为了系统能早日应用,往往牺牲系统性能,系统开发周期一般较短。大企业信息系统建设多为提升企业整体效率,注重系统性能,系统功能涵盖面广,系统复杂程度高,系统开发周期一般都比较长。最后,系统开发效率方面,小企业管理灵活,系统运行阻力较小;大企业管理比较规范,但企业管理层次多,管理结构复杂,系统运行阻力往往比较大。

3.2.3 管理的规范化程度

企业管理规范化是指根据企业业务特点、管理过程确定规范运营框架和流程,形成稳定、规范的管理体系,指导企业运营。企业组织管理的规范化程度和组织规模的大小显著相关。大企业管理经验丰富,管理方法科学,组织机构完备,多有严格的规章制度,管理活动也更加规范。小企业多采用粗放、松散的管理方式,企业业务流程以及管理制度不规范、不健全,员工对企业缺乏归属感和认同感,人员流动率较高,十分不利于企业的长期发展。

总之,无论是大企业还是小企业,规范化的管理都是其成功运行管理信息系统的基础条件。如果在实行管理信息系统之前,企业的业务处理是高效的,那么应用规范的管理信息系统方法,效率将大大提高。如果在实行管理信息系统之前,企业的业务处理效率是比较低下的,则需要先根据信息技术的特点,按照业务流程重组的原则,对企业原有业务流程进行优化。

3.2.4 组织的系统性

组织的系统性是管理信息系统应用中的重要环节,在一定程度上决定着管理信息系统的成败。组织管理是一个复杂的系统,对输入资源进行加工并将结果输出反馈。如果组织缺乏系统规划,或者在发展过程中多次调整组织结构、产品结构及生产过程,就会变成一个"黑匣子"。其内部工作流程混乱,不能量化分析输入的资源,也无法产生与决策有关的数据,应用信息技术不能帮企业管理者达成预期目标。相反的,系统化的组织,其管理过程高度系统化,其内部业务流程可以被准确地描述和量化,能够产生与决策控制相关的数据信息,利用信息技术能够帮助企业有效达成预期目标。

企业信息系统的建设是一个复杂工程,除了受上述因素的影响之外,还要考虑以下因素:企业如何能够获得信息系统建设所需要的资源(包括人力资源和物力资源)?企业如何让内部员工接受管理信息系统并愿意付诸行动?系统的软硬件水平和管理信息系统的建设要求是否相符?企业的员工素质是否满足管理信息化建设要求?由此可见,企业管理信息系统建设想要获得成功,需要认真分析相关环境因素,精准分析企业信息系统建设需求,明确信息系统成功运用的关键因素,为管理信息系统的建设奠定良好基础。

3.2.5 信息处理与人

1) 决策问题的类型

组织中决策问题分为结构化决策、半结构化决策和非结构化决策三类。结构化决策多能够通过确定的模型或语言来进行描述,用适当的算法产生决策方案,并能够从诸多方案中选择最优方案。结构化决策简单、直接,决策过程有规律可以遵循,早期的管理信息系统多解决此类决策问题;非结构化决策过程复杂,决策规则和决策方法往往没有固定的规律,决策者的主观行为(学识、经验、直觉、判断力、洞察力、个人偏好和决策风格等)对决策效果有重要影响。这一类决策问题多通过智能决策系统实现,利用专家系统使企业的信息化决策能够充分利用人类知识,通过逻辑推理帮助解决。

2) 计算机和人

在企业信息系统建设过程中人和计算机都有着自身显著的优势。计算机的优势主要体现在以下三个方面:首先,计算机具备强大的计算、存储能力,可以完成数据快速、准确的计算,并能存储海量的数据。其次,计算机可以模拟和仿真现实环境,减少时间和人力成本。最后,计算机能够对线性规划问题进行建模并快速给出最优决策方案。人在企业管理中的优势则主要体现在以下两个方面:一方面,人具备模糊推理的能力,可以凭借已有的知识、经验、直觉,在决策信息不完备的条件下给出决策判断;另一方面,人可以解决各种和人有关的问题,包括风俗习惯、道德标准、文化等。

3) 人与计算机的合理分工

在企业信息系统建设过程中,要综合考虑决策问题的类型,充分利用人和计算机各自的优势,达成人机和谐效果。具体来讲,需要从以下三方面着手：

(1) 创设人性化的信息系统界面

一个好的信息系统不仅仅要能够从功能上满足企业的业务需求,还需要充分考虑企业员工的使用需求,让员工能够通过系统方便快捷地获取所需信息。人性化的系统界面有助于信息系统的使用者在应用信息系统时得心应手,解决工作过程中遇到的各种问题。

(2) 人机合理分工

为了更大程度发挥信息系统的作用,在明确人机各自优势的基础上,还需要对人和计算机进行合理分工。一般来讲,其分工的原则如下：信息系统作业中笨重、快速、单调、规律性强、需要高阶计算以及严酷和危险条件下的工作可以由机器来完成;编制程序指令、维修机器、故障排除、意外事故处理等工作则由人来进行处理。需要注意的是,人机如何分工不单纯是人和计算机本身的问题,社会、经济、技术发展水平等对企业信息系统应用也会产生重要影响。

(3) 对人员的培训

要想让信息系统能够有效发挥作用,培训是必不可少的。首先,需要在系统开发前对所有人培训信息系统的基本概念、作用、现代管理思想和管理方法等知识,让大家对信息系统的作用以及信息系统的管理有系统了解。其次,培训信息系统的开发人员,结合开发人员的工作安排进行针对性培训,让其明确信息系统开发的目标,完整掌握信息系统开发的相关知识和技能。最后,对信息系统的各层次的使用人员及管理人员进行培训,系统介绍各子系统的具体功能、使用方法、系统的日常管理方法和注意事项,确保各子系统操作人员正确使用系统。通过系统培训,让员工掌握系统运营以及系统管理的综合知识,有助于提高系统的使用效率。

3.3 信息系统与组织战略

在信息时代,为了能够更好地适应多变的市场竞争环境,越来越多的企业开始关注并应用信息技术、信息系统来提升企业组织的竞争能力,获取竞争优势。信息技术和信息系统在企业管理中的作用从业务提升转变为战略优化。

3.3.1 信息系统的战略意义

在信息时代,企业的竞争规则已然发生改变。通过信息技术、信息系统,企业的顾客、供应商、经销商等利益相关者可以跨越时空实时共享信息,多维互动。信息化培育了企业新的战略群体,在多个方面影响了企业的竞争能力,企业必须对其变化做出战略性反应,制定实施新的战略。

信息系统对企业发展战略的变革起到关键支撑作用,主要体现在以下两个方面：①信息系统对企业经营运作机制和结构产生重要影响。首先,信息系统改变了企业各部门以及人员之间的沟通协作方式。其次,应用信息系统可以降低重复工作的强度,优化工作流程,共享数据,提高数据处理的效率。最后,应用信息系统还有助于企业集成信息,规划企业生产资源,提升产品研发能力,降低库存成本,提升企业经营效率。②信息系统是促进企业内部变革的催化剂。信息系统的实施有助于提升企业管理的规范化程度,强化控制,帮助企业实现精准化管理。

3.3.2 信息系统对企业竞争力的影响

信息系统如何创造企业的竞争优势,这个问题可以从企业的信息化环境、资源基础、管理与创新能力、知识的积累与创新、网络关系、企业文化等六个维度进行分析,如图 3.7 所示。

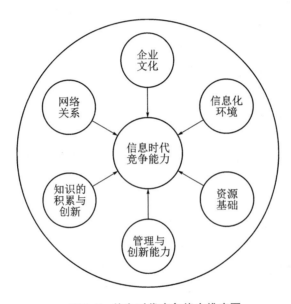

图 3.7 信息时代竞争能力维度图

1) 信息时代环境维度下企业的竞争力

组织活动是在一定的环境中进行的,环境是由诸多因素交叉形成的整体,是影响企业竞争力的关键要素。在信息时代,企业竞争能力的环境是完全依赖于信息和信息技术的现代网络环境,企业信息化已经成为企业竞争的战略手段。企业信息化环境包括人员环境、技术环境、信息资源环境和政策环境。

企业信息化生存环境优劣对企业信息化程度有较大影响,主要体现在以下四个方面:①人员环境对推动企业信息化,提升企业竞争力起到关键作用。企业人员新技术、新知识的掌握程度,管理者的思想意识水平,有助于企业建立符合信息化要求的管理方法和制度,切实提升企业信息化的执行效率。②技术化环境是实现企业信息化的保障。一方面,不断进步的信息技术为企业改变经营模式提供了技术支持。另一方面,诸多的信息技术企业不断为企业信息系统建设提供技术解决方案,帮助企业加快信息化进程。③信息资源环境是企业信息化的重要媒介。信息资源丰富、共享性强,便于沟通交流,企业可以利用新媒体、大数据等技术对信息资源进行深度挖掘,多维提炼整合,提高决策指标信息含量和科学性,优化企业决策效率。④政策环境资源助力企业信息化建设。国家和地方政府制定的信息化政策以及在财政和税收方面给予的支持等综合起来就构成了企业信息化的政策环境。政府一方面制定系列信息化政策,引导和规范企业信息化行为;另一方面,在信息技术人才引进、信息技术标准化建设以及政务信息共享平台建设等方面为企业信息化建设提供有利条件。

2) 信息时代资源基础维度下企业的竞争力

信息技术环境下,企业的竞争能力既包括资金、技术、劳动力等有形资源,也包括知识、技术等无形资源。近年来,以技术、知识为代表的无形资源逐渐成为企业的战略资产,成为企业核心竞争力的主要元素,这主要体现在以下三个方面:①利用信息技术和知识有助于企业创新管理思路,探索企业新的发展模式,如海尔基于物联网、大数据、云计算、人工智能和区块链等新技术,实现"人单合一"管理模式创新。②信息和信息技术正成为企业现实的生产手段。当今,越来越多的制造信息被录制、被物化在产品中,一方面使得产品中的信息含量逐渐增高,物质比重日益降低,产品日益由物质产品的特征向信息产品的特征迈进;另一方面,越来越多的产品中嵌入了智能化元器件,使产品具有越来越强的信息处理功能。③信息技术不仅改变了物质资源,也改变了人力资源。企业必须高度重视具有两类以上业务知识的人才数量,优秀的企业将这种人才占企业员工总数的比例控制在40%以上。只有具有多种知识的人才汇聚在一起,才能形成分享智慧、激荡思想的新氛围,这是创新性与战略性思考与运作所亟须的。

3) 信息时代管理与创新维度下企业的竞争力

在信息时代,管理对信息及信息技术的依赖性增强。现代化管理更多体现出商业智能属性,企业的管理利用信息技术,挖掘数据信息,改进决策方法,提高管理精确度,实现管理信息化。其具体实现方式体现在以下四个方面:①IT能力逐渐成为企业的核心能力,以IT资源带动其他资源的有效利用,让企业的发展动态适应环境变化,提升企业的整体竞争力。②基于信息技术提升企业资源整合能力。利用信息系统把企业内部和外部彼此分离的职能和资源有效组织起来,寻求客户需求和企业资源配置的最佳结合点,优化资源配置,提高企业的市场竞争能力。③基于信息技术提高企业精准管理能力。借助信息技术,通过数据挖掘和数据分析,提高对企业资源和能力的时间、空间维度的控制。在海量信息识别、筛选和处理的基础上,追踪客户需求偏好、优化生产计划、协调物流配送方式,充分调动企业各方资源,提高企业管理活动的准确性,提升企业竞争应变能力。④形成竞争时间和空间的快速反应能力。信息化背景下,市场变化瞬息万变,产品的生命周期越来越短,顾客需求呈现多样化趋势,这都要求企业具备快速反应的能力。企业的竞争不再是"大鱼吃小鱼",而是"快鱼吃慢鱼"。

4) 信息时代积累和创新维度下企业的竞争力

信息化环境下,企业的信息和知识呈现出加速创新的特性。一方面,知识更新速度明显加快。企业能否不断地创造新的知识并将其商业化,是企业保持竞争优势的关键要素。这种新知识既包括技术性的知识,也包括管理方法和生产方法。企业引入信息化,加快了知识积累、创新的进程,包含新知识、新功能的产品不断被创造出来,企业的劳动生产率显著提升。另一方面,信息系统的更新速度也在加快。当企业现有的信息系统不能适应外部环境变化时,企业就需要即时引入先进的信息技术和信息系统,以保持企业的竞争力水平。如海尔为适应外部环境发展,在 2005 年到 2019 年,其管理模式从"人单合一 1.0"演进到"人单合一 3.0"。每一次革新,都为企业的新的发展奠定基础。

5) 信息时代网络关系维度下企业的竞争力

当代,人们越来越重视网络关系。对企业来说,与政府、供应商、顾客和科研机构等外部组织之间的关系,成为直接影响其获取竞争力的主要因素。过去传统的供应商关系、分销商关系、用户关系通过供应链系统、客户关系管理系统、电子商务系统等信息化手段紧密连接在一起。这种网络关系有利于企业获取网络组织系统内部的相关信息、资源、技术和市场,实现企业共担风险、价值链整合等战略经营目标。

3.3.3 信息系统与竞争战略

著名的管理学家迈克尔·波特指出,在激烈竞争的市场中保持优势地位,有三种通用战略,分别是成本领先战略、差异化战略、集中战略。企业可以充分利用信息技术及信息系统,发挥三大竞争战略的优势地位。

1) 成本领先战略

利用信息系统,企业可以有效整合海量信息,优化资源配置,不断降低成本。海尔在运营中不乏其例。2006 年,海尔与超图公司合作,利用其 SuperMap GIS 地理信息系统提升售后服务效率。SuperMap GIS 系统包括了全国所有县级道路和 200 个城市的详细道路信息,记录的地址信息达到 100 多万条。海尔利用该系统的空间分析功能,在海尔的售后服务中增加了地理信息处理能力。利用该系统提供的海量数据,海尔的售后服务系统可以在极短的时间内计算出距离用户最近的服务点,规划服务点到用户家的详细路径,及时将信息共享给最合理的服务点。整个过程,地址匹配和服务商挑选工作由系统自动完成,无需手工操作,堵住了服务漏洞。同时,系统的处理速度由之前的几十秒甚至几分钟,缩短到 0.1 秒以内,大大提高了客服部门的效率,降低了运营成本。在 GIS 系统的支持下,海尔客服部每天可以处理 10 万次左右的服务请求,得以满足全国用户的需求。

2) 差异化战略

差异化战略是企业在竞争中获取优势的有效战略之一。战略信息系统可以凭借其技术上独特的商业网络,提供个性化产品,满足顾客的独特需求,帮助企业实现差异化战略。如企业可以开发出基于信息系统的新产品和新服务,或者可以极大地提高客户使用现有产品和服务的方便性。例如,京东超市率先推出纸尿裤尺码随心换、宠物选粮助手、酒水定制等系列独家创新服务,提升用户消费体验。亚马逊在其平台上提供"库存即将用完"服务,帮助卖家更有效率地管理库存,受到诸多客户的好评。苹果为了更好地提升用户体验,在其官网推出"闪送"服务,满足数码发烧友热衷于追逐新产品、新技术,以及"所见即所得"的体验感。

当前,制造商和零售商正在利用信息系统创造定制化、个性化的产品和服务,以满足单个消费者独特的明确需求。例如,耐克在它的网站上通过 NIKEID 项目出售个性化的运动鞋。消费者可以挑选运动鞋的种类、颜色、材质、鞋底,甚至可以定制八个字母的个性标签。耐克通过计算机把这些订单发送给在中国和韩国的工厂。定制化服务只需另外加收10美元,同时工厂用三个星期的时间就可以将鞋子送到消费者手中。

3) 集中战略

集中战略即聚焦战略,是指把经营战略的重点放在一个特定的目标市场上,为特定的地区或特定的购买者群体提供特殊的产品或服务。信息系统借助于快速的数据收集及处理能力,帮助企业精确地分析用户的行为特征,有针对性地提出服务,满足客户需求,提升用户消费体验感。如京东通过大数据分析为90后、00后等用户群体画像,描述其消费行为特征,为其有针对性地提供产品和服务奠定基础。B站为适应其用户需求,从早期发布动漫类视频,凸显二次元小众文化,逐步发展为以"视频技术+硬核内容"核心竞争力的社交平台,逐渐向主流文化靠拢,如近年来的晚会创新,融入游戏、动漫、古风等多重元素的展现,适应着不同的用户需求。

上述三种信息系统战略的波特五力模型分析如表3.1所示。

表3.1 信息系统战略的波特五力模型分析

行业内的五种力量	成本领先战略	差异化战略	集中战略
进入障碍	企业通过加大信息系统投资保持优势地位,阻止新进入者	基于大数据等技术实时关注需求变化,注重技术创新	通过集中战略建立核心能力,阻止潜在对手进入
买方议价能力	利用信息系统降低运营成本,向买方报出更低价格	利用信息技术精准分析买方需求,削弱了买方的谈判能力	为买方提供专业的综合服务,使买方丧失谈判能力
供方议价能力	掌握充分的信息,抑制供方的议价能力	洞悉客户需求,研发新产品,将供方的涨价部分转嫁给顾客方	对供方企业进行差异化管理,精准定位,降低供方的议价能力
替代品的威胁	利用信息技术降低成本、提高产品性价比,消除替代品的威胁	利用信息技术满足顾客个性化需求,降低替代品威胁	基于信息化平台提供一体化服务,提升顾客转移成本,消除替代品的威胁
行业内对手的竞争	利用信息系统降低成本,在价格竞争中处于优势地位	搜集竞争对手信息,进行分析、改进,获得差异化优势	利用信息系统创造顾客场景价值,降低顾客转向竞争对手的概率

本章关键术语

组织

创新能力

快速反应能力

学习型组织
虚拟组织
临时型组织
"C 型"组织
离散式生产
流程式生产
管理规范化
组织规模
组织系统性
结构化决策
半结构化决策
非结构化决策
成本领先战略
差异化战略
集中战略

课后思考题

1. 如何理解信息技术条件下组织的定义?
2. 什么是组织战略? 什么是管理信息系统战略?
3. 组织战略和管理信息系统战略之间有哪些关系?
4. 信息系统对组织有哪些影响?
5. 根据波特的五力模型,一个组织可以采用哪几种基本的竞争战略?
6. 根据日常实践,你是否感受到了信息技术和信息系统对社会、伦理所产生的影响?

协作练习

利用信息系统提升竞争优势
——无人驾驶技术

无人驾驶技术是指利用人工智能、机器学习、传感器、地图等技术,使汽车等交通工具能够在没有人类驾驶的情况下自主完成行驶、避障、停车等操作,从而实现自动驾驶的一种技术。无人驾驶技术是一项具有革命性的创新,它将改变我们的出行方式和生活方式。

你或者你周围的人一天有多少小时在开车? 可以设想一下,如果将开车的时间用来进行复习考试、申请工作或者在自己新的网站上回复订单,工作量可能会显著提升。

换一种思考方式,家里的私人汽车有没有长时间放在车库里不产生价值的状态。如果将闲置的汽车分享给朋友或者亲戚,是不是能产生更多价值? 抑或无人驾驶汽车将乘客送到目的地后自行返回,然后给乘客家里其他人使用,汽车使用率会不会大幅提升?

汽车物流业与汽车制造业息息相关,它既是汽车产业链的桥梁纽带,也是汽车产业链的重要保障。目前,汽车的"智能化"时代已逐渐拉开帷幕,无人驾驶运输车应运而生。这对汽车物流业的发展影响深远。但想要无人运输车在复杂的环境实现全天候室外无人驾驶运输,难度很大。首先,汽车物流业务体量大,时效性强,单车智能无法满足业务运行需求。在具体的作业场景中,多车协同作业将面临交通管理、狭窄道路会车、红绿灯管控等难题。其次,作业场景中存在大量"人车混行""有人车、无人车混行"等情况,室外无人驾驶物流车行驶速度较快,车辆的安全防护需满足复杂环境下的运行要求。同时,用户要求在运输过程中实现货品的高等级安全防护,货仓在运输途中需保持封闭,具备防雨、防尘等功能。

对此,企业研发工业级的无人驾驶平台,为用户提供一站式、全工作链无人驾驶解决方案显得尤为重要。强大的无人驾驶平台可实现一站式车路云服务,提供多车协同、无缝任务调度、远程监控等功能,具备智能交通一体化管理能力,可有效解决多车协同作业、复杂场景交通管理、路侧设备管控等难题。在上海抗疫场景中,无人驾驶运输车以"AI 快递员"的身份"闪亮登场"。多批无人驾驶运输车陆续在上海等地的社区、配送点上岗,依靠准确定位,实现全程无接触的精准运输,规避人工作业带来的交叉感染隐患,且能够 7×24 小时地为人民群众送去新鲜的瓜果蔬菜以及生活必需品,这在极大程度上减轻了社区志愿者、快递员等工作人员的压力。九曜智能研发的 L4 工业级无人驾驶物流车辆装备了激光雷达、毫米波雷达、视觉传感器等智能设备,通过多传感器融合感知、导航解决方案,可实现平面及立体全方位无死角安全检测、超高精度的车辆控制、室内外连续混行作业及雨雪雾夜间全天候运行,提供 100% 安全保障。其还可以根据用户需求,定制化搭载具备自动升降功能的货仓,可有效实现货品的高等级防护要求,满足运输过程中的防尘、防雨需求。

图 3.8　无人驾驶配送防疫物资

(图片来源:https://www.163.com/dy/article/H5Q75II105128AGA.html)

近年来,我国对无人驾驶运输车也愈加重视,北京、苏州、上海、深圳和合肥等地相继出台自动驾驶相关政策,开放试点区域交通场景,从而加速自动驾驶技术落地。相信未来无人驾驶运输车在提升用户使用体验的同时,能够推动无人汽车的智能物流转型。

(资料来源:MM《现代制造》.无人驾驶,未来可期[EB/OL].(2022-06-29)[2023-06-20]. https://mh.vogel.com.cn/c/2022-06-29/1197142.shtml.)

同学们,请根据上述材料讨论以下问题:

1. 借助搜索工具检索无人驾驶技术相关信息,汇总我国政府关于无人驾驶技术的相关政策,了解我国无人驾驶技术应用现状。
2. 无人驾驶技术对人们今后的生活会产生怎样的影响?
3. 无人驾驶技术对企业的发展有什么影响?
4. 无人驾驶技术应用可能会产生哪些社会问题?应该如何解决这些问题?

本章测试及答案

第4章　数据库技术

> **学习目标**
>
> 1. 掌握数据库系统基本原理。
> 2. 了解数据库设计的方法。
> 3. 理解关系数据库规范化的原理和方式。
> 4. 热爱科技、拥抱技术，树立正确的学习观、成才观。

导入案例

数据库技术的发展阶段

数据库技术从出现到如今半个多世纪中，主要经历了三代：第一代是以层次数据模型和网状数据模型为特征的数据库技术，第二代是以关系数据模型为特征的数据库技术，第三代是以面向对象数据模型为主要特征的数据库技术。目前数据库技术进入到第四代，数据库技术与计算机网络技术、人工智能技术、并行计算技术、多媒体技术、云计算技术、大数据技术等相互结合与相互促进，衍生出大量数据库新技术，其典型特征是采用非结构化的数据模型处理大数据。

1. 第一代数据库技术

第一代数据库技术出现于20世纪60年代末人们研制的层次模型数据库系统和网状模型数据库系统。层次模型数据库系统的典型代表是1968年IBM公司研制出的世界上第一个数据库管理系统IMS(Information Management System)。该数据库系统最早运行在IBM 360/370计算机上。经过多年技术改进后，该系统至今还在IBM部分大型主机中使用。网状模型数据库系统的典型代表是1964年通用电器公司研制的网状数据模型的数据库管理系统IDS(Integrated Data System)。IDS奠定了网状数据库技术基础，并在当时得到了广泛的应用。

20世纪70年代初，美国数据库系统语言协会CODASYL(Conference on Data System Language)下属的数据库任务组DBTG(DataBase Task Group)对数据库技术方法进行了系统研究，提出了若干报告（被称为DBTG报告）。DBTG报告总结了数据库技术的许多概念、方法和技术。在DBTG思想和方法的指引下，数据库系统的实现技术不断成熟，人们推出了许多商品化的数据库系统，它们都是基于层次模型和网状模型的技术思想实现的。

2. 第二代数据库技术

第二代数据库技术出现于20世纪70年代的关系数据库系统。1970年IBM公司San Jose研究实验室的研究员Edgar F. Codd发表《大型共享数据库的关系模型》论文，首次提出了关系数据库模型。随后建立了关系数据库方法和关系数据库理论,为关系数据库技术奠定了理论基础。Edgar F. Codd 于 1981 年被授予 ACM 图灵奖,其在关系数据库研究方面的杰出贡献被人们所认可。

20 世纪 70 年代是关系数据库理论研究和原型开发的时代,其中以 IBM 公司 San Jose 研究实验室开发的 System R 和 Berkeley 大学研制的 Ingres 为典型代表。大量的理论成果和实践经验终于使关系数据库从实验室走向了市场,因此,人们把 20 世纪 70 年代称为数据库时代。20 世纪 80 年代几乎所有新开发的数据库系统产品均是关系数据库软件,其中涌现出了许多性能优良的商品化关系数据库系统,使数据库技术被日益广泛地应用到商业服务、企业管理、情报检索、辅助决策等方面,成为实现信息系统数据库管理的基本技术。

3. 第三代数据库技术

自 20 世纪 80 年代以来,数据库技术在商业上的巨大成功刺激了其他领域对数据库技术需求的迅速增长。这些新的领域为数据库应用开辟了新的天地,并在应用中提出了一些新的数据管理需求,推动了数据库技术的研究与发展。

1990 年,高级 DBMS 功能委员会发表了《第三代数据库系统宣言》,提出了第三代数据库管理系统应具有的三个基本特征:支持数据管理、对象管理和知识管理;必须保持或继承第二代数据库系统的技术;必须对其他系统开放。

面向对象数据库技术成为第三代数据库技术发展的主要特征。传统的关系数据库模型无法描述现实复杂的数据实体,而面向对象的数据模型由于吸收了已经成熟的面向对象程序设计方法学的核心概念和基本思想,因此符合人类认识世界的一般方法,更适合描述现实世界复杂的数据关系。面向对象数据库技术可以解决关系数据库技术存在的数据模型简单、数据类型有限、难以支持复杂数据处理等问题。不过,面向对象数据库技术不具备统一的数据模式和形式化理论,缺少严格的数学理论基础,难以支持广泛使用的结构化查询语言 SQL。在实际应用中,面向对象数据库软件产品并没有真正得到推广。相反,一些在关系数据库基础上扩展面向对象功能的对象—关系数据库产品(如 Postgre SQL)则得到实际应用。

(资料来源:陆鑫,张凤荔,陈安龙. 数据库系统:原理、设计与编程:MOOC 版[M]. 北京:人民邮电出版社,2019.)

4.1 数据库系统概述

20 世纪 70 年代后,数据库技术从实验室走向了市场,数据库系统应运而生。数据库系统的出现是数据管理技术的一次质的飞跃,同时也将计算机解决实际问题的能力向前推进了一大步。数据库系统(DataBase System,DBS)是指由数据库及其管理软件组成的系统,它能够有组织地、动态地存储大量数据,提供数据处理和数据共享机制。

4.1.1 数据库系统的组成

数据库系统由数据库、数据库管理系统、数据库应用系统和人员四个部分组成。

1) 数据库

在数据库系统中,数据库是存放系统各类数据的容器。该容器按照一定的数据模型组织与存储数据,关于数据模型的概念将在"4.2　数据库设计基础"中详细介绍,目前使用最多的是关系数据模型。这些数据以文件的形式存储在磁盘上,只有通过数据库管理系统才能对这些文件进行存取操作。数据文件(Data File)是指在大容量复制操作中,将数据从向外大容量复制操作传输到向内大容量复制操作的文件。一个数据文件仅与一个数据库联系,一个数据库可包含多个数据文件,如一个 SQL Server 数据库至少有一个主要数据文件,可以有多个次要数据文件以存放不适合在主要数据文件中放置的数据。主要数据文件由主文件组中的初始数据文件组成,文件组是经过命名的数据文件集合,包含所有数据库系统表,以及没有赋给自定义文件组的对象和数据。主要数据文件是数据库的起始点,它指向数据库中的其他文件,每一个数据库都有一个主要数据文件和一个主文件组。

2) 数据库管理系统

数据库管理系统(DataBase Management System,DBMS)是一组对数据库进行管理的软件,是一个能够提供数据录入、修改、查询的数据操作软件。数据库管理系统的主要目的是使数据作为一种可管理的资源,从而使数据易于为各种用户共享,同时还能保证数据的安全性、可靠性、完整性、一致性和高度独立性。数据库管理系统具有数据定义、数据操作、数据库运行管理、数据维护、通信等功能,具体描述为:

(1) 数据定义。可以定义数据库中所含信息的逻辑结构和数据库中的文件结构。

(2) 数据操作。可以完成对数据库数据的载入、查询、删除、修改等。

(3) 数据库控制。可以进行数据库存取控制、安全性检测、并发控制、完整性约束条件检查和执行等。

(4) 数据维护。可以对数据库系统数据进行备份与恢复、产生用户信息表,并为信息表授权、监视系统运行状况,及时处理系统错误、保证系统数据安全,周期更改用户口令等。

(5) 数据通信。可以在分布式数据库或提供网络操作功能的数据库中建立多个数据库之间的联系,并实现数据通信。

一个好的数据库管理系统对管理信息系统的应用有着举足轻重的影响,在数据库管理系统的选择上主要考虑:数据库的性能、数据库管理系统的系统平台、数据库管理系统的安全保密性能和数据的类型。目前,提供数据库管理软件产品的厂商有很多,主流的关系型数据库管理系统软件有 Oracle、Sybase、SQL Server、Informix、MySQL 和 Access 等;非关系型的 NoSQL 数据库主要有键值存储数据库,如 Redis;列存储数据库,如 Hbase;文档型数据库,如 MongoDB;图形数据库,如 Neo4J。

3) 数据库应用系统

数据库应用系统(DataBase Application System,DBAS)是一种在 DBMS 支持下对数据库进行访问和处理的应用程序系统,它们以窗口或页面等表单形式来读取、更新、查询或统计数据库信息,从而实现业务数据处理与信息服务,如学生成绩管理系统、人事工资管理系统、产品销售管理系统等。无论是面向内部业务和管理的管理信息系统,还是面向外部提供信息服务的开放式信息系统,都是以数据库为基础和核心的应用系统。

数据库应用系统的运行需要使用 DBMS 提供的标准接口,如 ODBC、JDBC 等驱动程序连接数据库。Microsoft 推出的 ODBC(Open DataBase Connectivity)技术为异质数据库的访问提供了统一的接口。ODBC 基于 SQL(Structured Query Language),并把它作为访问数据库的标准,这个接口提供了最大限度的相互可操作性:一个应用程序可以通过一组通用的代码访问不同的数据库管理系统,一个软件开发者开发的应用系统不会被束缚于某个特定的数据库之上,ODBC 可以为不同的数据库提供相应的驱动程序。JDBC(Java DataBase Connectivity)是一种用于执行 SQL 语句的 Java API,可以为多种关系数据库提供统一访问,它由一组用 Java 语言编写的类和接口组成。JDBC 提供了一种基准,据此可以构建更高级的工具和接口,使数据库开发人员能够编写数据库应用程序。

4) 人员

开发、管理和使用数据库系统的人员主要包括数据库管理员、系统分析员和数据库设计人员、应用系统开发人员和最终用户。不同人员涉及不同的数据抽象级别,具有不同的数据视图。对各类人员的定义描述如下:

(1) 数据库管理员(DataBase Administrator,DBA)是全面负责管理和控制数据库系统的一个人或一组人员。其主要职责包括决定数据库中的信息内容和结构、决定数据库的存储结构和存取策略、定义数据的安全性要求和完整性约束条件、监控数据库的使用和运行、数据库的改进和重组重构。

(2) 系统分析员和数据库设计人员。系统分析员负责应用系统的需求分析和规范说明,要和用户及 DBA 相结合,确定系统的硬件和软件配置,并参与数据库系统的概要设计。数据库设计人员则一般由数据库管理员担任。

(3) 应用系统开发人员负责设计和编写应用系统的程序模块,并进行调试和安装。

(4) 最终用户是指通过应用系统的交互程序使用数据库的人员。常用的交互程序有浏览器、菜单驱动、表格操作、图形显示、报表书写等。

4.1.2 数据库系统的特点

与人工管理和文件系统相比,数据库系统的特点主要有以下几方面:

1) 数据结构化

在文件系统中尽管其记录内部已有了某些结构,但记录之间没有联系。而在数据库系统中,数据是以一定逻辑结构存放,这种结构是由数据库管理系统所支持的数据模型决定的。数据库系统不仅可以表示事物内部各数据项之间的联系,还可以表示事物和事物之间的联系。

2) 数据共享性好

数据库中的数据能够被多个用户、多个应用程序共享。数据共享可以大大减少数据冗余,节约存储空间,给数据应用带来很大的灵活性。由于数据是面向整个系统的,结构化的数据不仅可以被多个应用共享使用,还使增加新的应用变得更容易,这就增加了数据库系统的弹性、可扩充性,可以适应各种用户的要求。

3) 数据独立性强

数据独立性包括数据的物理独立性和逻辑独立性。物理独立性是指用户的应用程序与存储在磁盘上的数据是相互独立的,即应用程序处理的是数据的逻辑结构,当数据的物理存储改变时,应用程序不发生变化;逻辑独立性是指用户的应用程序与数据库的逻辑结构是相互独立的,即数据的逻辑结构发生改变时,应用程序也不发生变化。

4) 统一的数据控制功能

数据由 DBMS 统一管理和控制,用户和应用程序通过 DBMS 访问和使用数据库,数据库的共享是并发的,即多个用户可以同时存取数据库中的数据,甚至可以同时存取同一个数据。因此数据库管理系统必须提供必要的数据安全保护措施,包括安全性控制措施、完整性控制措施、并发操作控制措施等。

4.1.3 数据库系统的结构

虽然数据库系统软件产品种类繁多,各类产品使用的操作系统、数据库语言、数据模型不尽相同,但大多数数据库系统在总体结构上都采用了三级模式结构。三级模式结构是由美国国家标准学会(American National Standards Institute,ANSI)所属的标准计划和要求委员会(Standards Planning And Requirements Committee,SPARC)于 1975 年提出的,称为 SPARC 分级结构。三级模式结构将数据库系统抽象为三个层级:外模式(External Schema)、模式(Schema)、内模式(Internal Schema)。外模式对应于用户级数据库,是从用户的角度对数据库进行抽象,是用户看到和使用的用户视图的集合;模式对应于概念级数据库,其介于用户级和物理级之间,是程序开发人员看到和使用的数据库;内模式对应于物理级数据库,是从数据的物理存储结构角度对数据库进行抽象。

为了实现这三个抽象层级的联系和转换,DBMS 在三级结构之间提供二级映射功能:外模式/模式映射,模式/内模式映射。二级映射功能保证了数据库系统中的数据具有较高的逻辑独立性和物理独立性。数据库系统的三级模式与二级映射结构如图 4.1 所示。

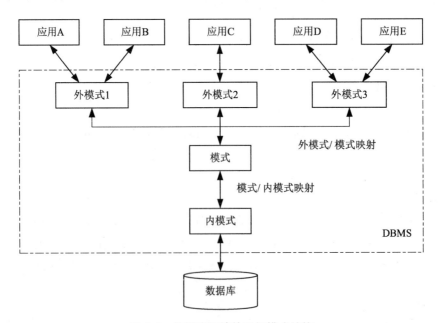

图 4.1 数据库系统的三级模式结构

1) 数据库系统的三级模式结构

(1) 外模式。外模式是数据库用户所见和使用的局部数据的逻辑结构和特征的描述。外模式通常是模式的子集,它主要描述用户视图各记录的组成、相互联系、数据项的特征等。外模式有如下特征:

① 一个数据库可以有多个外模式。外模式是各个用户的数据视图,如果不同的用户在应用需求、看待数据的方式、对数据保密的要求等方面存在差异,则其外模式描述就不同。

② 同一外模式可以为某一用户的多个应用系统所使用,但一个应用程序只能使用一个外模式。

③ 外模式是保证数据库安全性的一个有力措施,每个用户只能看见和访问所对应的外模式中的数据,数据库中的其余数据是不可见的。

(2) 模式。模式也称为逻辑模式,是数据库中全体数据的逻辑结构和特征的描述,是所有用户的公共数据视图。它描述了现实世界中的实体及其性质与联系,具体定义了记录类型、数据项、访问控制、保密定义、完整性约束以及记录之间的各种联系。模式有如下特征:

① 一个数据库只有一个模式。

② 数据库模式以某一种数据模型为基础,统一、综合地考虑了所有用户的需求并将这些需求有机地结合成一个逻辑整体。

③ 定义模式时不仅要定义数据的逻辑结构,如构成数据记录的数据项、数据项的名字、类型、取值范围等,而且要定义数据之间的联系及与数据有关的安全性、完整性要求。

(3) 内模式。内模式也称为存储模式,是数据物理结构和存储方法的描述,是整个数据库的最底层结构的表示。内模式中定义的是存储记录的类型,存储域的表示,存储记录的物理顺序、索引和存取路径等数据的存储组织。内模式有如下特征:

① 一个数据库只有一个内模式。

② 一个数据库由多种文件组成,如用户数据文件、索引文件及系统文件等。

③ 内模式设计直接影响数据库的性能。

如图 4.2 所示为一个关系型数据库三级模式结构的实例。

2) 数据库系统的二级映射结构

(1) 外模式/模式映射

模式描述的是数据的全局逻辑结构,外模式描述的是数据的局部逻辑结构。对应于同一个模式可以有任意多个外模式。对于每一个外模式,数据库系统都有一个外模式/模式映射,它定义了该外模式与模式之间的对应关系。这些映射定义通常包含在各自外模式的描述中。

当模式改变(例如,增加新的关系、新的属性、改变属性的数据类型等)时,由数据库管理员对各个外模式/模式的映射做相应改变,可以使外模式保持不变。应用程序是依据数据的外模式编写的,从而应用程序不必修改,保证了数据与程序的逻辑独立性,简称数据的逻辑独立性。

(2) 模式/内模式映射

数据库中只有一个模式,也只有一个内模式,所以内模式/模式映射是唯一的,它定义了数据库全局逻辑结构与存储结构之间的对应关系。例如,说明逻辑记录和字段在内部是

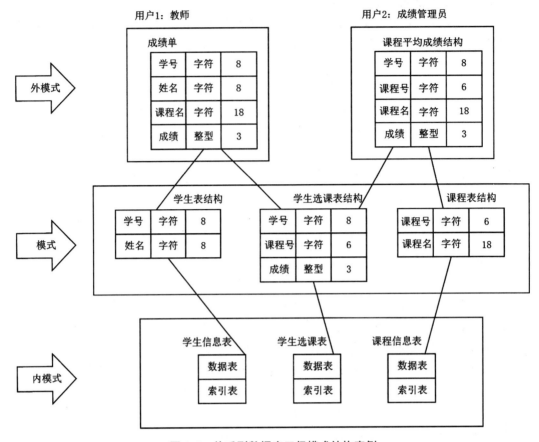

图 4.2 关系型数据库三级模式结构实例

如何表示的。该映射定义通常包含在模式描述中,当数据库的存储结构改变(例如,选用了另一种存储结构)时,由数据库管理员对内模式/模式映射做相应改变,可以使模式保持不变,从而应用程序也不必改变,保证了数据与程序的物理独立性,简称数据的物理独立性。

4.2 数据库设计基础

数据库设计是指对于一个给定的应用环境,提供一个确定最优数据模型与处理模式的逻辑设计以及一个确定数据库存取结构和存取方法的物理设计,建立起既能反映现实世界信息和信息间的联系,满足用户数据要求和加工要求,又能被某个数据库管理系统接受,同时能实现系统目标,并有效存取数据的数据库。

数据库设计与实现是数据库应用系统开发的重要内容,数据库设计质量不但决定了应用系统利用数据库管理数据的有效性,同时决定了应用系统处理业务的能力。本小节在介绍数据模型基本概念的基础上,按照数据库设计过程分别介绍数据库需求分析、概念结构设计、逻辑结构设计、物理结构设计的方法。

4.2.1 数据模型

数据库系统是一个基于计算机的、统一集中的数据管理机构,而现实世界是纷繁复杂的,如何将现实世界错综复杂联系的事物以计算机能理解和表现的形式呈现在数据库中,需要一个转换的过程。现实世界的事物及联系,通过需求分析转换成信息世界的概念模型,然后再把概念模型转换为计算机上某个 DBMS 所支持的逻辑模型,最后逻辑模型再转换为最底层的物理模型。因此,在进行数据设计前首先要掌握数据模型的概念。

1) 数据模型的定义及要素

所谓数据模型(Data Model)即对现实世界中数据特征及数据之间联系的抽象。数据模型用来描述数据组成、数据关系、数据约束的抽象结构与说明,以及对数据的操作。数据模型是数据库系统的核心和基础,它决定了数据库系统的结构、数据定义语言、数据操作语言、数据库设计方法、数据库管理系统软件的设计和实现。数据模型包括以下三个基本要素:

(1) 数据结构

数据结构用于描述事物对象的静态特征,事物对象分为两种类型,一种是用于描述数据的性质、内容和类型的对象,称为数据描述对象,如关系模型中的域、属性、关系等。另一种是与数据之间联系有关的对象,如网状模型中的系型。数据结构是描述数据模型最重要的方面,通常按数据结构的类型来命名数据模型,如层次结构即树结构的数据模型称为层次模型,网状结构即图结构的数据模型称为网状模型,关系结构即表结构的数据模型称为关系模型。

数据结构又分为数据的逻辑结构和物理结构,数据的逻辑结构是指数据间的逻辑关系,物理结构又称为存储结构,是指数据在计算机存储器中的存储方式。数据的逻辑结构包括两大类,线性结构和非线性结构,其中线性结构包括线性表、栈、队列及串;非线性结构则包括树和图。数据的物理结构一般有四种:顺序存储、链接存储、索引存储及散列存储。同一种逻辑结构采用不同存储方式可以得到不同的数据结构,如线性表以顺序存储方式存储得到顺序表数据结构,而以链接存储方式存储时得到链表数据结构。

(2) 数据操作

数据操作用于对数据动态特征的描述,它是指对数据库中各种对象类型的实例允许执行的操作的集合,包括操作及有关的操作规则。数据库主要有检索和更新两大类操作,其中更新操作包括插入、删除和修改。数据模型必须定义这些操作的确切含义、操作符号、操作规则以及实现操作的语言。

(3) 数据的约束条件

数据的完整性约束条件是一组完整性规则。完整性规则是指既定的数据模型中数据及其关系所具有的制约性规则和依存性规则,以及数据动态变化规则。数据约束主要用于保证数据的完整性、有效性和相容性。

数据模型应该反映和规定本数据模型必须遵守的基本通用完整性约束条件。如,在关系模型中,任何关系必须满足实体完整性和参照完整性两个条件。此外,数据模型还应该提供定义完整性约束条件的机制,以反映具体应用所涉及的数据必须遵守的特定语义约束条件。

2) 不同层次的数据模型

数据库系统是一个三级模式的结构,在不同层级对数据对象的抽象方式不同,因此数据库系统的不同层级应采用不同的数据模型,可以总结为以下三个层级模型:

(1) 概念层

概念层是数据抽象级别的最高层,其目的是按用户的观点来对现实世界建模,概念层的数据模型称为概念数据模型,简称概念模型。概念模型是现实世界到信息世界的第一层抽象,是数据库设计人员进行数据库设计的有力工具,也是数据库设计人员和用户之间进行交流的语言。概念模型面向用户,描述用户的需求,它不依赖于某一个 DBMS,但可以转换为计算机上某一 DBMS 支持的特定数据模型。概念模型的建模方法常用 E-R 图法,即实体-关系图法(Entity-Relationship Diagram,E-R 图),该方法是 P. P. S. Chen 于 1976 年提出的。E-R 图法提供了表示实体、属性和联系的方法。使用 E-R 图法对现实问题进行抽象和建模的详细过程将在 4.2.3 小节中介绍,这里主要介绍 E-R 图法涉及的几个重要基本概念:

① 实体(Entity)

实体是客观存在的并可以相互区分的事物。实体可以是具体的人、事和物,如学生张三,课程管理信息系统,教室 101;实体也可以是抽象的概念或联系,如学生、教师、课程,学生选修某门课程,选修也是实体。

② 属性(Attribute)

属性是指实体所具有的特征。在信息世界中,实体的存在是由实体的属性来刻画的,一个实体可以有若干属性,如学生这个实体可以由学号、姓名、性别、出生年月、入学时间、所在院系、年级、专业、所在班级等属性描述。属性由属性名和属性值组成,一个具体的学生实体(30822101,张三,男,2004 年 3 月,2022,经济管理学院,22 级,电子商务,1 班),"张三"是属性值,而"姓名"则是属性名。

③ 实体集(Entity Set)

实体集是具有相同类型及相同属性的实体集合。如实体(30822101,张三,男,2004 年 3 月,2022,经济管理学院,22 级,电子商务,1 班)是学生这个实体集中的一个具体实体。

④ 联系(Relationship)

联系是指事物之间的关系。现实世界的事物总是存在这样或那样的联系,这种联系必然要在信息世界中得到反映。信息世界中,事物的联系分为两类:实体内部的联系和实体之间的联系。实体内部的联系通常指实体属性间的联系,而实体之间的联系是指实体集之间的联系。在进行数据库概念模型设计时主要考虑实体之间的联系,可将其归纳为三种类型:

第一种,一对一的联系。对于实体集 A 中的每一个实体,实体集 B 中最多有一个实体与之对应,反之亦然,则这种对应关系为 A 和 B 之间的一对一联系,记为(1∶1)。如一个班级只有一个班长,而一个班长只负责管理一个班级,则班级与班长之间属于一对一的联系。

第二种,一对多的联系。对于实体集 A 中的每一个实体,实体集 B 中有 $n(n>0)$ 个实体与之对应,而且实体集 B 中的每一个实体,在实体集 A 中最多只有一个实体与之对应,则这种对应关系为 A 和 B 之间的一对多联系,记为 $(1∶n)$。 如一个班级有若干名学生,而一名学生只能从属于一个班级,则班级与学生之间属于一对多的联系。

第三种,多对多的联系。对于实体集 A 中的每一个实体,实体集 B 中有 $n(n>0)$ 个实体与之对应,而对于实体集 B 中的每一个实体,实体集 A 中有 $m(m>0)$ 个实体与之对应,则这种对应关系为 A 和 B 之间的多对多联系,记为 $(m:n)$。如一名学生可以选修若干门课程,而一门课程可以被若干名学生选修,则学生与课程之间属于多对多的联系。

⑤ 码(Key)

码是唯一识别实体的属性或属性集。如学生实体中"学号"这一属性可唯一标识每个学生,"学号"即是码。

⑥ 域(Domain)

域是属性值的取值范围。如学生实体中"性别"这一属性的属性值的域为[男,女]。

⑦ 实体-联系模型(E-R Model)

实体-联系模型是指采用 E-R 图法描述一个给定的概念模型的方法。在设计者了解了实体、实体的属性及实体之间的联系后,就可以建立 E-R 模型,该模型的表示法说明如下:

- 实体:用矩形表示,矩形框内注明实体名称。
- 属性:用椭圆表示,椭圆圈内注明属性名称,并用无向边将其与相应的实体相连接。

联系:用菱形表示,菱形框内注明联系名称,并用无向边将其与相关联的两个实体连接起来,同时在无向边上标注联系的类型。如图 4.3 所示为 E-R 模型在一对一联系、一对多联系、多对多联系中的表示。

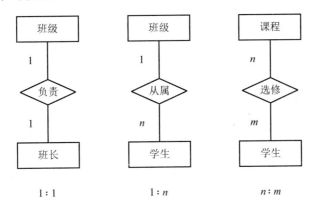

图 4.3　E-R 模型联系类型图

(2)逻辑层

逻辑层是数据抽象的中间层,描述数据库数据整体的逻辑结构,这一层的数据抽象称为逻辑数据模型,简称逻辑模型。逻辑模型是基于计算机系统的观点来对数据进行建模和表示,它既要易于用户理解,又要便于计算机系统实现。不同的 DBMS 提供不同的逻辑模型,常见的逻辑模型有层次模型、网状模型、关系模型和面向对象模型。

① 层次模型(Hierarchical Model)

层次模型是数据库系统中最早出现的数据模型,该模型是用树形结构来表示实体与实体之间的联系。在层次模型中,记录类型为节点,由根节点、父节点和子节点构成,其形态如一棵倒置的树,根节点在上,层次最高,子节点在下,逐层排列。其主要特征是:

- 有且仅有一个无父节点的根节点。
- 除根节点外,其他节点向上有且仅有一个父节点,向下可以有 0 个或若干个子节点。

具有相同父节点的子节点称为兄弟节点,没有子节点的节点称为叶节点。这种数据结构具有层次分明的特点,因此被称为层次模型。现实世界中,很多事物之间的联系表现为层次结构,如一个高校包含多个学院,一个学院包含多个系,高校、学院与系的结构可表现为如图 4.4 所示的层次模型。

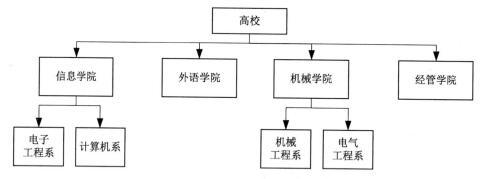

图 4.4　层次模型

这种结构简单、自然、直观、处理方便,但也有缺点,表现为:
- 处理效率低。该模型结构决定了对任何节点的访问都必须从根节点开始,这使得对底层节点的访问效率变低,并难以反向查询。
- 不易进行更新操作。对某一节点进行更新时,涉及树结构中其他节点的操作。
- 安全性不好。删除一个节点时,它的子节点和孙子节点都将被删除,因此需慎用删除操作。
- 数据独立性较差。当用层次命令操作数据时,要求用户了解数据的物理结构,并需要显式地说明存取途径。

② 网状模型(Network Model)

网状模型是一个图结构,该模型的记录类型为节点。从图论的观点看,它是一个不加任何条件的有向图,在现实世界中实体之间的联系有很多是非层次关系的,无法用树形结构表示,可以采用网状结构模型,该模型的特征为:
- 允许存在一个以上的节点没有父节点。
- 一个节点可以拥有多个父节点。

网状结构模型由节点与节点之间的相互关联构成,呈现一种交叉关系,节点间没有明确的从属关系,一个节点可以与其他多个节点联系。如图 4.5 所示为一个学生选课的网状模型。

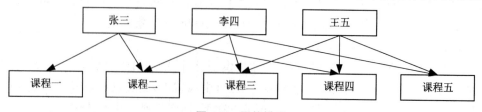

图 4.5　网状模型

网状模型与层次模型的根本区别是：一个子节点可以有多个父节点，在两个节点之间可以有多种联系。这种结构差异使得网状模型具备层次模型没有的优势：有更大的灵活性和更强的数据建模能力，更易于描述现实世界中多对多的联系。但网状模型也存在一定局限性：

- 结构的复杂性增加了用户查询和定位的难度。
- 不支持对于层次结构的表达。

③ 关系模型（Relation Model）

关系模型是目前最重要也是应用最广泛的一种数据模型。在数据库发展历史中，大部分的研究都是围绕关系模型展开的。在关系模型中，实体间的联系是通过二维关系（简称关系）来定义的，其数据结构表示为一张二维表，该模型的应用将在 4.2.4 小节中介绍，这里介绍关系模型的几个基本概念：

- 关系：一个关系对应一张二维表，如表 4.1 所示为学生实体关系模型。
- 记录（或元组）：关系表中的一行，表示一个具体的实体。如表 4.1 中第一行为关于张三实体的记录。
- 字段（或属性）：关系表中的一列，如表 4.1 中第一列为学生实体的一个字段"学号"。
- 域：字段的值域，如表 4.1 中"性别"字段的域为[男，女]。
- 数据项（或分量）：某一个记录中的一个字段值，如表 4.1 中第二条记录的"姓名"字段值为"李四"。
- 主关键字段（或主码）：简称主键，是关系表中一个或多个字段的集合，能够唯一地标识每一个记录，如表 4.1 中字段"学号"。另外，还有一个与主码相关的概念——外部键（或外码）。一个关系表中如果有一个字段，存储另外一个表的主键，则这个字段就称为外部键。
- 关系模式：对关系的一种抽象的描述，格式为"关系名（字段1，字段2，…，字段n）"，其中"字段1"加下划线，表示该字段为主键，如表 4.1 的学生实体关系模型可抽象描述为（学号，姓名，性别，出生年月，所属院系，年级，专业，班级）。

表 4.1 学生实体的关系模型

学号	姓名	性别	出生年月	所属院系	年级	专业	班级
30822101	张三	男	2004 年 3 月	经管学院	22 级	电子商务	1 班
20321212	李四	女	2003 年 6 月	信息学院	21 级	软件工程	2 班
40422330	王五	男	2004 年 7 月	外语学院	22 级	英语	3 班

关系模型的特征可总结为：

- 具有严密的数学基础。关系代数、关系运算等都可以用于对关系模型进行定性或定量的分析，探讨关系的分开和合并及其有关性质等。
- 概念单一化、表达直观。关系模型具有较强的数据表达和建模能力，一个关系只表达一个主题，若存在多个主题，则需将其分开用多个关系表示。

• 关系需进行规范化。关系需要满足一定的规范条件,具体方法将在 4.3 小节中介绍。

• 在关系模型中,对数据的操作是集合操作,即操作的对象是记录的集合,操作产生的结果也是记录的集合,这使得关系模型的操作不具有明显的方向性。

关系模型的缺点表现在:

• 对复杂问题的建模能力差。关系模型只能使用二维表的形式描述关系,无法使用递归和嵌套的方式来描述错综复杂的关系。

• 对象语义的表达能力比较差。现实世界中,对象之间的关系还可能是一种语义联系,而关系模型的规范化会强行拆开这种语义联系,造成不自然的分解。

• 可扩充性差。关系模型只支持记录的集合这一种数据结构,并且数据项不可再分,无法形成嵌套关系,无法扩充成层次模型或网状模型。

④ 面向对象模型(Object Oriented Model)

面向对象方法(Object-Oriented Paradigm,OOP)是近年来出现的一种新型建模方式,它是采用面向对象的观点来描述现实世界中事物的逻辑结构和对象间的联系的数据模型,与人类的思维方式更接近。

所谓对象是对现实世界中的事物的高度抽象,每个对象是状态和行为的封装。对象的状态是属性的集合,行为是在该对象上操作方法的集合。因此,面向对象的模型不仅可以处理各种复杂多样的数据结构,而且具有数据和行为相结合的特点。面向对象模型的优势表现为:

• 适合处理各种各样的数据类型。面向对象数据库适合存储诸如图片、音频、视频、文本、数字等不同类型的数据。

• 面向对象程序设计与数据库技术相结合。该模型结合了面向对象程序设计与数据库技术,因而提供了一个集成应用开发系统。

• 提高开发效率。面向对象数据模型具备强大的特性,如继承、多态和动态绑定,允许用户不用编写特定代码就可以构成对象并提供解决方案。

• 改善数据访问。该模型明确地表示联系,支持导航式和关联式两种方式的信息访问,比关系模型的数据访问性能更高。

面向对象模型的缺点有:

• 没有准确的定义。不同产品和原型的对象都不一样,不能对对象做出准确定义。

• 维护困难。若组织信息需求发生改变,对象的定义也要求改变并需要移植数据库,该模型将面临真正的挑战。

• 不适合所有的应用。该模型适用于需要管理数据对象之间存在复杂关系的应用,如工程、医疗、电子商务等,但不适用于普通应用。

(3) 物理层

物理层是数据抽象的最底层,用来描述数据物理存储结构和存储方法,这一层的数据抽象称为物理模型。该数据模型不但由 DBMS 的设计决定,而且与操作系统、计算机硬件密切相关,因此物理模型在本课程中不做详细介绍,而物理结构设计将在 4.2.5 小节中介绍。

4.2.2 数据库设计概述

数据库设计是指利用现有的数据库管理系统,针对具体的应用对象构建合适的数据模式,建立数据库及其应用系统,使之能有效地收集、存储、操作和管理数据,满足各类用户的应用要求。数据库设计是数据库应用系统开发的关键技术之一,其目的有两点:一是满足用户的需求;二是简化应用程序的编程设计,减少开发成本。数据库设计的过程可分为以下五个阶段:

1) 数据库需求分析

需求分析是对用户提出的各种要求加以分析,对各种原始数据加以综合、整理。需求分析是设计数据库的起点,是最困难、最耗时的一步。这一阶段收集的基础数据是下一步概念结构设计的基础,若该阶段的分析有误,将直接影响到后面的设计。

2) 数据库概念结构设计

概念结构设计是对用户需求进一步抽象、归纳,并形成独立于 DBMS 和有关软硬件的概念数据模型,是对现实世界中具体数据的首次抽象,完成从现实世界到信息世界转换的第一步。概念结构设计是逻辑结构设计、物理结构设计的基础,通常采用 E-R 图法。

3) 数据库逻辑结构设计

逻辑结构设计是将概念结构转换为某个 DBMS 所支持的数据模型,并对其进行优化的设计过程。由于逻辑结构设计是基于具体的 DBMS,因此,选择什么样的数据库模型尤为重要。通常选择关系模型进行设计和优化。

4) 数据库物理结构设计

物理结构设计是将逻辑结构设计所产生的逻辑模型转换为某种计算机系统所支持的数据库物理结构。物理结构主要是指数据库在相关存储设备上的存储结构和存取方法。完成物理结构设计后,对该物理结构做出相应的性能评价,若评价结果符合原设计要求,则进一步实现物理结构,否则对物理结构做出相应的修改。

5) 数据库实施

数据库实施即数据库的生成、调试与试运行,一旦数据库的物理结构形成,就可以用已选定的 DBMS 来定义、描述相应的数据库结构,装入数据,以生成完整的数据库,编制有关应用程序,进行联机调试并转入试运行,同时进行时间、空间等性能分析。若不符合要求则需要调整物理结构。

4.2.3 数据库的概念结构设计

通过数据库需求分析,设计者形成系统的数据流程图和数据字典,接下来需要将这种对现实世界的抽象转换为信息世界中基于信息结构表示的概念数据结构。数据库的概念结构独立于它的逻辑结构,与物理结构无关,它是现实世界中用户需求与信息世界中计算机表示之间的中转站。当用户的需求发生改变时,概念结构较容易做出相应的调整。

1) 概念结构设计的要求

(1) 概念结构应真实、充分地反映现实世界中事物与事物的联系,有丰富的语义表达能力,能表达用户的各种需求。

(2) 概念结构应简洁、清晰、独立于计算机,易于理解,方便数据库设计人员与应用人员交换意见。

(3) 概念结构应易于更改,当应用环境和应用要求改变时,概念结构需容易修改和扩充。

(4) 概念结构应易于向层次、网状、关系、面向对象等数据模型转换,易于从概念模式导出与 DBMS 有关的逻辑模式。

2) 概念结构设计策略

(1) "自上而下"方法。根据用户要求,先定义全局概念结构的框架,再分层展开,逐步细化。

(2) "自下而上"方法。根据用户的每一项具体需求,先定义各局部应用的概念结构,再将它们集成起来,得到全局概念结构。

(3) 逐步扩张法。首先定义最重要的核心概念结构,再向外扩充,以滚雪球的方式逐步生成其他概念结构,直至全局概念结构。

(4) 混合策略方法,即将自上而下和自下而上方法相结合,先用自上而下策略设计一个全局概念结构框架,再以它为骨架集成自下而上策略中设计的各局部概念结构。

3) E-R 图法设计概念结构

在 4.2.1 小节中已经介绍了 E-R 图法的基本概念,本小节重点介绍画 E-R 图的具体方法与步骤。下面先总结 E-R 图法的设计原则:

(1) 属性应该存在于且只存在于某一个实体(或关系)。该原则确保了数据库中的某个数据只存储于某个数据表中,避免了数据的冗余。

(2) 属性具有不可再分性。具有不可再分性的事实一般抽象为属性,而具有可再分性的事物一般不能抽象为属性。

(3) 实体是一个单独的个体,不能存在于另一个实体中,即不能成为另外一个实体的属性。该原则确保了一个数据表中不能包含另一个数据表。

(4) 同一个实体在同一个 E-R 图内仅出现一次。

(5) 联系一般是指实体间的联系,而不是属性与实体间的联系。

了解了 E-R 图法的设计原则后,以【例 4.1】为例,学习 E-R 图的绘制步骤。

【例 4.1】 某工厂物资管理系统需求分析结果如下:该工厂拥有一个仓库,仓库里存放多种零件,用仓储量来表示某种零件在某个仓库中的数量,仓库由一个管理员管理,多种零件由不同的供应商提供。对该物资管理系统中的对象进行详细调查,获得以下属性:

① 仓库由仓库号、仓库面积、电话号码描述;
② 零件由零件号、名称、规格、单价、简介描述;
③ 供应商由供应商号、名称、地址、电话号码、账号描述;
④ 管理员由职工号、姓名、年龄、职称描述。

根据以上需求说明绘制该系统的 E-R 图,可以分为以下几个步骤:

(1) 抽取与标识实体

设计人员分析系统需求规格说明书,从中抽取数据需求对象,并将它们标识为实体,用矩形符号表示,在矩形内注明实体名称。根据【例 4.1】的描述,提炼出 4 个实体,分别为"仓库""零件""供应商"和"管理员",在 E-R 图中的标识如图 4.6 所示。

（2）分析与标识实体联系

设计人员通过分析实体对象之间在系统中的关系,标识实体之间的联系,用菱形表示,在菱形中注明联系的名称,并找出各联系的种类,将其标注在实体与联系之间的连线上。对【例 4.1】中的关系进行分析得出:

图 4.6 物资管理系统实体

① "仓库"与"零件"之间是"存放"联系,类型为($1:n$);
② "仓库"与"管理员"之间是"管理"联系,类型为($1:1$);
③ "零件"与"供应商"之间是"供应"联系,类型为($m:n$)。

根据上述分析绘制物资管理系统的实体与联系图如图 4.7 所示。

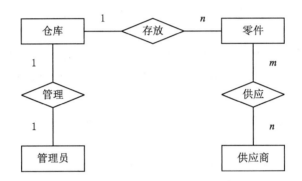

图 4.7 物资管理系统的实体与联系

（3）定义与标识实体与联系的属性

设计人员进一步细化设计,确定各实体与联系的属性,用椭圆标识,并在椭圆中注明属性的名称。根据【例 4.1】的描述,将各属性标注在对应的实体和联系上。添加了属性的 E-R 图(图 4.8)。

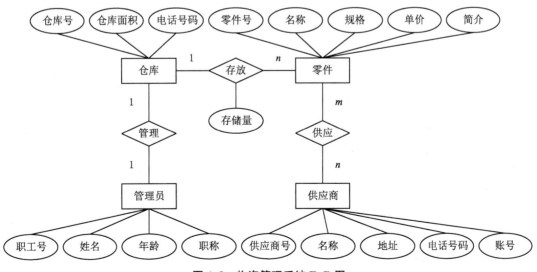

图 4.8 物资管理系统 E-R 图

(4) 检查与完善概念模型

【例 4.1】是一个较简单的系统,E-R 图的绘制并不困难,但一个较大规模的系统或复杂系统的 E-R 图不可能一步完成,可先画局部 E-R 图,再画全局 E-R 图实现,最后通过设计、检查、完善工作的多次迭代得到最终的概念模型。

4.2.4 数据库的逻辑结构设计

数据库的逻辑结构设计就是将以 E-R 图表示的概念结构转换为 DBMS 支持的数据模型,并对其进行优化的过程。在 4.2.1 小节中介绍过四个常用的逻辑层数据模型,其中使用最多的是关系模型,因此本小节主要介绍概念结构向关系模型转换的方法和技术。由于概念结构主要采用 E-R 图法表示,因此这个问题可以转换为 E-R 图向关系模型转换的问题,结合 4.2.1 小节中的有关基本概念,将这一转换过程总结如下:

1) 1 个实体集转换为 1 个关系

实体的属性即关系的属性,实体的主键即关系的主键。如【例 4.1】最终绘制的 E-R 图中存在 4 个实体"仓库""零件""供应商"和"管理员",因此可以转换为 4 个关系模型,其关系模式表示为(其中下划线标注的属性为主键):

仓库(<u>仓库号</u>,仓库面积,电话号码)

零件(<u>零件号</u>,名称,规格,单价,简介)

供应商(<u>供应商号</u>,名称,地址,电话号码,账号)

管理员(<u>职工号</u>,姓名,年龄,职称)

2) 根据实体集之间关系的类型确定联系的关系模式

关系包括实体集和联系的关系模式,其中联系的关系模式由联系名、联系的属性和所连接实体的主键组成。根据联系的不同类型,可将联系的关系模式分为以下几种情况:

(1) 一对一联系(1∶1)

对于一对一的联系,可以采用两种方式进行转换。

其一,先将两实体集转换成关系模式,然后对联系单独建一个关系,其属性包括联系的属性,以及参与联系的各实体集的主键。

如【例 4.1】仓库实体集和管理员实体集是一对一的联系,相应的转换为三个关系,分别为:

仓库(<u>仓库号</u>,仓库面积,电话号码)

管理员(<u>职工号</u>,姓名,年龄,职称)

管理(<u>职工号</u>,<u>仓库号</u>)

其二,先转换任意一个实体集,然后将联系的属性以及该实体集的主键放进另一个实体集中,实现彼此的关联。如【例 4.1】中,可以将管理员实体集转换出来,然后在仓库实体集中将管理员实体集的"职工号"放进仓库实体集中,其关系模式表示为:

管理员(<u>职工号</u>,姓名,年龄,职称)

仓库(<u>仓库号</u>,仓库面积,电话号码,<u>职工号</u>)

(2) 一对多联系(1∶n)

对于一对多的联系,也可以采用两种方式进行转换。

其一,先将两个实体集转换成关系模式,然后对联系单独建立一个关系,其属性包括联系的属性,以及参与联系的各实体集的主码,其中,该关系的主键为多方实体集的主键。如【例 4.1】仓库实体集和零件实体集是一对多的联系,相应地转换为三个关系,分别为:

仓库(<u>仓库号</u>,仓库面积,电话号码)

零件(<u>零件号</u>,名称,规格,单价,简介)

存放(<u>零件号</u>,仓库号,存储量),其中零件号为主键,仓库号为外部键。

其二,先将 1 端实体集转换成关系模式,然后将 1 端实体集的主码及联系的属性放进多端实体集中。如【例 4.1】中,先将仓库实体集转换成关系模式,然后将仓库实体集的仓库号以及联系的属性"存储量"放进零件实体集中,其关系模式表示为:

仓库(<u>仓库号</u>,仓库面积,电话号码)

零件(<u>零件号</u>,名称,规格,单价,简介,<u>仓库号</u>,存储量)

(3) 多对多联系($m:n$)

对于多对多联系,先将两个实体集转换成关系模式,然后针对联系单独建一个关系,其关系模式包括联系的属性、参与联系的各个实体集的属性。如【例 4.1】中的零件实体集和供应商实体集是一对多的联系,相应的要转换为三个关系:

零件(<u>零件号</u>,名称,规格,单价,简介)

供应商(<u>供应商号</u>,名称,地址,电话号码,账号)

供应(<u>零件号</u>,<u>供应商号</u>)

4.2.5 数据库的物理结构设计

在逻辑结构设计阶段得到的数据模型只是一个理论上的概念,与具体的计算机系统无关,但是,基于数据模型的数据库最终还是必须存放到某个具体的物理设备中,由特定的 DBMS 来管理。因此,如何选取合理的存储结构和有效的存储路径,以充分利用系统资源、提高数据库的性能,是物理结构设计的主要任务。

物理结构设计就是为既定的数据模型选取特定的、有效的存储结构和存储路径的过程。特定性是指与具体的计算机系统、操作系统和 DBMS 有关,有效性是指以尽可能少的系统资源获取数据库尽可能高的运行效率。

1) 存储结构设计

数据库存储结构设计的任务是确定数据的存放位置和使用的存储结构,包括确定存储关系、索引、日志、备份等的存储安排和存储结构,以及如何设置系统参数使得以最小的系统资源获取最高的系统性能。

(1) 确定数据的存放位置

在大多数的关系型 DBMS 中,数据的分类和指定存储是通过数据文件的划分和存储来实现的。在 DBMS 中不能直接指定数据的存放位置,只能通过一定的机制实现数据文件的指定存放,以此实现了数据文件的存放位置。

数据文件的划分和存储主要是基于数据访问的稳定性、安全性、效率等方面考虑的,相应的指导规则包括:

① 数据库文件和日志文件应该分开存放在磁盘中。

② 如果计算机系统中有多个磁盘,可以将数据库文件分为多个文件,并分布在不同的

磁盘中。

③ 将数据表和索引等分开存放在不同的数据库文件中。

④ 大的数据对象要分散存储在不同的数据库文件中。

(2) 确定数据的存储结构

在 4.2.1 小节中介绍过数据结构的概念,数据的存储结构是指数据的逻辑结构在计算机中的表示,是数据在计算机存储器中的存储方式。数据的物理结构一般有四种:顺序存储、链接存储、索引存储及散列存储。

① 顺序存储

顺序存储是把逻辑上相邻的节点存储在物理位置上相邻的存储单元中,节点之间的逻辑关系由存储单元的邻接关系来体现。一般顺序存储是在计算机中用一组地址连续的存储单元依次存储线性表的各个数据元素来表示,如表 4.2 所示为一个顺序存储结构示例。

顺序存储结构的主要优点是节省存储空间,因为分配给数据的存储单元全部用于存放节点的数据,节点之间的逻辑关系没有占用额外的存储空间。采用这种方法时,可实现对节点的随机存取,即每一个节点对应一个序号,由该序号可以直接计算出来节点的存储地址。但顺序存储方法的主要缺点是不便修改,当线性表长度为 n 时,做一次插入或删除操作平均要移动 $n/2$ 个元素,当 n 很大时表中元素移动的工作量很大,因此顺序线性表适用于经常进行检索但数据不经常变动的情况。

表 4.2 顺序存储结构

地址	序号	节点内容
0x1	1	A
0x2	2	B
0x3	3	C
0x4	4	D
⋮	⋮	⋮

② 链接存储

链接存储是用指针指出存储节点间关系的存储方法。对于长度不确定的字符串的输入,若采用定长字符串存储就会产生这样的问题:存储空间定得大,而实际输入字符串长度小,则造成内存空间的浪费;反之,存储空间定得小,而实际输入字符串长度大,则存储空间不够用。可采用链接存储的方法避免此类问题,如表 4.3 所示。链接存储的优点是运算处理方便,速度快;缺点是占用空间大。

③ 索引存储

索引存储是指分别存放数据元素和元素间关系的存储方式。索引存储表现为所有的存储节点存放在一个区域,另设置一个索引区域存储节点之间的关系,如图 4.9 所示。索引存储是为了加速检索而创建的一种存储结构,它是针对一个表而建立的,是由存放表的数据页面以外的索引页面组成的。每个索引页面中的行都包含逻辑指针,通过该指针可以直接检索到数据,这样就会加速物理数据的检索。

表 4.3 链接存储结构

地址	序号	节点内容	指针
0x1	1	A	

地址	序号	节点内容	指针
0x5	2	B	

地址	序号	节点内容	指针
0x8	3	C	

地址	序号	节点内容	指针
0x10	4	D	

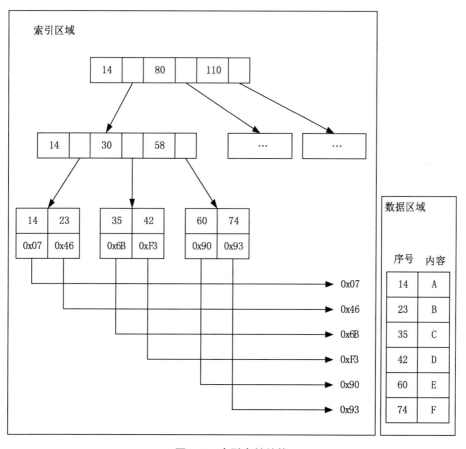

图 4.9 索引存储结构

④ 散列存储

散列存储,又称为 Hash 存储,是一种将数据元素的存储位置与关键码之间建立确定对应关系的查找技术。散列存储的基本思想是：由节点的关键码值决定节点的存储地址,如图 4.10 所示。散列是线性表存储方式的发展,相比线性表,散列的数据访问速度要高,因为可以依据存储数据的部分内容找到数据在线性表中的存储位置,进而能够快速实现数据的访问。理想的散列访问速度是非常迅速的,而不像在线性表中的遍历过程,采用线性表中内容的部分元素作为映射函数的输入,映射函数的输出就是存储数据的位置,这样的访问速度就省去了遍历过程。

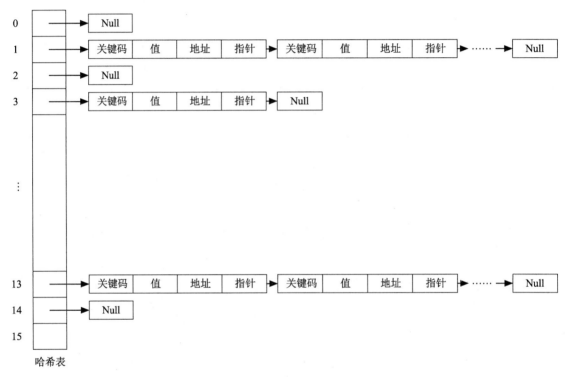

图 4.10 散列存储结构

2) 确定数据的存取方式

存取方式包括顺序法、链接法、索引法和散列法。在多种存取方式中,索引法是最常用的一种,本小节重点介绍索引法。

索引法存取方式是指根据应用要求确定对关系的哪些属性列建立索引,对哪些属性列建立组合索引,对哪些索引要设计为唯一索引等。实际上,索引正是基于目录的原理来设计的,通过索引可以从部分数据检索中实现数据的快速查找,从而提高数据的查询效率。但索引的创建也是有代价的,索引本身也是一种数据表,占用存储资源,且要保持与数据表同步,如果索引很大时,对空间资源占用、对索引的维护都要付出较高的代价。因此,在创建索引时需要考虑以下几条原则：

(1) 在经常用于检索的列上创建索引,特别是要对主码创建索引。

(2) 在外部键上创建索引,因为它经常用于与其他关系进行连接查询。

(3) 多在以读为主或者经常需要排列的列上创建索引,因为索引已经排序,它可以加快读取速度和排序效率。

(4) 多在经常用于条件查询的列上创建索引,特别是对那些常出现少量元组满足条件的列。

(5) 对于不经常用于检索的列,不宜在其上创建索引,因为其上有无索引是无关紧要的,创建了反而浪费存储空间。

(6) 对于那些值域很小的列不应该创建索引。例如,不宜在"性别"列上创建索引,因为"性别"只有两个值,索引对这种列并无作用。

(7) 对于值域严重分布不均匀的列不宜在其上创建索引。

(8) 对于更新操作非常频繁的列,不宜在其上创建索引。因为在进行更新操作时,不但要更新数据表的内容,而且还要更新索引表中的索引项,这会降低系统的效率。

(9) 对于长度超过 30B 的列,一般不要在其上创建索引。因为在过长的列上创建索引,索引所占的存储空间就大,索引级数也随之增加,从而会消耗系统资源,降低系统效率,如果非要创建不可,最好能够采取索引属性压缩措施。

4.3 关系数据库的规范化

如 4.2.1 小节中介绍,目前大部分的数据库采用的是关系模型,关系模型的一个重要特征即关系需要规范化,本小节将介绍关系规范化的定义及方法。

4.3.1 关系规范化的定义

关系数据库规范化设计是指在数据库中采用合理的数据结构组织与存储数据、减少数据冗余、实现数据完整性与一致性的设计活动。为了说明数据库规范化设计的必要性,这里以一个非规范化的关系表【例 4.2】来说明数据访问操作中存在的问题。

【例 4.2】 为了对学生信息进行管理,设计人员设计了一个"学生"关系表,存放学生信息及其所在院系信息,其关系模式如下:学生(<u>学号</u>,姓名,年龄,所在学院编号,学院名称,学院地点,学院电话),关系表如表 4.4 所示。

表 4.4 "学生"关系表

学号	姓名	年龄	所在学院编号	学院名称	学院地点	学院电话
20320102	王一丽	20	02	信息学院	A	3324
20321232	李 明	19	02	信息学院	A	3324
30822121	刘 明	18	03	经济管理学院	B	3354
40319129	李爱军	21	04	化工学院	C	3341

这是一个非规范化的关系表,在对该表进行操作时,会出现以下问题:

1) 数据冗余

数据冗余是指一组数据重复出现在数据库的多个表中,除了占用更多的空间,也带来保持数据一致性的维护成本。如【例 4.2】中,若同一学院有 n 个学生,"学院名称""学院地点""学院电话"就重复 $n-1$ 次。

2) 更新异常

更新异常是指当修改关系表中某一个属性数据时,该表中所有包含该属性的数据都需要同步修改,否则会出现数据不一致的问题。如【例 4.2】中,调整了某个学院的学院名称,数据表中该学院的所有学生记录都要修改"学院名称"的值,否则会出现同一个学院编号存在不同的学院名称的情况。

3) 插入异常

插入异常是指当在关系表中插入一个新的记录时,需要同时将该记录的所有属性值输入元组,并保证信息正确,否则会导致与已有数据表信息不一致的问题。如【例 4.2】中,假设有一个新的学院,暂时还没有学生录取,由于还没有"学号"关键字,所以整条信息无法记录入数据库。

4) 删除异常

删除异常是指当从关系表中删除一个元组时,若该元组是唯一含有某属性值的元组,则删除该元组后,对应的属性信息也从关系表中删除了。如【例 4.2】中,假设某个学院只有一个学生,当学生毕业后,删除该学生信息时,其所在学院信息也被删除了。

为了避免上述问题,规范化理论于 1971 年被提出,E. F. Codd 及后来的研究者为关系数据模型定义了五种规范化模式(Normal Format,简称范式)。范式是指关系模式的规范化程度,即满足某种约束条件的关系模式,根据满足的约束条件的不同来确定范式。

4.3.2 第一范式(1NF)

第一范式(1NF)是对关系表的基本要求,不满足第一范式的二维表不是关系。第一范式是指关系表的属性列不能重复,并且每个属性列都是不可分割的基本数据项。若一个关系表存在重复列或可细分属性列,则该关系表不满足 1NF。如表 4.5 所示是一个不满足 1NF 的学生关系表,对表 4.5 进行数据操作时会出现更新异常。

表 4.5 不满足 1NF 的学生关系表

学号	姓名	班级	班长	
			正班长	副班长

对表 4.5 进行 1NF 规范化时,需要去掉高层属性项,使各属性都是不能再细分的属性列,对表 4.5 进行 1NF 规范化后得到表 4.6。

表 4.6 满足 1NF 的学生关系表

学号	姓名	班级	正班长	副班长

4.3.3 第二范式(2NF)

第二范式(2NF)是指在满足第一范式的基础上,关系中每个非主属性都完全函数依赖于任一主码。2NF 比 1NF 具有更高的要求,2NF 是在 1NF 基础上消除非主属性对码的部分函数依赖。如表 4.7 所示为满足 1NF 但不满足 2NF 的学生关系表。

表 4.7 不满足 2NF 的学生关系表

学号	所在系	系主任姓名	课程号	成绩

其中,主属性为复合键(学号,课程号),非主属性与主属性的依赖关系为:
(1)"成绩"完全依赖复合键(学号,课程号);
(2)"所在系""系主任姓名"只依赖于复合键中的"学号"。

因此表 4.7 中的关系存在部分函数依赖,不符合 2NF,这种关系在进行数据操作时会出现以下问题:
(1)数据冗余:"系主任姓名"和"所在系"的属性值随着选课人数或选课门数的增加被反复存储多次;
(2)插入异常:新来的学生由于未选课而无法插入学生的信息;
(3)删除异常:如果某系学生信息都删除了,则该学生"所在系"和"系主任姓名"的属性信息连带被删除。

为了消除上述操作异常,对表 4.7 进行 2NF 规范化,按完全函数依赖的属性组成关系,将学生关系分解为两个关系:学生-系关系、选课关系,分解后的关系如表 4.8、表 4.9 所示。

表 4.8 学生-系关系表

学号	所在系	系主任姓名

表 4.9 选课关系表

学号	课程号	成绩

分解后的符合 2NF 的关系模式表示为:
(1)学生-系(学号,所在系,系主任姓名);
(2)选课(学号,课程号,成绩)。

4.3.4 第三范式(3NF)

所谓第三范式(3NF)是指在满足第二范式的基础上,所有非主属性均不存在传递函数依赖。如表 4.8 是一个满足 2NF 但不满足 3NF 的关系表,该关系的主属性为"学号",非主属性"所在系"完全依赖"学号",非主属性"系主任姓名"完全依赖"所在系",该关系中存在非主属性"系主任姓名"对主属性"学号"的传递依赖,在进行数据操作时会出现以下问题:

(1) 数据冗余:一个学生选修多门课程,该生所在系主任姓名仍然要被反复存储;

(2) 插入异常:某个新成立的系由于没有学生以及学生选课信息,该系及系主任姓名无法插入学生-系关系表;

(3) 删除异常:要删除某个系所有学生,则该学生"所在系"和"系主任姓名"的属性信息连带被删除。

要解决上述问题,需要对关系进行 3NF 规范。对学生-系关系进行 3NF 规范的方式是将其进一步分解,分解为学生关系和系关系,其关系模式表示为:

(1) 学生(学号,所在系);

(2) 系(所在系编号,系名,系主任姓名)。

分解后的关系表如表 4.10、表 4.11 所示,此时这两个关系均符合 3NF。

表 4.10 学生关系表

学号	所在系

表 4.11 系关系表

所在系编号	系名	系主任姓名

本章关键术语

数据库系统
数据库管理系统
外模式
内模式
数据结构
数据模型
概念模型(实体、属性、实体集、实体型、联系、码、域、实体-联系模型)
E-R 图法
逻辑模型
关系模型
物理模型
顺序存储
链接存储

索引存储

散列存储

课后思考题

1. 数据库系统的定义是什么？数据库系统由哪些部分组成？
2. 什么是 E-R 图法？E-R 图法涉及的几个重要基本概念是什么？
3. 关系数据库规范化的定义是什么？一个非规范化的关系表一般会存在哪些问题？

协作练习

下面是一个关于某工厂生产产品的描述：某工厂生产若干产品，每种产品由不同的零件组成，零件用在不同的产品上，这些零件由相同或不同的原材料制成，零件按所属的不同产品分别放在仓库中，原材料按类型放在仓库中。实体的属性如下：

产品属性：产品编号、产品名称

零件属性：零件编号、零件名称

材料属性：材料编号、材料名称、材料类型

仓库属性：仓库编号、仓库名称、仓库地点

请分组讨论，并完成以下练习：

1. 使用 E-R 图法设计出该工厂产品、零件、材料、仓库的概念模型。
2. 该工厂根据产品、零件、材料、仓库的概念模型设计出相应的报表，如表 4.12～表 4.16 所示，请根据报表写出产品、零件、材料、仓库的数据模型，并进行关系的规范化，写出第一范式和第三范式。

表 4.12 生产计划

部门名称	产品名称	计划产量

表 4.13 生产用零件计划

部门名称	产品名称	计划产量	零件名称	计量单位	需要量	所在仓库

表 4.14 零件消耗定额表

产品名称	零件名称	计量单位	消耗定额

表 4.15 生产用材料计划

零件名称	材料名称	材料类型	计量单位	需要量	所在仓库

表 4.16 材料消耗定额表

零件名称	材料名称	材料类型	计量单位	消耗定额

本章测试及答案

第5章 计算机网络技术

> **学习目标**
>
> 1. 掌握计算机网络的概念、分类和拓扑结构。
> 2. 了解信息系统的四种计算模式。
> 3. 掌握云计算的概念和分类。
> 4. 掌握大数据的定义和特点。
> 5. 掌握物联网的定义和分层。
> 6. 了解云计算、大数据、物联网及人工智能提出的背景和作用。
> 7. 热爱科技、拥抱技术,强化承担国家发展的历史责任感,坚持中国特色社会主义道路自信、理论自信、制度自信、文化自信。

导入案例

上汽宁德智能工厂

随着数字化浪潮对各行业的渗透逐渐深入,各行业数字化转型也进入了深水区。其中,产业链长、关联度高、综合性强、消费拉动大的汽车制造业的转型尤为引人关注。

有关资料统计,一辆汽车的诞生需要经过冲压、焊装、涂装、总装等多个工艺,涉及钢铁、石油、化工、电子等100多个工业部门,复杂程度在大规模生产的民用产品之中一骑绝尘。正是因为产品本身的复杂度及产业链群的庞大,汽车制造业的数字化转型必然带来工业生产、设备、仓储、供应商、物流等各个方面的严峻挑战,而上汽宁德工厂正在探索一条成功之路。

宁德工厂自建设之初就按照"柔性化、数字化、自动化、数据化"的规划理念,布局东南沿海,计划打造成为上汽创新发展的"航母基地"。数字化转型方面,上汽制定了"1+4"数字化转型战略,"1"代表产品数字化,即智能网联汽车。"4"分别是以精准用户画像和重构用户体验为核心的数字营销、基于工业互联和大数据融合的智能制造、基于软件定义硬件的数字化研发,以及以灵活化协同工作为核心的智慧园区。其中每一个战略转型重点项目背后都离不开一个关键词——ICT联结。繁多的制造流程、复杂的应用场景、大量的生产数据、分散的生产空间和劳动力,需要稳定、可靠、智慧的网络将人-机-物联结在一起,打破传统工厂相互孤立、隔绝的局面,从而最终实现智能工厂中工业全系统全要素的互联互通,完成汽车行业的智能化生产和网络化协同新模式创新。

上汽宁德工厂是亚洲最大的总装车间,占地近14万平方米,目前工厂建有4大生产车间,具备5个车型平台、10种车型混线生产的能力,能够实现新能源整车与传统动力整车共线生产,如图 5.1 所示。据统计,宁德工厂目前平均每分钟可生产一辆汽车,一年可产出 24 万辆新车。宁德工厂车身车间共配备了 511 台机器人,焊接自动化率达 99%;油漆车间 100% 采用机器人自动喷涂技术,车间里众多的机器人、装配设施等对网络带宽、时延要求各不相同。同时,车间推行无纸化运营模式,车间现场工作人员大量使用无线手持设备来完成生产任务的接受和处理,因此,数据的实时采集也需要强大的网络支撑。

图 5.1 自动化车间

自投产以来,宁德工厂已经实现交付周期缩短 10%、生产效率提高 48%、产品产量提高 50%、质量缺陷降低 36%,有效地避免了停产带来的经济损失。依托工业大数据和工业物联网两大平台,以大数据/AI 为技术手段,以互联互通为基础,构建"数据-信息-价值"的数据赋能与增值,将生产运营指标和风险的总体态势进行展现,实现动态感知、辅助决策和智能预警。

正因为如此傲人的成就,上汽宁德工厂在 e-works 数字化企业网的评选中,从 100 多家优秀制造企业中脱颖而出,获"2020 中国标杆智能工厂",为推进"中国制造 2025"在汽车行业的落地树立典范。

过去的汽车制造业是典型的劳动密集型产业,对传统劳动力高度依赖。数字化浪潮下,制造业必然从重人力的劳作模式向智能化生产与网络化协同模式演进。上汽宁德项目的成功为汽车行业探索了全新的可持续发展道路,为制造业打破困局提供了新思路,对提升我国汽车行业的整体国际竞争力大有裨益。

(资料来源:"标杆智能工厂"是如何炼成的?[EB/OL].(2020-10-27)[2023-07-01]. https://e.huawei.com/cn/case-studies/industries/manufacturing/2020/saic-ningde-factory-ip-networks.)

5.1 计算机网络概述

在建设企业的管理信息系统时,会经常遇到一些问题,比如一些部门或者机构(如货场、仓库)距厂区中心位置比较远,如何远距离传输库存等信息?比如一些厂房环境恶劣,高温、强噪声,人为地实时监控机器的各种数据是不现实的,那如何把机器的数据传递到控制中心?再比如员工在外出差或在家办公,需要访问单位内部的管理信息系统;单位内部不同城市的办事处需要访问单位总部的管理信息系统;合作单位(客户、供应商等)需要访问单位内部的管理信息系统。计算机网络技术可以解决上面的所有问题,下面就来介绍计算机网络技术。

5.1.1 计算机网络的概念与分类

1) 计算机网络的概念

计算机网络是用通信介质把分布在不同地理位置的计算机和其他网络设备连接起来,实现信息互通和资源共享的系统。如图5.2所示,它是一个简单的计算机网络,内部网络由交换机连接电脑和服务器等设备,并用路由器连接到其他外部网络。

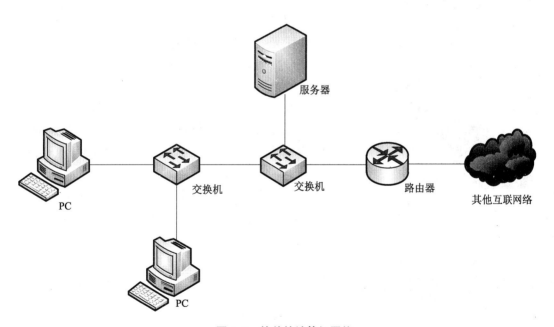

图5.2 简单的计算机网络

概念中的几个术语:
(1) 通信介质

通信介质也称传输媒体或传输媒介,传输媒体可分为两大类,即导引型传输媒体和非导引型传输媒体。

在导引型传输媒体中,电磁波被导引沿着固体媒体(铜线或光纤)传播。导引型传输媒体主要分为以下三种：

① 同轴电缆

同轴电缆是早期的一类传输介质，它是由一层层的绝缘线包裹着中央铜导体的电缆线，如图5.3所示。它的最大特点就是抗干扰能力好，传输数据稳定，而且价格也便宜，所以一度被广泛使用，如闭路电视线等。但单条电缆的损坏可能导致整个网络瘫痪，维护也难，这是其最大的弊端。

② 双绞线

在局域网中，双绞线用得非常广泛，这主要是因为它们具有低成本、高速度和高可靠性的优点。双绞线有两种基本类型：屏蔽双绞线（STP）（图5.4）、非屏蔽双绞线（UTP），它们都是由两根绞在一起的导线来形成传输电路。两根导线绞在一起主要是为了防止干扰（线对上的差分信号具有共模抑制干扰的作用）。

图 5.3　同轴电缆

图 5.4　屏蔽双绞线

图 5.5　光缆结构图

③ 光纤

由于光线在纤芯中传输的方式是不断地全反射，所以能量损耗非常小。由于可见光的频率非常高，约为 10^8 MHz 的量级，因此一个光纤通信系统的传输带宽远远大于目前其他各种传输媒体的带宽。光纤抗雷电和电磁干扰性能好、体积小、重量轻，以上优点都使光纤得到了广泛的应用。图 5.5 是光缆（由若干光纤组成）结构图。

非导引型传输媒体就是指自由空间。在非导引型传输媒体中，电磁波的传输也常称为无线传输。可以将无线传输分为以下三类：

① 无线电波（也称短波）

短波通信（即高频通信）主要是靠电离层的反射，但短波信道的通信质量较差，传输速率低。无线电波的例子如电视、AM 和 FM 广播、无绳电话和传呼机。

② 微波

微波在空间主要是直线传播。由于微波的单向特性，当发送方和接收方之间需要单播（一对一）通信时，它们非常有用。蜂窝电话、卫星网络和无线局域网正在使用微波。

传统微波通信有两种方式：地面微波接力通信、卫星通信。

③ 红外线波

红外线波可用于短距离通信。高频红外线波无法穿透墙壁。如果使用红外遥控器，则不会干扰邻居使用该遥控器。但是，由于该特性，红外信号对于远程通信变得毫无用处。

红外信号可在键盘、鼠标、PC 和打印机等设备之间进行通信。

(2) 网络设备

网络设备种类繁多,包括集线器、交换机、路由器等设备。

集线器是多端口的中继器,属于物理层设备,如图 5.6 所示。集线器的原理是拷贝比特流,向其他各个端口转发比特流。

集线器是早期使用较为广泛的网络设备,以集线器为中心组成的星型网络拓扑,是局域网发展史上的一个非常重要的里程碑,它为以太网在局域网中的统治地位奠定了牢固的基础。

图 5.6 集线器

交换机是常用的扩展网络的设备,如图 5.7 所示。由于使用集线器扩展网络,会导致网络中广播报文过多,并且所有用户是共享带宽的,会影响网络性能。而交换机是根据 MAC 表转发报文,并且所有用户独享带宽。总之,交换机的网络性能要远远优于集线器。随着技术的进步,交换机的成本已经降低,所以集线器逐步退出了市场。

路由器是连接两个或多个网络的硬件设备。路由器的主要功能是存储报文,并且通过路由协议选择合适的路径将报文转发出去。这里所说的路由器一般是指运营商使用的大型路由器,如图 5.8 所示。

图 5.7 交换机

图 5.8 路由器

2) 计算机网络的功能

(1) 数据通信。这是计算机网络最基本的功能,主要完成分布在不同地点的用户之间的通信。例如:用户可以在网上进行视频会议、收发电子邮件、浏览和发布视频消息、进行网上购物和网上支付、观看体育直播赛事、实施远程教育等。

(2) 资源共享。资源不仅包括软件资源,如各种应用软件、工具软件、系统软件等,也包括软硬件资源,如计算机处理能力、高速打印机等。受经济和其他因素的制约,这些资源不可能所有用户都能独立拥有。资源共享可以增强网络上计算机的处理能力,提高计算机硬件的利用率。例如:大家把大量自己的资料存储在百度云中,并不存放在本地计算机中。

（3）分布式处理，增加可靠性，提高系统处理能力。网络中的每台计算机都可通过网络相互成为后备机。一旦某台计算机出现故障，它的任务就可由其他的计算机代为完成，这样可以避免在单机情况下，一台计算机发生故障引起整个系统瘫痪的现象，从而提高系统的可靠性。而当网络中的某台计算机负担过重时，网络又可以将新的任务交给较空闲的计算机完成，均衡负载，从而提高了每台计算机的可用性。例如：在电商网站、视频网站中，一般有多个服务器共同提供服务。

3) 计算机网络的工作原理

计算机网络是如何工作的呢？这里举一个寄快递的例子来进行类比。

在真实的世界中，假设需要把包裹从南京寄到北京，那么首先要知道收件人的具体地址，并将寄件人地址和收件人地址填写在包裹上，剩下的事情就由物流系统完成。包裹交给家门口的快递站之后，快递站会根据包裹上的目的地址查阅物流系统，决定下面应该把包裹交给哪一个快递站。如果快递站发现超出了它能管理的范围，就把包裹送到上一级快递站——南京物流中心。南京物流中心连接着很多线路，通过查阅系统，选择了一条送到北京物流中心的最佳线路：南京—山东济南—河北廊坊—北京，包裹将由这些中转站接力运输到北京。北京物流中心收到后，会查阅物流系统，一级一级将包裹转派到最终的目的地。

计算机网络也是同样的结构。在网络世界中，所有的设备都分配了一个独一无二的 IP 地址。假设在南京，用电脑上的浏览器访问百度（假设百度服务器位于北京），在浏览器中输入百度的网址后，电脑即生成了一个数据包，这个数据包的源地址是发出方电脑的 IP 地址，目的地址是百度服务器的 IP 地址。数据包通过网络介质（如网线、电磁波等）传送到路由器、交换机等网络设备，再由骨干路由器进行路由选择，通过接力的方式，将数据包一跳一跳传递到下一个路由器，最终送到百度服务器。百度服务器给出响应，再将响应报文发回给电脑。这里只是包裹变成了数据包，地址变成了 IP 地址，快递站变成了路由器，南京物流中心、北京物流中心变成了骨干路由器。

4) 计算机网络的分类

根据网络的覆盖范围来划分网络，可分为：个人区域网、局域网、城域网和广域网。

（1）个人区域网（Personal Area Network，PAN）

个人区域网是指个人局域网，其覆盖范围一般在 10 米半径以内，能在便携式消费电器与通信设备之间进行短距离通信的网络，比如连接个人手机、笔记本电脑、打印机、鼠标等的网络。

（2）局域网（Local Area Network，LAN）

局域网地理范围一般在几百米到 10 千米之内，属于小范围内的联网。如一个建筑物内、一个学校内、一个工厂的厂区内等。局域网的特点是：数据速率高、距离短、延迟小、传输可靠。

（3）城域网（Metropolitan Area Network，MAN）

城域网地理范围可从几十千米到上百千米，可覆盖一个城市或地区，是介于局域网和广域网之间的一种大范围的高速网络。

（4）广域网（Wide Area Network，WAN）

广域网地理范围一般在几十千米到几千千米，甚至更远，属于大范围联网。如几个城市,一个或几个国家,是网络系统中最大型的网络,能实现大范围的资源共享,如国际性的Internet网络。

5.1.2 计算机网络的拓扑结构

计算机网络的拓扑结构是指网络上计算机或设备与传输媒介形成的节点与线的物理构成模式。网络拓扑结构分为：总线型拓扑结构、环型拓扑结构、星型拓扑结构、树型拓扑结构和网状拓扑结构。

1) 总线型拓扑结构

在总线拓扑结构中,所有的设备都连接到一个线型的传输介质上,这个线型的传输介质通常称为总线,如图5.9所示。

优点：结构简单、布线容易、可靠性较高,易于扩充,节点的故障不会殃及系统,是早期局域网常采用的拓扑结构。

缺点：所有的数据都需经过总线传送,总线成为整个网络的瓶颈；出现故障诊断较为困难。另外,由于信道共享,连接的节点不宜过多,总线自身的故障可以导致系统的崩溃。

2) 环型拓扑结构

在环型拓扑结构中,每个设备与两个最近的设备相连接以使整个网络形成一个环状,如图5.10所示。

优点：结构简单,适合使用光纤,传输距离远,传输延迟确定。

缺点：环网中的每个节点均成为网络可靠性的瓶颈,任意节点出现故障都会造成网络瘫痪,另外故障诊断也较困难。

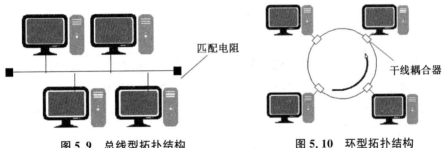

图5.9　总线型拓扑结构　　　　　图5.10　环型拓扑结构

3) 星型拓扑结构

在星型拓扑结构中,网络上的设备都通过传输介质连接到处于中心的中央设备,如用集线器连接在一起,如图5.11所示。星型拓扑结构在历史上有着重要意义,它的出现大大方便了网络的接入和退出,为以太网在局域网中占统治地位奠定了基础。

优点：结构简单、容易实现、便于管理,通常以集线器(Hub)作为中央节点,便于维护和管理。

缺点：中央节点是全网络的可靠瓶颈,中央节点出现故障会导致网络的瘫痪。

4) 树型拓扑结构

树型拓扑结构从总线型拓扑结构演变而来,形状像一棵倒置的树,顶端是树根,树根以下带分支,每个分支还可再带子分支,如图5.12所示。

优点：易于扩展,故障隔离较容易。

缺点：各个节点对根的依赖性太大。

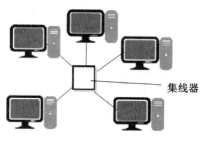

图 5.11　星型拓扑结构

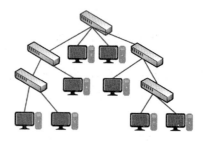

图 5.12　树型拓扑结构

5) 网状拓扑结构

在网状拓扑结构中，网络中的每台设备通过传输线连接起来，且每台设备至少与其他两台设备相连，这种连接方式经济性较差。网状拓扑结构安装复杂，但系统可靠性高，容错能力强，如图 5.13 所示。网络核心部分一般采用这种拓扑结构。

优点：系统可靠性高，比较容易扩展。

缺点：结构复杂，每一节点都与多点进行连接，因此必须采用路由算法和流量控制方法。目前广域网基本上采用网状拓扑结构。

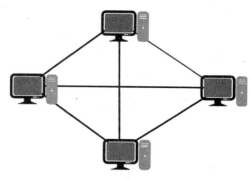

图 5.13　网状拓扑结构

5.1.3　信息系统模式

管理信息系统经历了四种计算模式，分别是：单主机计算模式、分布式客户/服务器(C/S)计算模式、浏览器/服务器(B/S)计算模式和云计算模式。这四种计算模式是随着计算机技术、网络技术的发展而产生的，由此决定了计算机应用系统中硬件结构和软件结构的特征。

1) 单主机计算模式

1985 年以前，计算机应用一般以单台计算机构成的单主机计算模式为主。

单主机计算模式又可细分为两个阶段。早期阶段是单主机计算模式，如图 5.14 所示。这种模式是指运行在一台物理机器上的独立应用程序，局限于单项应用，如工资报表统计程序，还有大家熟知的软件如 Photoshop、AutoCAD 等。

图 5.14　单主机计算模式

分时多用户操作系统的研制成功，以及计算机终端的普及，使早期的单主机计算模式发展进入单主机—多终端的计算模式阶段。用户通过终端使用计算机，每个用户都好像是在独自享用计算机的资源,但实际上主机是在分时轮流为每个终端用户服务。

单主机—多终端的计算机模式在我国当时一般称为"计算中心",如图 5.15 所示,在单主机模式的这个阶段中,计算机应用系统中已可实现多个应用(如物资管理和财务管理)的联系,但由于硬件结构的限制,只能将数据和应用程序集中地放在主机上,因此单主机—多终端计算模式有时也称为集中式的企业计算模式。

2) 客户/服务器(C/S)计算模式

20 世纪 80 年代,个人计算机的发展和局域网技术逐渐趋于成熟,使用户可以通过计算机网络共享计算机

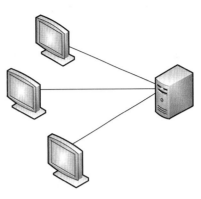

图 5.15 单主机—多终端模式

资源,计算机之间通过网络可协同完成某些数据处理工作,虽然个人计算机的资源有限,但在网络技术的支持下,应用程序不仅可利用本机资源,还可通过网络方便地共享其他计算机的资源,在这种背景下形成了分布式客户/服务器(C/S)的计算模式。

在客户/服务器(C/S)计算模式中(图 5.16),网络中的计算机被分为两大类:一是用于向其他计算机提供各种服务(主要有数据库服务、打印服务等)的计算机,统称为服务器;二是享受服务器提供服务的计算机,称为客户机。

图 5.16 客户/服务器(C/S)计算模式

服务器是专门用来提供某种服务的设备,可同时处理多个远地或本地客户的请求。服务器的系统启动后即自动调用并一直不断地运行着,被动地等待并接收来自各地的客户的通信请求。因此,服务器程序不需要知道客户程序的地址。服务器一般需要强大的硬件和高级的操作系统的支持。

客户机被用户调用后运行,在通信时主动向远地服务器发起通信请求。因此,客户程序必须知道服务器程序的地址。客户机可与多个服务器进行通信,客户机不需要特殊的硬件和很复杂的操作系统。

在这种模式下,网络上传送的只是数据处理请求和少量的结果数据,网络负担较小。

但是采用 C/S 计算模式的企业计算机应用系统中,每一个客户机都必须安装并正确配置相应的数据库客户端驱动程序。这样,应用程序才能访问数据库。由于应用程序被分布在各个客户机上,这种形式使系统的维护变得困难,且容易造成数据不一致性。

3) 浏览器/服务器(B/S)计算模式

浏览器/服务器(B/S)计算模式是在 C/S 计算模式的基础上发展而来的。导致 B/S 计算模式产生的源动力来自不断增加的业务规模和不断复杂化的业务处理请求,解决这个问题的方法是在传统 C/S 计算模式的基础上增加中间应用层,由原来的两层结构(客户/服务器)变成三层结构,如图 5.17 所示。

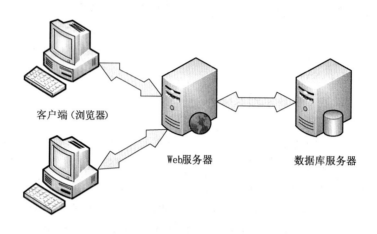

图 5.17 浏览器/服务器(B/S)计算模式

在三层应用结构中,客户端负责处理用户的输入和向客户的输出。Web 服务器负责建立数据库的连接,根据用户的请求生成访问数据库的 SQL 语句,并把结果返回给客户端。数据库层实际是负责数据库的存储和检索,响应中间层的数据处理请求,并将结果返回给中间层。

以 B/S 计算模式开发企业管理信息系统,由于在客户端只需一个简单的浏览器,因此减少了客户端的维护工作量,方便了用户使用。同时,也正是这样的"瘦"客户端,使我们能够方便地将任何一台计算机通过计算机网络或互联网连到企业的计算机系统,成为企业管理信息系统的一台客户机。

B/S 计算模式出现之前,管理信息系统的功能覆盖范围主要是企业内部。B/S 计算模式的"瘦"客户端方式,使企业的供应商和客户的计算机方便地成为企业管理信息系统的客户端,进而在限定的功能范围内查询企业相关信息,完成与企业的各种业务往来的数据交换和处理工作,只要这些潜在的供应商和客户知道企业管理信息系统的网址就可以了。

与 C/S 计算模式相比,以 B/S 计算模式建立的计算机应用系统中,客户端变得简单(只要安装浏览器即可),应用程序以网页的形式存放在 Web 服务器上,如图 5.18 所示,这不仅方便了企业内用户的应用,也使企业的客户和供应商方便地通过计算机网络与企业进行业务活动,扩大了企业计算机应用系统的功能覆盖范围,可以更加充分地利用网络上的各种资源,同时应用程序维护的工作量也大大减少。

虽然 B/S 计算模式的计算机应用系统有如此多的优越性,但由于 C/S 计算模式的成熟性且 C/S 计算模式的计算机应用系统网络负载较小,因此,未来一段时间内,管理信息系统开发中的企业计算机模式将是 B/S 计算模式和 C/S 计算模式共存的情况。但是,很显然企

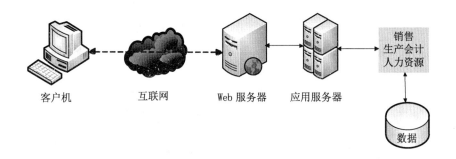

图 5.18　B/S 计算模式建立的计算机应用系统

业计算机应用系统的发展趋势是向 B/S 计算模式转变的。

4) 云计算模式

随着云计算等技术的出现,信息系统的模式又发生了改变,企业不再自己购买所有的设备和资源,而是通过网络以按需、易扩展的方式获得所需的资源(硬件、平台、软件等),也就是常说的"云",如图 5.19 所示。关于云计算的内容,在下一小节详细展开。

图 5.19　云计算模式

5.2　互联网新技术的融合

5.2.1　云计算

1) 云计算提出的背景

直到 2008 年左右,大部分企业才构建起自己的计算基础设施,并进行维护。企业购买或租赁硬件设备,用来支持企业的邮件、网站、电子商务网站、会计系统和操作系统等内部应用。2008 年后企业开始将计算基础设施迁移到云端。

云计算架构允许员工和客户获得存储在云中的数据和应用程序。通过包括 PC 端、

"瘦"客户端、移动设备、物联网设备在内的各种设备远程使用应用程序、数据和处理能力,如图 5.20 所示。企业不再需要购买、配置和维护昂贵的计算基础设施。企业转向云的原因与其当初转向客户端/服务器的原因一样,既降低成本又提高可扩展性。

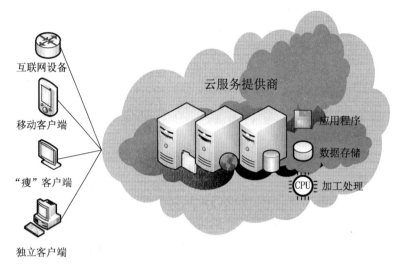

图 5.20　企业云计算架构

2) 云计算的概念

1961 年,约翰·麦卡锡首次提出了将计算资源转换为公共服务的思想,这是当今云计算的核心思想之一。此后,云计算的概念被多个机构和著名企业定义,现阶段广为接受的是美国国家标准与技术研究院(National Institute of Standards and Technology,NIST)的定义:云计算是一种按使用量付费的模式,这种模式提供可用的、便捷的、按需的网络访问,进入可配置的计算资源(资源包括网络、服务器、存储、应用软件、服务)共享池,这些资源能够被快速提供,只需投入很少的管理工作,或与服务供应商进行很少的交互。

云计算是 IT 基础设施(或服务)的交付和使用模式,是一种基于互联网的计算方式,共享的软硬件资源和信息可以通过按需、易扩展的方式提供给计算机和其他设备。云计算使企业可以按需购买应用和服务,而不是搭建完整的管理信息系统。

3) 云计算的分类

云提供的服务分为三层,分别是基础设施即服务(Infrastructure-as-a-Service,IaaS)、平台即服务(Platform-as-a-Service,PaaS)、软件即服务(Software-as-a-Service,SaaS)。基础设施在最下端,平台在中间,软件在顶端。

(1) 基础设施即服务(IaaS),这是目前各个云服务商提供得最多的服务。在 IaaS 出现之前,企业或者网站站长想要做一个网站出来,必须先购买服务器,然后还需要有专门的场地放置服务器,并对其做好维护,才能让业务正常地运行起来。

而 IaaS 的出现,让用户可以直接使用云服务商提供的服务器、存储和网络,大大节省了场地费用和维护费用。这也是云计算最基础的服务。最早推出这一服务的是亚马逊 AWS,之后国内外厂商纷纷加入,目前国内比较好的云服务商有阿里云、腾讯云、新睿云等。

(2) 平台即服务(PaaS),把服务器或者开发环境作为平台提供服务。具体来说 PaaS 是为用户提供一整套工具软件,例如把客户要求提供的开发语言和工具(如 Java、Python、.Net 等)、开发的或收购的应用程序部署到供应商的云计算基础设施上去。可以让开发者便捷地开发程序应用,不用花费巨资购置整套软件,只需要对软件的使用付费即可。并且也不需要担心软件的配置维护等问题,这些云服务商都会代替用户来解决,用户可以更专注地投入研发工作。

(3) 软件即服务(SaaS),指厂商将应用软件统一部署在自己的服务器上,客户可以根据自己的实际需求,通过互联网向厂商定购所需的应用软件服务,按定购的服务多少和时间长短向厂商支付费用,并通过互联网获得厂商提供的服务。这样用户不用再购买软件,而改用向提供商租用基于 Web 的软件来管理企业的经营活动,且无需对软件进行维护,服务提供商会全权管理和维护软件。对于许多小型企业来说,SaaS 是采用先进技术的最好途径,它消除了企业购买、构建和维护基础设施和应用程序的需要。

例如微软推出的 Office 365,通过将 Excel 和 Outlook 等应用与 OneDrive 和 Microsoft Teams 等强大的云服务相结合,Office 365 可让任何人使用任何设备随时随地创建和共享内容。此外 CRM、ERP、eHR 等系统也都开始 SaaS 化。

组织在选择云和云服务时,需要了解不同级别的云服务之间的差异。为了帮助了解这些差异,下文将使用与交通工具相关的隐喻来帮助大家理解上面提到的三种云服务。

假设你需要每天上下班,可以选择以下四种方式出行,分别是制造汽车、购买汽车、租用汽车和乘坐出租车,这几种方式分别对应了内部托管模式(企业自己购买软硬件)、企业利用 IaaS、企业利用 PaaS 和企业利用 SaaS,正如图 5.21 所示。每种方式都有其优缺点,就制造汽车而言,你可以管理自己的交通工具。就出租车服务而言,你的交通工具是受他人管辖的。

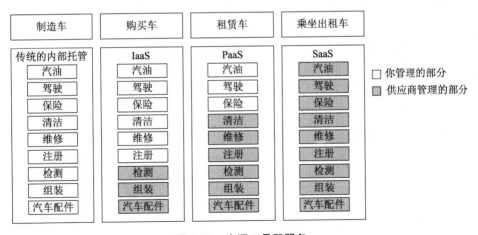

图 5.21 交通工具即服务

举例来说,如果决定买车而不是制造车,你必然会外包交通工具的某些部分给汽车制造商。你不需要购买汽车部件,无须组装汽车或测试汽车以确保其运转良好。最初你可能会觉得制造自己的汽车更便宜。但事实上,你可能并不具备制造一辆可靠的汽车所需的时间、知识、技能和实践经验。因此,购买车最终可能会比制造车更便宜。

类似的,如果决定租赁汽车,你必然会将交通工具的大部分外包给他人。租赁汽车不需要花费汽车注册费用,不需要修理或清洗车辆。然而,虽然你需要做的工作减少了,但潜在的花费却提高了。租赁汽车与乘坐出租车的区别亦是如此。如果乘坐出租车,你不需要买保险、开车和加油,甚至都不需要驾照,同样也能完成上下班这件事情,只是对交通工具的管控更少罢了。

这个例子帮助解释了企业如何使用云服务摆脱传统的内部模式,如今不必再在内部提供所有的服务。如果选择云服务,组织对其基础设施、平台以及软件功能可以进行较少的管理,可以将更多精力聚焦在主营业务上。

4) 企业使用云计算的好处

企业利用云计算有很多好处,包括但不限于以下几点:

(1) 成本效益:云计算可以让企业避免大规模的硬件投资和维护成本,同时还可以按需支付服务费用,从而大大降低企业的成本开销。

(2) 弹性扩展:云计算可以提供灵活的计算资源,使得企业可以根据业务需要随时扩展或缩小计算能力,从而更好地应对业务变化。

(3) 数据备份与恢复:云计算可以提供可靠的数据备份和恢复机制,使得企业可以更好地保护和管理其数据资产。

(4) 更高的可靠性和安全性:云计算提供了先进的安全措施,使得企业可以更好地保护其数据和应用程序,并且云计算服务商通常有更高的可靠性和容错性,从而可以保障企业的业务连续性。

(5) 更高的协作性和灵活性:云计算可以使得企业的工作人员可以随时随地访问和共享企业数据和应用程序,从而提高协作效率和工作灵活性。

综上所述,云计算可以为企业带来诸多好处,使得企业可以更好地管理其计算资源和数据资产,并且更好地应对业务变化和挑战。

5) 企业使用云计算的实例

钉钉办公是阿里巴巴集团专为中国企业打造的免费沟通和协同的多端平台,钉钉的功能很多,有考勤、打卡、签到、审批、日志、公告、钉盘、钉邮等多种功能,可以帮助企业提高内部协作效率、管理效率和沟通效率。

但从成立到现在,钉钉的业务水平始终都是小打小闹,缺乏核心竞争力,是中小企业的"钉子户",但却一直不能入大客户的眼。对于效率高于一切的大型企业来说,"免费"算不上诱人的条件;此外就功能上而言,钉钉已有的也说不上亮眼,"打卡"只能算是入门级需求,虽然钉钉还有文档、OA在线、会议协作等功能,但也都只能算是基础工具的范畴。虽然2020年钉钉就推出过面向大企业的专属版,但由于钉钉的轻量级和标准化的特点,也始终难以满足大客户需要的定制化需求。

随着阿里、腾讯的To B业务挑起大梁,钉钉也宣布将布局到企业数字化、科技化转型的浪潮之中。

钉钉起初以SaaS领域为推动数字化的切口,如今钉钉将商业化的期许寄托在了PaaS化上。PaaS化指的是钉钉只做基础产品或者说拥有基础能力的产品,将这些基础的能力与产品作为根本对生态开放。钉钉仍会保持自己协同办公和应用开发平台的定位,其他都交给生态做。为了打造这样一个拥有充分开放性的生态,钉钉也提出了"低代码革命",这是 PaaS 化迈出的第一步,也是极为重要的一步。作为 PaaS 化的先行者,低代码可以理解为 APaaS(Application PaaS),它能够提供普惠化的应用开发能力。因为它的可开发性,大量为满足个性化需求的应用被开发出来,目前钉钉上的低代码应用已超 240 万,开发者数量超 190 万。这样一种共创、开放的生态模式正是钉钉所期望打造出的生态愿景。

开发者可以利用钉钉的开放平台提供的接口和工具,将钉钉集成到自己的应用程序中,实现与钉钉的互联互通。以下是一些开发者可以利用钉钉的方式:

(1) 集成钉钉 SDK:开发者可以使用钉钉提供的 SDK,将钉钉集成到自己的应用程序中。通过集成 SDK,开发者可以实现与钉钉的单点登录、获取用户信息、发送消息等功能。

(2) 开发自定义机器人:钉钉提供了自定义机器人的功能,开发者可以根据自己的需求开发一个机器人,将其集成到钉钉中,实现消息推送、自动回复等功能。

(3) 利用群聊机器人:钉钉群聊机器人可以根据指令自动回复消息、推送消息等。开发者可以根据自己的需求开发一个群聊机器人,将其集成到钉钉中,实现自动化消息推送、管理等功能。

(4) 集成钉钉小程序:开发者可以利用钉钉提供的小程序开发工具,开发针对钉钉用户的小程序。通过集成小程序,可以为用户提供更加便捷的服务和功能。

(5) 利用审批流程:钉钉提供了审批流程的功能,可以帮助企业实现各种审批流程的自动化。开发者可以根据企业的需求,开发定制的审批流程应用,将其集成到钉钉中,实现自动化的审批流程。

钉钉的这种开放性的生态模式有着其区别于同赛道其他竞争者的优势,其价值足够深,同时服务的行业足够广。它提供的不是单一效率办公的能力,对于中小企业来说,它有普适的、开箱即用的能力;对于大型企业组织,钉钉提供平台能力和丰富的生态应用,让 IT 人员可以持续扩展,节省基础开发的时间。低代码开发平台,让业务人员能开发自己的应用,丰富的生态应用和高频场景的开放,让专业的伙伴参与具体场景的定制。

这样足够开放的生态模式也得到了行业的认可。目前,钉钉生态伙伴总数超过 4 000 家,其中包括 ISV 生态伙伴、硬件生态伙伴、服务商、咨询生态和交付生态伙伴。钉钉与生态伙伴服务范围全面覆盖了 20 个国民经济行业,遍布 135 个城市。

5.2.2 大数据

1) 大数据提出的背景

管理信息系统应用之初,企业收集到的大多数数据还都是事务性数据,很容易适合行和列的二维关系数据库管理系统(DBMS)。但是,在互联网广泛应用的今天,来自网络流量、电子邮件和社交媒体的内容,以及从传感器、探头等获得的数据或电子交易系统产生的数据引起了数据爆炸。这些数据很有可能都是非结构或半结构的数据,所以不适合用行和列的关系型数据库来表示。但这些数据包含了丰富的信息和价值,如果能够有效地收集、存储、处理、分析和利用,就能为企业带来巨大的商业价值。而大数据技术的发展,可以解决企业遇到的这个难题。

企业应用大数据的背景主要有以下几点：

（1）数据量的爆炸性增长：随着互联网的普及和移动设备的普及，数据量呈现爆炸性增长，企业需要有效地处理和分析这些数据，才能更好地洞察市场和客户需求。

（2）数据多样性的增加：数据来源的多样化和数据类型的多样化，使得企业需要更加全面和深入的分析来获取更多的商业价值。

（3）企业数字化转型的需求：随着数字化转型的推进，企业需要更加依赖数据来进行决策和创新，同时也需要更加高效的管理数据。

（4）云计算和大数据技术的发展：云计算和大数据技术的发展，为企业提供了更加高效和灵活的数据处理和分析平台，降低了企业应用大数据的成本和门槛。

企业对大数据产生浓厚的兴趣，是由于相比于小数据集，他们可以从大数据中挖掘出更多模式和有趣的可用信息，这些都使企业能更好地洞察消费行为、金融市场活动和其他现象。比如想获得关于整个公司当前运营、趋势和变化的信息，可能要从相互分离的系统（比如销售、制造、财务等系统，甚至还需要借助外部系统：人口统计数据或竞争对手的数据等）中获取大量数据，为了从这些数据中掘取信息价值，组织需要新技术与新工具来同时管理和分析企业中传统与非传统的数据。

2）大数据的定义和特点

麦肯锡（美国名列前茅的咨询公司）给出的大数据定义是："大数据指的是大小超出常规的数据库工具获取、存储、管理和分析能力的数据集。"

从当今时代大数据的发展趋势来看，大数据是指数据量非常庞大，无法用传统的数据处理方法进行处理和管理的数据集合。它通常包含结构化数据（例如数据库中的表格数据）和非结构化数据（例如社交媒体上的文本、图片和视频等），同时也包括实时数据和历史数据。大数据的处理需要利用新兴的技术和工具，例如分布式计算、云计算、机器学习和人工智能等，以提高数据的价值和利用率。

大数据的特点可以用 5 V 来概括，分别是：

（1）Volume（大量）：大数据的数据量通常非常巨大，超出了传统数据处理工具的处理能力，数据量通常在千万到亿级别之间。

（2）Velocity（高速）：大数据的数据生成速度非常快，需要快速处理和分析。例如，社交媒体和电子商务网站上的数据每秒钟都在不断地生成。

（3）Variety（多样）：大数据通常涵盖不同类型的数据，包括结构化数据（如数据库中的表格数据）、半结构化数据（如 XML、JSON 等数据格式）、非结构化数据（如文本、图像和音频等）。

（4）Value（价值）：大数据本身具有非常庞大、复杂、杂乱无章的特点，需要进行清洗、整理、分析等过程才能提取出有价值的信息。因此，在大数据中，有用的信息可能只占其中的一小部分，这导致了大数据的价值密度相对较低。

（5）Veracity（真实性）：大数据通常反映了真实世界的现象和趋势，因此可以用于更好地理解和预测未来的情况。

那么大数据到底有多大呢？下面举几个具体的例子说明：

每分钟有超过 500 小时的视频上传到 YouTube 平台；每天 Facebook 上有超过 3 亿条

的新帖子发布,这些帖子包含文本、图片、视频等各种形式的数据;每秒钟有超过 4 000 万的查询在 Google 上进行,这些查询会产生非常庞大的数据集;2019 年,全球数字宇宙的数据量达到 44 ZB(1 ZB≈1 万亿 GB),而预计到 2025 年这个数字将增加到 175 ZB,这是大数据发展的一个显著趋势;在医疗领域,一项基因测序实验可能会产生数百 GB 的数据,而全球基因测序项目已经累计产生了 PB(PB≈100 万 GB)级别的数据。

3) 大数据的应用

历史上,大数据曾被用在以下场景:

洛杉矶警察局和加利福尼亚大学合作利用大数据预测犯罪的发生;Google 流感趋势(Google Flu Trends)利用搜索关键词预测禽流感的散布;统计学家内特·西尔弗(Nate Silver)利用大数据预测 2012 年美国选举结果;麻省理工学院利用手机定位数据和交通数据建立城市规划。现如今,大数据在企业中的应用如下:

(1) 市场营销:企业可以使用大数据分析工具对客户的行为模式、偏好以及需求进行深入分析,以便更好地了解客户和市场,制定更有效的市场营销策略。

(2) 零售业的预测和库存管理:零售业可以通过收集顾客的购买历史、搜索记录、行为和喜好等数据来进行预测和库存管理。大数据分析可以帮助零售商了解哪些产品受欢迎,哪些产品销售缓慢,并且在需要时调整库存。

(3) 人力资源管理:大数据分析技术可以帮助企业更好地了解员工的能力、工作习惯和偏好,从而更好地匹配岗位和员工,提高员工满意度和生产效率。

(4) 客户服务:企业可以利用大数据分析技术,实时监测客户反馈信息,了解客户需求和意见,从而提高客户满意度和忠诚度。

(5) 智能制造:工厂可以利用大数据分析技术,对生产数据进行实时监测和分析,从而优化生产过程、提高生产效率、降低成本。

(6) 金融服务的风险管理:大数据可以帮助金融机构了解顾客的借款历史、还款能力、信用评级等信息,并使用这些数据来预测风险和制定更好的贷款策略。

(7) 医疗保健的诊断和治疗:大数据可以为医疗保健机构提供患者的病史、症状、生物标志和遗传信息等数据来进行诊断和治疗决策。

(8) 供应链管理:大数据可以帮助企业优化其供应链管理,包括生产、库存和物流。通过收集供应商和顾客的数据,企业可以预测需求和趋势,以更好地管理库存和制定合理的物流策略。

以上是大数据应用的一些具体示例,但实际上,大数据在各个行业和领域中都有广泛的应用,这取决于企业的需求和数据可用性。

5.2.3 物联网

1) 物联网起源

20 世纪 90 年代,剑桥大学计算机实验室里有一台特殊的咖啡机,它的旁边有一台摄像机,摄像机的镜头对准了咖啡壶,实时将图像传送到实验室里的电脑中。这样,工作人员坐在实验桌前就可以随时查看咖啡是否煮好,省去了来来回回的麻烦。这可以说是物联网的初步应用。但这时候人们还未正式提出物联网的概念。

20世纪90年代中期,Kevin Ashton教授正式提出物联网的概念。Kevin Ashton教授毕业后来到宝洁公司当一名产品经理。当他去商店考察时,他发现有一支型号的口红总是缺货,然而仓库里还有存货。这让他感觉很奇怪,于是他去询问这件事,供应链经理却告诉他,这只是巧合。

这种回应不能使Ashton满意,他想要解决这种信息不对称的问题,在当时,条形码已经存在20多年了,于是他首先就想到了条形码,然而条形码系统只能提供产品的数量,却不能提供产品的实际位置。如果有一种技术可以提供口红的实际位置就好了。不久,Ashton找到了解决方法:当时,英国市场上,刚刚兴起一种新的在信用卡中使用的射频芯片,可以将其插入口红中,从而获取口红的信息。Ashton相信,如果无线网络能够从卡片上收集数据,它也可以从口红包装上的芯片上获取数据,从而告诉商店货架上还需要补上哪些商品。

Ashton在1999年进行了"物联网"的演讲,在这次演讲中,他首次使用了这个术语。这就是物联网的起源。

2) 物联网的定义

物联网(Internet of Things,IOT)是指通过各种信息传感器、射频识别技术、全球定位系统、红外感应器、激光扫描器等各种装置与技术,实时采集任何需要监控、连接、互动的物体或过程,采集其声、光、热、电、力学、化学、生物、位置等各种需要的信息,通过各类可能的网络接入,实现物与物、物与人的泛在连接,实现对物品和过程的智能化感知、识别和管理。物联网是一个基于互联网、传统电信网等的信息承载体,它让所有能够被独立寻址的普通物理对象形成互联互通的网络。

3) 物联网的体系架构

物联网虽然形式多样、技术复杂、覆盖面广,但是根据数据采集传输、处理和应用的流程,通常可以把物联网分为四层体系架构,如图5.22所示。

(1) 感知识别层:位于物联网四层模型的最底端,是所有上层结构的基础。

感知识别层是物联网感知物理世界的"触手",是联系物理世界和信息世界的纽带。包含大量信息生成设备,既包括射频识别(RFID)、无线传感器、摄像头等信息自动生成设备,也包括智能手机、笔记本电脑等用来人工生成信息的各种智能电子设备。信息生成方式呈现多样化,这是物联网区别于其他网络的重要特征。

(2) 网络构建层:在模型中连接感知识别层和信息处理层,具有强大的纽带作用,高效、稳定、及时、安全地传输上下层的数据。

互联网以及下一代互联网是网络构建层的核心内容,处在边缘的各种无线网络则为物联网提供随时随地的网络接入服务,涉及3G、4G、Wi-Fi、Wi-Max、蓝牙、ZigBee、NFC等通信技术。各种不同类型的无线网络接入方式适用于不同的网络设备与应用场景,合力提供便捷的网络接入方式,是实现物物互联的重要基础设施。

(3) 信息处理层:负责将大规模数据高效、可靠地组织起来,实现数据的存储、查询、分析、处理,为上层行业应用提供智能的支撑平台。

信息处理层位于感知识别和网络构建层之上,综合应用层之下,是物联网智慧的源泉。人们通常把物联网应用冠以"智能"的名称,如智能电网、智能交通、智能物流等,其中的智慧就来自这一层。当感知识别层生成的大量信息经过网络层传输汇聚到信息处理层,如果

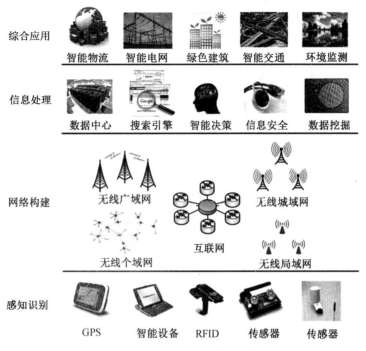

图 5.22 物联网四层体系架构

不能有效地整合与利用,那无异于入宝山而空返,望"数据的海洋"而兴叹。信息处理层解决数据如何存储(数据库与海量存储技术)、如何检索(搜索引擎)、如何使用(数据挖掘与机器学习)、如何不被滥用(数据安全与隐私保护)等问题。

(4) 综合应用层:是指物联网技术在各行各业中的应用。

物联网技术将使网络应用从早期的以数据传输为主要特征的文字传输、电子邮件,到以用户为中心的应用,如万维网、电子商务、视频点播、在线游戏、社交网络等,再发展到物品追踪、环境感知、智能物流、智能交通等行业应用。网络应用数量将大幅度增长,呈现多样化、规模化、行业化等特点。

为了便于理解,这里把物联网的体系架构比喻成人体的综合感知系统。感知识别层是物联网的皮肤和五官,用于识别物体、采集信息;网络构建层是物联网的周围神经系统,用于感知信息的传输;信息处理层是物联网的中枢神经系统,用于信息的分析处理;综合应用层是物联网的运动系统,将智慧用于实践。比如通过眼睛看到了火苗,通过鼻子闻到了烟味,信息通过神经系统传递到大脑,大脑对信息进行分析判断,得出火灾的结论,指导人体做出逃跑的动作。

4) 物联网的关键技术

(1) 射频识别技术

射频识别技术(Radio Frequency Identification,RFID),是一种简单的无线系统,由一个询问器(或阅读器)和很多应答器(或标签)组成。标签由耦合元件及芯片组成,每个标签具有唯一的电子编码,附着在物体上标识目标对象,它通过天线将射频信息传递给阅读器,阅读器就是读取信息的设备,如图 5.23 所示。RFID 技术让物品能够"开口说话",

这就赋予了物联网一个特性,即可跟踪性,人们可以随时掌握物品的准确位置及其周边环境。

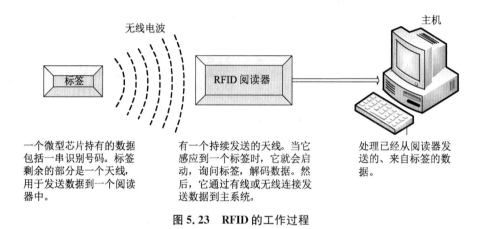

图 5.23　RFID 的工作过程

RFID 帮助零售业解决了商品断货和损耗(因盗窃和供应链被搅乱而损失的产品)两大难题。曾经,沃尔玛仅盗窃一项,一年的损失就达近 20 亿美元。而据 Sanford C. Bernstein 公司的零售业分析师估计,关于物联网 RFID 的特性,可使沃尔玛每年节省 83.5 亿美元。

(2) 传感网

MEMS 是微机电系统(Micro-Electro-Mechanical Systems)的英文缩写,它是由微传感器、微执行器、信号处理和控制电路、通信接口和电源等部件组成的一体化的微型器件系统。其目标是把信息的获取、处理和执行集成在一起,组成具有多功能的微型系统,集成于大尺寸系统中,从而大幅度地提高系统的自动化、智能化和可靠性水平。它是比较通用的传感器。因为 MEMS 赋予了普通物体新的生命,它们有了属于自己的数据传输通路,有了存储功能、操作系统和专门的应用程序,从而形成一个庞大的传感网,这让物联网能够通过物品来实现对人的监控与保护。

遇到酒后驾车的情况,如果在汽车和汽车点火钥匙上都植入微型感应器,那么当喝了酒的司机掏出汽车钥匙时,钥匙能通过气味感应器察觉到一股酒气,就通过无线信号立即通知汽车"暂停发动",汽车便会处于休息状态。同时"命令"司机的手机给他的亲朋好友发短信,告知司机所在位置,提醒亲友尽快来处理。不仅如此,未来衣服可以"告诉"洗衣机放多少水和洗衣粉最经济;文件夹会"检查"人们忘带了什么重要文件;食品蔬菜的标签会向顾客的手机介绍"自己"是否真正"绿色安全"。这就是物联网世界中被"物"化的结果。

(3) M2M 系统框架

M2M 是 Machine-to-Machine/Man 的简称,是一种以机器终端智能交互为核心的、网络化的应用与服务。它将使对象实现智能化的控制。M2M 技术涉及五个重要的技术部分:机器、M2M 硬件、通信网络、中间件、应用。基于云计算平台和智能网络,可以依据传感器网络获取的数据进行决策,改变对象的行为进行控制和反馈。

拿智能停车场来说,当该车辆驶入或离开天线通信区时,天线以微波通信的方式与电子识别卡进行双向数据交换,从电子车卡上读取车辆的相关信息,在司机卡上读取司机的相关信息,自动识别电子车卡和司机卡,并判断车卡是否有效和司机卡的合法性,核对车道控制电脑显示与该电子车卡和司机卡一一对应的车牌号码及驾驶员等资料信息;车道控制电脑自动将通过时间、车辆和驾驶员的有关信息存入数据库中,车道控制电脑根据读到的数据判断是正常卡、未授权卡、无卡还是非法卡,据此做出相应的回应和提示。另外,家中老人戴上嵌入智能传感器的手表,在外地的子女可以随时通过手机查询父母的血压、心跳是否稳定;智能化的住宅在主人上班时,传感器自动关闭水电气和门窗,定时向主人的手机发送消息,汇报安全情况。

(4) 云计算

物联网感知层获取大量数据信息,存储在本地是不现实的,所以在经过网络层传输以后,存储到云平台上,再利用高性能的云计算对其进行处理,赋予这些数据智能,才能最终转换成对终端用户有用的信息。

5) 物联网的应用领域

物联网的应用领域涉及方方面面,在工业、农业、环境、交通、物流、安保等基础设施领域的应用,有效地推动了这些行业的智能化发展,使得有限的资源更加合理地使用分配,从而提高了行业效率、效益。在家居、医疗健康、教育、金融与服务业、旅游业等与生活息息相关的领域的应用,从服务范围、服务方式到服务的质量等方面都有了极大的改进,大大地提高了人们的生活质量。在涉及国防军事领域方面,虽然还处在研究探索阶段,但物联网应用带来的影响也不可小觑,大到卫星、导弹、飞机、潜艇等装备系统,小到单兵作战装备,物联网技术的嵌入有效提升了军事智能化、信息化、精准化,极大提升了军事战斗力,是未来军事变革的关键之一。

6) 物联网的应用案例

下面列出了物联网的几个应用案例:

(1) 智能家居

智能家居在国内已经有十多年的发展历程,也有一定的普及,主要集中在对一些独立的家居子系统的研究上,如楼宇(可视)对讲系统、安防报警系统、门禁系统、"三表"抄送系统、家电智能控制系统等等。

完善的家庭安防实际上是将家庭控制连接到报警设施上。实现对非法闯入的盗窃、抢劫行为和突发事件进行及时报警、抢救和保护功能。

从功能上细分,还可分为可视对讲、周界防范、家居安全、紧急求助、无线报警、声光报警、防挟持报警等。而家居安防报警又包括了防盗报警、火灾报警和煤气泄漏报警等。家庭中所有的安全探测装置,如消防类(烟感、煤气泄漏报警器等)、防盗类(门磁、窗磁、各种监测器、防盗幕帘、紧急求救按钮等),都连接到家庭智能终端,对其状态进行监测。当发生警报时,家庭智能终端将根据警情设置进行各种操作,包括:启动警铃和联动设备、拨打设定的报警电话。如与社区系统相连,还可同时把警情送往小区监控服务器。

随着科学技术的不断更新,现在的家居安防概念已由原来的单纯性个体防护逐渐转向多媒体,互联网式防护,不管在哪种情况下发生危险,系统都可自动发出警报,大大提高了家居的安全系数。

（2）智能交通

智能交通体系复杂、综合性强，但其原理就是对车辆动态信息采集管理，全方位实时调整交通分布，优化路口通行能力等。

在新加坡，人们能像获得天气预报一样，获得交通堵塞预报。通过埋在路上的传感器和红绿灯上的探头，司机不仅可以看到什么地方在堵车，还能够提前预测，什么地方过 10~20 分钟会堵车，从而选择更为通畅的道路行驶。

在瑞典，斯德哥尔摩建立了智慧交通体系，按照不同的拥堵程度对交通收费。通过这样智慧的交通体系，斯德哥尔摩整个汽车使用量降低 25%，碳排放量降低 14%，在环保、防止污染等方面取得了比预期更好的效果。

（3）恶劣地区的环境监测和灾害预测

阿尔卑斯山脉是欧洲最高大的山脉，山势雄伟，平均海拔 3 000 米左右。高海拔地带累积的永久冻土与岩层历经四季气候变化与强风的侵蚀，积年累月所发生的变化常会对登山者与当地居民的生产和生活造成极大影响，要获得这些自然环境变化的有关数据，需要长期对该地区实行监测，但该地区的环境与位置，决定了根本无法实现以人工方式监控。在物联网应用以前，这是一个无法解决的问题。

一个名为 Perma Sense Project 的项目通过物联网中无线感应技术的应用，成功实现了对瑞士阿尔卑斯山脉地质和环境状况的长期监控。通过无线传感器对整个阿尔卑斯山脉实行大范围深层次监控，包括温度变化对山坡结构的影响，以及气候对土质渗水的影响等。研究团队通过收集并分析数据的变化情况，可预测相关地质灾害。

再举一些日常的例子：

（1）运输海鲜时，人们需要保证其温度在某个范围内，并且实时反馈。这时可以在冰柜里装一个无线传感器，检测其温度的变化。

（2）可以将物联网技术运用到学校的点名中来。设想未来的无线传感器都变得像一个徽章那么小，而且足够便宜，那时人们可以把无线传感器做成学校徽章，在上课的时候利用一定的算法自动进行点名。

（3）伦敦奥运会的智能垃圾桶，它能在垃圾装满的时候自动通知清理部门及时处理，不需要人工去查看垃圾箱是否满溢。

物联网的出现从根本上来说改变了人们的生活，大家期待着物联网技术带来的新世界。

5.2.4 人工智能(AI)

1) 人工智能提出的背景

人工智能的提出可以追溯到 20 世纪 50 年代，在计算机技术发展初期，人们发现计算机仅仅只能进行简单的计算和数据存储，难以应对更加复杂的任务和问题。因此，人们开始探索如何使计算机具备类似人类的智能和学习能力。在不同领域中，人们需要解决更加复杂的问题，例如自动化、智能化、自主决策等。人工智能技术可以为这些领域提供新的解决方案，例如语音识别、机器翻译、图像识别、智能机器人等。

这些背景因素使得人工智能成为当前最为热门的技术发展方向之一。同时，随着计算机技术的不断进步和算法的不断改进，人工智能的应用场景和潜力也在不断扩大。

2) 人工智能的定义

人工智能(Artificial Intelligence，AI)是一种计算机科学技术，其目的是使计算机系统具备智能化的能力，能够像人类一样感知、理解、推理、决策和行动。一般来说，人工智能系统应该具有以下几方面的能力：

(1) 知识表示和推理能力：系统能够理解和处理自然语言、图像、声音、视频等多种形式的数据，同时具备推理和推断能力，能够对数据进行分类、预测和决策等操作。

(2) 机器学习能力：系统可以通过学习和调整算法参数来逐步改进自己的性能和表现，从而获得更好的任务完成效果。

(3) 自主决策和行动能力：系统可以基于所学习到的知识和数据，自主地做出决策和行动，并不断进行反馈和优化，以提高自身的性能。

(4) 感知和交互能力：系统可以感知周围环境的变化和信息，与人类进行自然的交互，例如自然语言对话、图像识别等。

人工智能的定义和范围是一个广泛而动态的领域，涵盖了许多不同的技术和应用场景，如机器学习、深度学习、自然语言处理、计算机视觉、智能机器人等。随着技术的不断发展和应用的广泛推广，人工智能将成为未来科技发展的重要方向和关键技术。

3) 人工智能的发展阶段

人工智能的发展历程可以分为以下几个阶段：

(1) 规则驱动的人工智能：早期的人工智能主要是基于规则的专家系统，这些系统可以利用专家知识库和推理引擎进行推理和决策。专家系统存在局限性，如需要设计大量的规则、需要领域专家、可移植性差、学习能力差等。基于规则的模型缺乏灵活性和适应性，不适用于非结构化数据和规则不断变化的更复杂的问题。

(2) 统计学习的人工智能：统计学习的人工智能也叫传统机器学习的人工智能。随着机器学习和数据挖掘技术的发展，人工智能逐渐转向基于数据的统计学习方法，通过大量数据的学习和优化来改进算法的性能，例如神经网络、支持向量机、决策树等。这些方法的优点是学习速度快、精度尚可、对小数据更适用、计算成本低、更容易理解，缺点是特征提取主要依赖人工，费时费力。

(3) 深度学习的人工智能：深度学习是一种基于神经网络的机器学习技术，具有更强大的模式识别和推理能力，被广泛应用于图像识别、语音识别、自然语言处理等领域。优点是学习能力强、覆盖范围广、适应性好、可移植性好，缺点是计算量大、便携性差、成本高、硬件要求高、模型设计复杂、高度依赖数据。

(4) 强人工智能：强人工智能是指具有与人类相同或更强的智能水平的人工智能，目前仍处于研究和探索阶段。

4) 人工智能的技术原理

人工智能的原理主要基于机器学习、深度学习和自然语言处理等技术。

(1) 机器学习：机器学习是指利用计算机算法和统计学方法，从数据中学习和预测模式。机器学习技术可以帮助计算机自动从大量数据中发现规律和模式，从而实现智能化的决策和行为。

举例来说,如果要让计算机从图片中识别出狗,就可以让它学习很多有狗的图片,让它从中摸索出足以判断某个图形是狗的规律。当然,机器学习可以用很多模型来实现。比如,常用的回归(Regression)算法就是标注出一系列可以判断图片是狗的要素,类似"翘起的耳朵""浑身长毛""有尾巴"等。计算机通过对数据的学习,就可以在这些特征与"图形是狗"这个事实的概率之间建立一种关系。例如发现了图片中有"翘起的耳朵",则判定图形是狗的概率增加10%;发现图片中"有尾巴",则判定图形是狗的概率增加5%……最终,计算机可以在学习了大量图片的基础之后,建立起一个模型,据此来判断新的图片当中究竟有没有狗。

不过,类似算法的缺陷是显而易见的。具体来说,在上面的例子中,用来判断图形是狗的因素是人们事先给定的,这些因素夹杂着人们的先验判断,因而很可能是不可靠的。比如,一个动物有"翘起的耳朵""浑身长毛""有尾巴",但它可能是狼。在多数情况下,人们只要看到了图片,就可以从动物的神情等信息十分精准地判断出它究竟是狗还是狼,但如果根据前面的算法,机器就很难做出类似的判断。所以引入了深度学习(Deep Learning)技术。

(2) 深度学习:深度学习是机器学习的一种特殊形式,是一种模仿人脑思维过程的方法,它利用多层神经网络进行学习,通过组合低层特征形成更加抽象的高层表示属性类别或特征,从而实现更加准确和高效的分类和预测。

回想一下人们学会认识狗的过程,只是看多了,就自然而然地知道什么是狗了。把这个"自然而然"的过程进行解剖,其实是通过对狗的大量观测,在大脑中总结出了很多关于狗的特征——这些特征很可能很难用语言准确地描述出来,但却可以在实践中用于判断。类似的,深度学习也是通过对大量样本的学习,逐步总结出一些判断动物是不是狗的重要特征,最终生成一个用来判断图形是否为狗的模型。

在实践当中,深度学习很快表现出了其强大的能力。例如,目前得到广泛应用的语音识别和影像辨识系统,其背后的原理都是深度学习;2016年因打败人类围棋高手而闻名于世的AlphaGo,也是根据深度学习的原理训练的。不过,深度学习的问题也是十分明显的,那就是它对于数据有着海量的需求。比如,如果要训练一个AI程序使其能够顺利实现对狗的识别,很可能要"喂"给它上百万乃至上千万张与狗相关的图片。

如果没有如此充足的数据,又应该怎么办呢? 可以让AI自己生成数据,自己训练自己,这正是GAN(Generative Adversarial Network),即生成对抗网络的基本原理。

GAN的思想最早出自2014年,其提出者是著名的深度学习理论专家伊恩·古德费洛(Ian Goodfellow)。在原理上,生成式对抗网络使用两个神经网络相互对立,一个生成器和一个判别器。生成器或生成网络是一个神经网络,负责生成类似于源数据的新数据或内容。判别器或判别网络是负责区分源数据和生成数据之间的神经网络。这两个神经网络都经过交替周期训练,生成器不断学习生成更逼真的数据,判别器则更善于区分假数据和真实数据。为了能够生动地说明GAN的原理,古德费洛打了一个形象的比方:GAN就像是构造了一个警察抓小偷的游戏。小偷不想被警察抓住,因此他需要不断揣摩警察的行为,并据此来隐藏自己是小偷这个事实。而警察则想要抓住小偷,因此他就需要不断学习小偷的伪装办法,并据此调整自己的抓捕策略。这样,经过不断的"斗法",小偷的伪装技巧和警察的抓捕策略都可以得到大幅的改善,并且这种迭代的速度会非常快。在古德费洛发表的第一篇关于 GAN 的论文中,就展示了这个过程:起初,他用一个生成网络生成了一只假狗的图形,这个图形很快就被判别器识别为是假的。但是在经过几轮学习之后,生成网络生成的狗的图片就已经可以很好地骗过判别器了。

显然,在对 GAN 进行应用之后,就可以很好地解决数据不足的问题,因为生成网络可以根据自己的学习结果,不断生成出对应的数据供判别器来进行判断,想要多少数据就能生成多少数据。也正是因为这个道理,GAN 的思路一经提出,就得到了广泛的应用。

(3) 自然语言处理:自然语言处理(Natural Language Processing, NLP),简单来说即是计算机接受用户自然语言形式的输入,并在内部通过人类所定义的算法进行加工、计算等系列操作,以模拟人类对自然语言的理解,并返回用户所期望的结果。由于语言是人类思维的证明,故自然语言处理是人工智能的最高境界。

NLP 大致可以分为自然语言理解(NLU)和自然语言生成(NLG)两种。NLU 侧重于如何理解文本,包括文本分类、命名实体识别、指代消歧、句法分析、机器阅读理解等;NLG 则侧重于理解文本后如何生成自然文本,包括自动摘要、机器翻译、问答系统、对话机器人等。两者间不存在明显的界限,如机器阅读理解实际属于问答系统的一个子领域。

大致来说,NLP 可以分为以下几个领域:

① 文本检索:多用于大规模数据的检索,典型的应用有搜索引擎。

② 机器翻译:跨语种翻译,该领域目前已较为成熟。

③ 文本分类/情感分析:本质上就是个分类问题。目前也较为成熟,难点在于多标签分类(即一个文本对应多个标签,把这些标签全部找到)以及细粒度分类(二极情感分类精度很高,即好中差三类,而五级情感分类精度仍然较低,即好、较好、中、较差、差)。

④ 信息抽取:从不规则文本中抽取想要的信息,包括命名实体识别、关系抽取、事件抽取等,应用极广。

⑤ 序列标注:给文本中的每一个字/词打上相应的标签,是大多数 NLP 底层技术的核心,如分词、词性标注、关键词抽取、命名实体识别、语义角色标注等等。

⑥ 文本摘要:从给定的文本中,聚焦到最核心的部分,自动生成摘要。

⑦ 问答系统:接受用户以自然语言表达的问题,并返回以自然语言表达的回答,常见形式为检索式、抽取式和生成式三种。

⑧ 对话系统:与问答系统有许多相通之处,区别在于问答系统旨在直接给出精准回答,回答是否口语化不在主要考虑范围内;而对话系统旨在以口语化的自然语言对话的方式解决用户问题。

⑨ 知识图谱:从规则或不规则的文本中提取结构化的信息,并以可视化的形式将实体间以何种方式联系表现出来,图谱本身不具有应用意义,建立在图谱基础上的知识检索、知识推理、知识发现才是知识图谱的研究方向。

⑩ 文本聚类:从大规模文本数据中自动发现规律,核心在于如何表示文本以及如何度量文本之间的距离。

NLP 不只是计算机科学的专属,在其他领域,NLP 也成了重要支持技术。如在教育领域,智能阅卷、机器阅读理解等都运用了 NLP 技术,国内目前领先者是科大讯飞和猿辅导。

总体来说,人工智能的原理是通过计算机模拟人类的思维和行为方式,从而实现智能化的决策和行为。人工智能技术已经在多个领域得到了广泛应用,例如智能客服、智能制造、智能医疗等,为人类的生产和生活带来了巨大的改变。

5) 人工智能应用的例子

人工智能在企业中的应用非常广泛,以下是几个典型的例子:

(1) 数据分析和预测:企业可以利用人工智能技术对大数据进行分析和预测,例如通过机器学习算法对客户行为、市场趋势等进行分析,从而实现更精准的销售预测和预测性维护,提高企业的生产效率和质量。

(2) 智能客服和机器人:企业可以利用人工智能技术开发智能客服和机器人,例如通过语音识别和自然语言处理技术实现智能问答和服务,大幅提高企业客户服务的效率和质量。

(3) 智能营销:企业可以利用人工智能技术对客户画像进行深度分析,预测客户需求和行为,制定更加精准的营销策略。例如,利用深度学习技术进行图像识别,对客户购买行为进行分析,从而精准地定位目标客户。

(4) 智能制造:企业可以利用人工智能技术对生产流程进行优化和智能化管理,例如通过预测性维护技术对生产设备进行维护和管理,提高生产效率和设备的使用寿命。

(5) 智能供应链管理:企业可以利用人工智能技术对供应链进行智能化管理,例如通过智能物流管理系统实现物流信息的实时跟踪和管理,提高物流效率和客户服务水平。

综上所述,人工智能技术已经在企业的各个领域得到广泛应用,有助于提高企业的效率和质量,降低成本,增强市场竞争力。

本章关键术语

计算机网络

通信介质

同轴电缆

双绞线

光纤

无线电波

微波

红外波

路由器

交换机

拓扑结构

客户/服务器(C/S)计算模式

浏览器/服务器(B/S)计算模式

云计算

大数据

物联网

RFID

人工智能

课后思考题

1. 什么是计算机网络?其主要功能是什么?
2. 如何对通信介质进行分类?
3. 无线传输分为哪几类?
4. 计算机网络如何进行分类?
5. 计算机网络的拓扑结构有哪些?
6. 管理信息系统经历了哪些计算模式?
7. 什么是云计算?云计算分为哪几类?
8. 什么是大数据?其特点是什么?
9. 什么是物联网?
10. 物联网使用的关键技术有哪些?这些技术在制造业的数字化转型中起到哪些关键作用?
11. 什么是人工智能?其经历了哪几个发展阶段?
12. 你最看好人工智能在哪个行业的发展?为什么?

协作练习

AI助力企业管理信息系统提速增效

随着信息化管理的不断深入,企业对于ERP系统的能力要求日益提升。传统ERP存在着很多痛点,如需大量手动录入数据、开发与维护成本偏高、系统不灵活等。利用AI技术对ERP系统进行智能化升级尤为重要。在AI技术的加持下,企业可实现包括财务、供应链、人力等在内的全流程数智化转型。

(1)智能财务场景。AI可以为财务场景赋予工作新模式,能够有效帮助企业缓解日常工作中大量高负荷、低附加值的财务工作压力,促进财务决策、日常业务流程、财务报表编制、财务风险管理全流程智能化转型。

SAP作为全球ERP龙头企业,在布局AI赋能财务管理的领域实现全面领跑,具体体现在日常业务流程、财务风险管理和报表编制三方面,受益层次多元丰富。

日常业务流程方面,SAP Cash Application能够在发票到现金的转换中实现发票的智能匹配,提高应收账款相关工作的效率和质量。

财务风险管理方面,SAP Business Integrity Screening能够利用校正模拟功能对历史数据进行假设分析,对方法有效性进行评估,优化检测策略。另外,自动化工作流及通知功能能够减少流程中的人工干预,快速响应异常情况,确保利益相关方参与相关任务。

报表编制方面,SAP 的集团报表的公司间匹配、对账方案(ICMR)具有事务级别的匹配和实时对账、自动差异解决、应用内通信和工作流、基于不同组织维度(如公司、利润中心和合并单位)的灵活建模、匹配和对账中的高性能以及与组报表集成的公司间抵销等功能。其中,智能公司间对账(ICR)服务是基于 SAP Business Technology Platform(BTP)构建的微服务。它可以处理训练和推断数据,并为 ICMR 的匹配引擎提供机器学习功能。

(2) 供应链管理场景。基于机器学习的预测分析工具协同生成式 AI 激发供应链潜力,加快供应链向"多维生态型供应体"的转换,AI+供应链管理带来无限可能性。

微软宣布推出 Dynamics 365 Copilot,为销售、服务、营销、运营和供应链等业务场景提供生成式人工智能服务。用户通过 Copilot 可以实现类 ChatGPT 功能,通过自然语言对话将日常烦琐、枯燥的业务流程实现智能自动化。

供应链走势预测方面,企业通过 Dynamics 365 Supply Chain Center 中的 Copilot,基于 Microsoft Azure AI 模型对上游供应限制和短缺进行供应情报预测,如主动搜集供应商所在位置的天气、金融环境等客观数据,同时结合外部新闻情报,自动标记可能存在供应链问题的厂商。帮助供应链人员根据外部环境及历史数据做出决策和计划,避免因为供应链中断,对企业造成订单中断产生的经济损失。

仓库管理方面,Dynamics 365 Supply Chain Management 的"库存可见性"功能进一步增强,对于现有库存的更新和发布能够跨数据源和渠道进行管理与实时跟踪。同时通过计算最多提前三个月的可承诺量,提高对未来库存状态和订单承诺量的可见性,更好地履行订单。

风险预警方面,Dynamics 365 Supply Chain Management 中的 Copilot 能主动为天气、财务或者地理环境等存在影响供应链流程风险的事件发出预警,随后预测筛选出受影响的订单,并将物料、库存、承运商、配送网络等信息一一呈现,同时自动向受影响合作方发送邮件预警,提醒防范可能出现的破坏性影响。

(3) 人力资源管理场景。人力资源管理旨在通过与劳动力招聘、劳动力管理和劳动力优化相关的一系列实践,提供创造组织价值并满足组织特定需求的特定能力。人力资源管理场景的智能化基于 AI、ML、神经网络和 DL,将 HR 任务自动化,实现无缝工作流程和直观工作环境。AI 在人力资源管理场景革新招聘到退休全流程,完善人才管理,提供更丰富的员工体验,并将员工体验与企业业务目标紧密连接,完成计划制定、招聘、人岗匹配、员工数据管理、职业发展规划和离职多个环节的持续优化。

员工团队计划方面,SAP AI 解决方案利用智能人员配置分析功能,制定人力资源战略,优化劳动力计划。自动化招聘方面,SAP Fieldglass 解决方案利用智能简历筛选功能发现最优应聘者,通过职位匹配门户,增加应聘者申请率;通过 O*NET 职业分类代码建议,准确提交职位发布。人才培养体系方面,SAP SuccessFactors 解决方案为员工提供定制学习建议以保持竞争力;通过展示其他员工成功故事引导员工成长。员工数据集成方面,SAP Concur 解决方案借助 AI 技术增强的政策审计功能解决关键问题;发票扫描及表单填写流程增加为费用提交增效。SAP SuccessFactors 解决方案借助数字助理快速解决员工任务;利用个性化员工主页处理最相关信息。

AI 改造 ERP,不仅是原有系统的功能增强,而是要重新思考业务流程的再造。企业应充分利用AI技术对ERP系统进行智能化升级,从而提升企业的信息化管理水平,为企业运营决策提供有力的支持。

(资料来源:景气度观察.AI应用端行业研究:AI+企业服务赋能降本增效[EB/OL].(2023-05-28)[2023-07-09]. http://usedcar.dizo.com.cn/jujiao/2023/0528/67576.html.)

请根据上述材料讨论以下问题:

1. 文中提到了生成式AI,什么是生成式AI?生成式AI与传统的AI有什么区别?除了做成类似DALL-E、ChatGPT这样的产品,放在网上供人们娱乐之外,它们还能带来什么?

2. 生成式AI在企业的管理信息系统中还有哪些可能的应用场景呢?试着从AI+CRM、AI+营销、AI+OA、AI+会议管理等角度展开论述。

3. 成立一个小组,试着借助AI工具帮助构造一个企业的管理信息系统,利用AI工具生成总框图、子模块图,并生成一个宣传视频。

本章测试及答案

第6章 管理信息系统规划与开发

学习目标

1. 理解管理信息系统战略规划的作用、内容和步骤。
2. 掌握管理信息系统战略规划的方法。
3. 掌握信息系统发展阶段理论。
4. 掌握流程重组的概念。
5. 掌握管理信息系统开发的策略。
6. 掌握管理信息系统的开发方法。
7. 正确理解国家发展战略和产业政策,适应不确定性、不完备性能力,激发创新使命。

导入案例

铁路客票发售与预订系统

20世纪50年代,日本国铁开始研究利用电子计算机开展客票预约业务,并于1960年以在建的新干线列车为对象进行了试验,所开发的系统被命名为MARS(multi-access seat reservation system)。德国、美国等相继开发了自己的铁路客票系统,并投入应用。德国、法国、瑞士、比利时、意大利等还在国际铁路联盟制定的原则指导下,构建了泛欧客票系统(EPA),实现了跨国的铁路客票预订。

中国铁路客票系统的研究起步于20世纪80年代末,最初的系统利用计算机并结合专用设备,对卡片式车票(见铁路车票)的销售进行控制和统计。90年代,中国铁路组织开展对计算机联网售票的研究。北京、广州、上海、沈阳、哈尔滨、呼和浩特等车站相继建立了打印软纸客票且具备座席管理功能的计算机售票系统。1996年中国铁路颁布了《全路电子售票统一票样及技术规定》,为客票系统的研发提供了基本的技术规范,组织开发了统一的客票系统1.0版,发展至2010年,升级至5.2版。其间,各主要版本的上线时间及主要特点如表6.1所示。

表6.1 铁路客运发售和预订系统版本特点表

版本号	年份	主要特点
1.0	1996	实现了车站级联网售票
2.0	1997	建立了地区中心,实现了地区范围内联网车站间的异地售票与预订
3.0	1999	建立了全国中心,实现了全路联网售票
4.0	2004	实现了与清分清算系统的对接
5.0	2006	优化了系统体系结构,实现了席位复用、票额共用等售票组织策略
5.2	2010	实现了全路列车席位数据在始发局集中存放、管理及票额自动预分

系统提供下述主要功能：①面向旅客的功能。余票查询、退票、改签、综合信息查询（如时刻表、列车正晚点、相关规章等查询）、延伸服务预订（如列车餐饮预订）等。②面向铁路业务及管理人员的功能。结账、统计、票券管理、计划管理、票额管理、常旅客管理、数据维护、业务监控、系统监控等。2011年后，中国铁路客票系统引入了云计算等新技术，建立了席位数据物理集中的体系结构，提高了超大规模并发交易处理和海量数据存储能力，发展了包括12306网站（www.12306.cn）和手机APP在内的互联网销售及服务渠道，拓展了支付方式，并为订餐等延伸服务提供了支撑。

中国铁路客票系统的建立，彻底改变了铁路售票的传统形式，方便了旅客，也推动了铁路客运营销业务的发展变革。2018年初，客票系统日售票量峰值已达1500万张。

（资料来源：铁路客票发售和预订系统[EB/OL]//中国大百科全书.3版（网络版）.(2022-07-01)[2023-05-20]. https://www.zgbk.com/ecph/words?SitelD=1&1D=140742.)

6.1 企业信息化建设过程中存在的问题

1) 信息孤岛问题突出

当前信息孤岛是多数企业信息化建设过程的重要瓶颈。因为缺乏规划，不同部门信息的定义以及信息采集过程彼此独立，导致同一数据在不同的应用中不一致。"信息孤岛"并不仅是与软件产品有关，也与实施、应用水平和管理模式有着密切联系。如果购买了集成程度高的软件产品，但企业仍然按照传统的管理模式去实施的话，仍然会导致信息不一致、难以共享等问题。

2) 实施周期过长，系统更新速度跟不上频繁变化的环境，信息系统的适应能力差

当代，企业信息化步伐加快，业务持续优化，越来越多的业务被纳入到信息系统中，企业单纯购买通用软件不能体现行业特点，很难适应频繁变化的业务需求。

3) 缺少开放的、可持续开发的环境

企业各业务模块相互独立，且功能相同，导致模块重复开发，浪费了系统开发人员大量的时间和精力。企业具体业务功能得不到关注，使得企业不能随着商业环境的变化而方便迅速地改变业务流程。

综述上述问题，不难发现，企业信息系统建设过程中，制定合理的规划方案至关重要。

6.2 管理信息系统规划的基础理论

6.2.1 管理信息系统战略规划的概念

管理信息系统战略规划是关于组织管理信息系统建设的总体目标、战略、系统资源投入以及后续系统开发工作指导的综合计划。管理信息系统战略规划为企业信息系统未来的发展建设提供依据，是组织战略规划的重要组成部分。

和一般的信息系统建设规划相比,信息系统的战略规划有如下特征:①规划范围更广。一般信息系统建设规划多是针对企业局部业务,对局部信息需求进行规划。信息系统战略规划是对企业发展整体信息需求进行规划。②规划层次更高,内容更抽象。信息系统战略规划立足企业战略发展全局,谋求企业长远发展。其主要内容是制定企业信息系统建设的总体框架结构,为后续信息系统的建设提供建议。③规划时效更长。信息系统战略规划可以指导更长时间信息系统的开发。

6.2.2 管理信息系统战略规划的作用

管理信息系统战略规划以组织战略为导向、以外界环境为依据、以业务与IT整合为中心帮助管理层建立信息系统建设指导方案,从而正确定位IT部门在整个组织的作用,保证信息系统的战略目标能够和组织发展目标相协调。具体而言,其作用主要体现在以下三个方面:

(1) 合理分配和利用信息资源(信息、信息技术和信息生产者),以节约信息系统的投资。管理信息系统战略规划基于企业发展总体目标,利用计算机软件、硬件系统,统筹信息系统建设各要素,规划信息系统整体建设思路,有助于整体协调配置资源,提升资源的利用效率。

(2) 制定信息系统的战略规划,帮助企业正确识别自身存在的问题,明确信息系统建设目标和任务,减少了后续信息系统建设潜在的隐患,促进信息系统建设的应用,提升运营效率。

(3) 信息系统战略规划明确了信息系统开发的目标和任务,制定了信息系统建设的长期和短期开发计划,可以系统指导企业信息系统的开发,也是考核后期信息系统开发工作的标准。

6.2.3 管理信息系统战略规划的内容

信息系统建设投资大、周期长、复杂程度高,是一项系统的社会技术工程。系统、科学的规划能够帮助企业在后期信息系统建设工作中的统筹管理,明确目标,减少盲目性。同时,合理的规划帮助企业制订阶段开发计划,提升适应能力,从而有利于缩短系统开发周期,降低开发成本。其主要内容包括以下几个方面:

1) 管理信息系统建设的总体目标、约束条件和信息系统建设的总体架构

首先,提出管理信息系统建设规划的总体目标,明确企业信息系统建设的全部功能;其次,基于建设目标分析企业信息系统的建设环境以及实现条件,明确信息系统建设的约束条件,制定信息系统建设的关键指标;最后,结合信息的建设目标和关键指标,确定信息系统的建设类型以及子系统构成。

2) 企业现状分析

明确了管理信息系统建设的目标,接下来就需要对企业的现状进行调研、分析。具体内容包括企业管理模式的分析、企业业务流程分析、企业信息技术应用现状的分析等。通过分析企业现状,确定企业实现信息系统建设目标的可行性。

3) 信息技术发展预测

一般而言,企业管理信息系统的建设周期都比较长,工程技术复杂度高。然而,信息技术变化更新非常快,这就需要企业在应用数据库技术、计算机网络技术、计算机硬件技术等这些基础信息技术的同时,关注云计算、物联网、大数据、区块链等信息技术的新应用。在制定战略规划时,提前筹划新技术应用情境,可有效提升信息系统的适应力和生命力。

4) 近期计划

管理信息系统战略规划是企业信息系统开发建设的依据,其内容除了长期规划方案,还应包括企业信息系统建设的近期计划。通过近期计划对信息系统的发展给出具体行动指南:内容包括应用项目开发的时间表、系统软硬件的采购时间表、人员培训的时间安排、系统建设的资金需求等等。

6.2.4 管理信息系统战略规划的组织与实现步骤

管理信息系统战略规划是企业信息系统建设的系统工程,涉及组织或企业管理的各个流程和环节。需要建立相应的组织结构,推动信息系统按照规划目标和系统步骤完成战略规划任务。

1) 成立信息系统战略规划领导小组

管理信息系统规划领导小组统筹企业或组织信息系统总体建设方案。规划领导小组的成员包括企业的高层领导、系统分析、设计人员以及各部门精通业务且有一定计算机基础的员工。企业高层领导负责协调和安排规划工作,审批规划报告,做出规划决策;系统分析设计人员负责制定规划、撰写规划报告;用户小组负责提出需求建议、通过业务资料,协助分析小组做好规划工作。

2) 培训员工

制定战略规划需要掌握一套科学的方法,为此,组织应该对高层管理人员、系统分析和设计人员以及用户小组成员进行培训,使他们掌握制定管理信息系统战略规划的方法。

3) 安排战略规划的进度

为实现信息系统战略规划目标,需要对规划过程严格管理,合理规划系统建设进度,为后期合理控制系统建设进程,避免因为过分拖延而丧失信誉或被迫放弃。

一般而言,制定管理信息系统战略规划需要遵循以下步骤:

(1) 确定规划的性质。分析企业的战略规划,根据企业发展战略确定管理信息系统战略规划的目标、年限及具体方法。

(2) 成立规划领导小组。成立由企业最高层领导参与的领导小组,统领信息系统建设。领导小组下设规划研究小组,制订研究计划和系统规划纲要,资金计划安排,调研各业务部门的业务现状。

(3) 定义业务过程。定义业务过程是企业信息系统规划的核心。这部分需要企业收集各种和企业信息系统建设规划相关的企业内外部信息。

(4) 进行战略分析。基于企业相关信息,对管理信息系统的建设目标、开发方法、功能结构、计划活动、信息部门的情况、财务情况、风险程度和政策等进行分析。

(5) 定义约束条件。根据组织的财务资源、人力、技术条件等方面定义管理信息系统的约束条件和政策。

(6) 明确战略目标。根据前期的战略分析和约束条件,进一步明确管理信息系统建设目标,确定管理信息系统的功能、服务范围和质量。

(7) 提出未来的蓝图。结合管理信息系统目标,制定管理信息系统建设的初步框架,包括子系统的构成与关系等。

(8) 选择开发方案。确定管理信息系统开发的先后顺序,明确信息系统的开发策略和开发方法。

(9) 提出实施进度。估计项目成本和人员需求,列出项目开发进度表。

(10) 通过战略规划。将战略规划形成文档,经组织领导批准后生效。

管理信息系统建设一般流程图如图 6.1 所示。

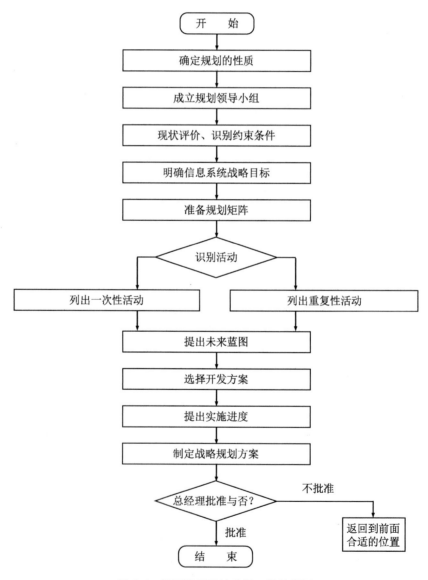

图 6.1 管理信息系统建设一般流程图

6.3 信息系统发展的阶段论

美国管理信息系统专家诺兰（Richard L. Nolan）总结了200多家公司、部门发展信息系统的实践和经验，于1973年首次提出了著名的信息系统进化的阶段模型，即诺兰模型。诺兰认为，任何组织由手工信息系统向以计算机为基础的信息系统发展时，都存在着一条客观的发展道路和规律。1979年，诺兰在前期研究的基础上，结合企业实践进一步完善了理论模型，将计算机信息系统的发展历程划分为六个阶段。具体如图6.2所示。

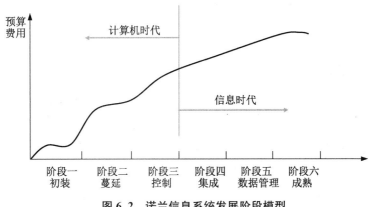

图 6.2 诺兰信息系统发展阶段模型

第一阶段：初装阶段

在这一阶段，计算机刚进入企业，企业不清楚计算机的应用可以解决企业管理的哪些问题，对计算机作用的认知多集中在数据计算能力。企业中只有少部分人具备计算机使用技能，计算机的使用非常少。初期的应用多集中在财务部门。

第二阶段：蔓延阶段

这一时期，企业对计算机的应用有了一定的了解。起始阶段应用计算机的部门业务效率提升显著。更多部门希望借助计算机来解决业务效率问题，如处理更多的数据，给管理工作和业务带来便利等。企业的管理人员基于业绩提升需求，积极在相关部门推广计算机的应用。计算机快速从少数部门扩展到多个部门，企业进入蔓延阶段。

该阶段，企业信息系统的应用情况表现为两个方面。一方面，多数部门开发了计算机的应用，部门的业务处理速度加快，效率显著提升；另一方面，数据独立性高，各部门缺乏统一规划，盲目定制开发软件，数据完整性差、冗余度高、难以共享等问题普遍存在。最终产生的结果是：计算机投入费用迅速增长，但是企业的整体效益没有显著提升。

第三阶段：控制阶段

这一阶段，企业的管理者在经历了盲目购置设备、开发软件后，开始系统思考计算机信息系统的建设和发展，企业对后续信息系统有了更加明确的目标，信息系统的建设方案也更加务实，建设的重点放在有机协调各部门信息，解决数据共享问题。

在这一时期，企业信息系统的发展特点体现在三个方面。首先，企业开始注重信息系统的统筹规划（多数企业成立规划领导小组，系统推进信息系统建设）；其次，企业开始开发并应用数据库技术来解决部门之间信息不一致，共享性差的问题；最后，这一阶段是计算机管理转变为数据管理的关键。

第四阶段：集成阶段

在这一阶段，企业信息系统的建设重点是形成统一规划的信息管理系统。企业在前期建设的基础上对信息系统进行重新规划设计，建立集中式的数据库，企业信息系统的建设开始由简单、分散的系统发展为完整的系统体系。

该时期，企业的信息系统建设特色体现在两个方面。其一，企业为实现系统的统一管理，整合不同信息系统资源，建立集中式的数据库和相应的信息系统；其二，增加了大量硬件，系统的预算费用迅速增长。

第五阶段：数据管理阶段

经过集成阶段，企业已经迈入信息时代。企业管理的重点是考虑如何有效地利用信息，提升企业整体管理效率。该阶段，企业管理信息系统的建设和管理主要聚焦在对数据的有效管理和利用上。在这一过程中，许多企业结合自身的业务特点进行了诸多尝试，开发、完善了许多方法库和模型库。

第六阶段：成熟阶段

在这一阶段，企业信息系统可以满足各部门不同管理层次的业务需求，从简单的事务处理到支持高效管理的决策。企业在管理过程中，可以实现信息资源的完善共享。在这一过程中，企业不断探索新的信息系统应用模式，真正地把信息系统和企业的管理有机融合，整合并充分利用企业内部和外部资源，从而提升了企业的竞争力和发展潜力。

诺兰阶段模型总结了管理信息系统发展的经验和规律，其基本思想对于管理信息系统建设具有指导意义。一般认为模型中的各阶段都是不能跳跃的。依据诺兰阶段模型，企业应该在控制或集成的阶段进行规划最合适。太早的话，企业信息系统建设的条件不成熟，导致规划的结果缺乏指导意义；太晚了则会因为建立的分散系统过多，后期改造的代价过高。无论在确定开发管理信息系统的策略，或者在制定管理信息系统规划的时候，都应首先明确组织当前处于哪一建设阶段，进而根据该阶段特征来指导管理信息系统建设。

随着信息技术的不断发展，企业的信息技术应用的条件愈加成熟，越来越多的企业开始重视信息系统建设。美国的信息化专家米切（Mische）在20世纪90年代初期对诺兰阶段模型做了进一步的修正。米切将信息系统在企业的应用划分为四个阶段，分别为起步阶段、增长阶段、成熟阶段和更新阶段。米切总结了不同阶段信息系统的建设特征，包括技术应用状况、代表性应用和集成程度、数据库和存取能力、信息技术融入企业文化的程度、员工素质、信息技术视野等六个方面。结合这些特征可以明确组织在综合信息技术应用的发展中所处的位置。

6.4 管理信息系统规划的方法

用于管理信息系统规划的方法有很多。一般来讲，常用方法有企业系统规划法

(Business System Planning，BSP)、关键成功因素法(Key Success Factors，KSF)和企业战略目标集转化法(Strategy Set Transformation，SST)。现对这三种方法进行系统介绍。

6.4.1 企业系统规划法

企业系统规划法(BSP)是从企业目标入手，将企业目标转化为管理信息系统的目标和结构，该方法是能够帮助规划人员根据企业目标制定出管理信息系统战略规划的结构化方法。

企业系统规划法最早是IBM在20世纪70年代提出的，其目的是帮助企业制定信息系统建设规划方案，满足企业长期和近期的信息需求。该方法较早地运用面向过程的管理思想，是现阶段影响最广的方法。

1) BSP方法的作用

企业系统规划法是一种能够帮助规划人员根据企业目标制定出MIS战略规划的结构化方法，通过这种方法可以做到：

(1) 企业信息系统建设支持企业目标实现。基于企业目标确定出未来信息系统的总体结构，明确系统的子系统构成和各子系统开发的先后顺序。

(2) 向企业提供一致性信息。对数据进行统一规划、管理和控制，明确各子系统之间的数据交换关系，保证信息的一致性。

2) BSP法的工作步骤

用企业系统规划法制定规划是一项系统工程，其主要的工作步骤为：

(1) 准备工作。成立由最高领导牵头的委员会，下设一个规划研究组，提出工作计划。

(2) 调研。规划组成员通过查阅资料，深入各级管理层，了解企业有关决策过程、组织职能和部门的主要活动和存在的主要问题。

(3) 定义业务过程。定义业务过程是企业系统规划方法的核心。这里的业务过程指的是在企业管理中为了完成某种管理功能，必要且逻辑上相关的一组活动的集合。

(4) 业务过程重组。业务过程重组是在业务过程定义的基础上，对各业务过程进行整体评价和改进，对效率低的业务过程基于信息技术进行优化处理。

(5) 定义数据类。数据类是指支持业务过程所必需的逻辑上相关的数据。按照业务过程输入和输出的数据逻辑对数据进行分类。通过数据类可以明确企业不同业务过程之间的业务往来关系。

(6) 定义信息系统总体结构。根据企业过程和数据类之间的逻辑关系，划分子系统模块，明确未来信息系统建设的总体框架和相应的数据类。其主要工作是划分子系统，具体实现可利用过程/数据矩阵(也称为U/C矩阵)。

(7) 确定总体结构中的优先顺序，即对信息系统总体结构中的子系统按先后顺序排出开发计划。

(8) 完成BSP研究报告，提出建议书和开发计划。

3) U/C矩阵的应用

企业系统规划方法(BSP)将过程和数据类两者作为定义企业信息系统总体结构的基础，它利用U/C矩阵来表达两者之间的关系。

首先,绘制企业业务过程和数据之间的关系表。基于前期的调查定义企业的业务过程和数据类,明确业务过程和数据类之间的关系,进一步将业务过程和数据类之间的关系(使用或产生)记录在表格中。如果二者是使用关系,在表格中记录"U";如果二者是产生关系,则在表格中记录"C"。具体如表 6.2 所示。

表 6.2　某企业 U/C 矩阵表(1)

功能	数据类															
	客户	订货	产品	工序	材料表	成本	零件规格	原材料库存	成品库存	职工	销售区域	财务	计划	设备负荷	材料供应	工作令
市场计划						U						U	C			
财务规划						U				U		C	U			
产品预测	U	U									U		U			
产品工艺开发	U		C	U	C											
产品工艺			U	C			U	U								
库存控制							C	C							U	U
调度			U											U		C
生产能力计划				U										C	U	
材料需求			U	U											C	
作业流程					C									U	U	U
销售区域管理	C	U	U													
销售	U	U	U								C					
订货服务	U	C	U													
装运		U	U							U						
会计	U	U								U						
成本会计						C										
人员计划										C						
人员招聘考核										U						

其次,对 U/C 矩阵进行正确性检验,具体检验标准如下:

(1) 完备性检验。完备性检验指的是 U/C 矩阵表的每一个数据必须有一个产生者(即"C")和至少有一个使用者(即"U");同时,每一个功能必须产生或使用数据类。否则这个 U/C 矩阵是不完备的。一般而言,如果一个数据类只有产生者,没有使用者,那么这个数据类在企业管理中没有实际意义;同样,如果一个功能既不产生数据,也不使用数据,那么这个功能在企业管理中没有发挥作用。通过完备性检验可以厘清企业多余的数据或无效的功能。

(2) 一致性检验。一致性检验需要满足每一个数据类仅有一个产生者这一要求,即在矩阵中每个数据类只有一个"C"。如果一个数据有多个产生者的情况出现,则会导致数据不一致,会给使用数据的业务部门带来问题。一般来说,多个部门产生同一数据多是因为企业业务模块划分不合理或数据定义模糊导致的。通过一致性检验,一方面提高了数据的一致性,另一方面也有助于企业优化业务流程。

(3) 无冗余性检验。无冗余性检验要求每一行或每一列必须有"U"或"C",即不允许有空行空列。若存在空行空列,则说明该功能或数据的划分是没有必要的、冗余的。通过无冗余性检验可以帮助企业剔除不产生价值的业务过程或数据类。

最后,利用U/C矩阵划分子系统。

完成了数据有效性检验,进一步可以利用U/C矩阵帮助企业划分子系统。U/C矩阵划分子系统是一种聚类操作,其标准是各个子系统相互独立且各系统内部信息高度集中。具体操作方法如下:

首先,要对U/C矩阵各功能模块按照"同一功能集中""不同功能按先后排序"的原则进行重新组合排序。

其次,将U/C矩阵表中的"C"元素尽量地靠近U/C矩阵的对角线,如表6.3所示。

表6.3 某企业U/C矩阵表(2)

功能	数据类															
	计划	财务	产品	零件规格	材料表	原材料库存	成品库存	工作令	设备负荷	材料供应	工序	客户	销售区域	订货	成本	职工
市场计划	C	U													U	
财务规划	U	C													U	U
产品预测	U		U									U	U			
产品工艺开发			C	C	U							U				
产品工艺			U	U	C	U										
库存控制						C	C	U		U						
调度					U			C	U							
生产能力计划									C	U	U					
材料需求				U		U				C						
作业流程								U	U	U	C					
销售区域管理			U									C	U			
销售			U									U	C	U		
订货服务			U									U		C		
装运			U				U									
会计			U									U				U
成本会计														U	C	
人员计划															C	
人员招聘考核																U

最后，以"C"元素为标准，将企业信息系统建设划分为企业经营规划、产品研发、生产制造、销售、会计和人力资源六个子系统，具体如表6.4所示。

表6.4 某企业 U/C 矩阵表(3)

功能	数据类													
	计划	财务	产品	零件规格	材料表	原材料库存	成品库存	工作令	设备负荷	材料供应	工序	客户	销售区域	订货	成本	职工
市场计划	C	U													U	
财务规划	U	C													U	U
产品预测	U		U									U	U			
产品工艺开发			C	C	U											
产品工艺			U	U	C	U										
库存控制						C	C	U		U						
调度					U			C	U							
生产能力计划								C	U	U						
材料需求				U	U					C						
作业流程								U	U	U	C					
销售区域管理			U									C	U			
销售			U									U	C	U		
订货服务			U									U		C		
装运			U			U								U		
会计			U										U		U	U
成本会计														U	C	
人员计划																C
人员招聘考核																U

综上，借助 BSP 方法，基于企业目标规划企业信息系统建设方案，有助于企业的信息系统建设方案与企业的发展目标相一致。同时，规划过程中考虑了企业的所有业务过程和功能数据，确保数据一致性和有效性，满足了企业各管理层次的信息需求。在整个规划过程中，信息系统的建设独立于企业的组织结构，能够使建设的信息系统具备良好的环境适应性。即使将来企业的组织机构或管理体制发生变化，信息系统的结构体系也不会受到太大的冲击。

6.4.2 关键成功因素法

关键成功因素法（CSF）是由 D. Ronald Daniel 在 McKinsey and Company 于 1961 年开发的一种方法。

1) 关键成功因素法的概念及作用

关键成功因素法是分析影响企业实现战略目标的关键要素，围绕这些关键要素确定系统需求，进而制定规划方案的一种方法。

该方法是企业信息系统战略规划常用的方法之一。在企业信息系统建设过程中，总是存在诸多变量影响系统目标的实现。其中，关键因素是根本。识别企业信息系统建设的关键成功因素（一般关键成功因素有5~9个），在制定信息系统战略规划时明确实现目标的关键信息集合，确定信息系统开发的重点及优先次序，有助于企业有效达成系统建设目标。

2）关键成功因素法的实现步骤

一般而言，运用关键成功因素法进行信息系统规划分为以下四个步骤（图6.3）：

（1）明确企业信息系统建设目标。明确目标是关键成功因素法实施的首要条件。

（2）识别所有的成功因素。主要是分析影响战略目标的各种因素和影响这些因素的子因素。

（3）确定关键成功因素。分析每一个子因素对目标实现的影响程度，按其重要程度进行排序，选取关键因素指标。

（4）明确各关键成功因素的性能指标和评价标准。

1. 识别目标　　2. 识别所有成功因素　　3. 确定关键成功因素　　4. 定义DO

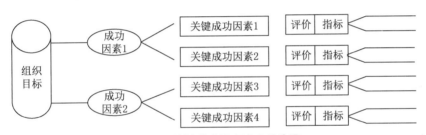

图6.3　关键成功因素法实施步骤

需要注意的是，关键成功因素的来源包括行业的特殊结构、企业的竞争策略、行业地位、地理位置、经济形势、国家政策等。不同行业的关键成功因素各不相同。即使是同一个行业的组织，由于其外部发展条件（外部环境）和内部实施基础（内部资源与能力）不同，其关键成功因素也不尽相同，因此需要结合企业内外环境来确定具体的关键成功因素。

关键成功因素法的优点是开发的系统针对性强，可较快实现收益。然而，企业关键成功因素会随环境的变化而变化，当出现新的关键成功因素时，需要重新设计、开发新的系统来满足新需求。

3）关键成功因素法的工具——鱼骨图

寻找关键成功因素的工具一般用鱼骨图。图6.4是利用该工具选取关键因素的一个具体应用实例。由图6.4可以看出，A公司ERP成功实施的关键因素包括明确的目标、合理的规划、公司领导的重视、强大的咨询顾问团队这四个方面。其中，明确的目标主要得益于公司ERP系统建设定位明确、问题识别准确；合理的规划包括组建了高效的规划团队，制定了严密的调研计划，进行了精准的业务分析；公司领导的重视主要表现为给予信息系统建设充足的资源支持，同时公司对ERP实施政策具有连贯性；强大的咨询顾问团队，成员甄选标准包括具有丰富的SAP/R3系统实施经验、专业性强，团队项目经理及主要顾问需要具备5年以上从业经验。

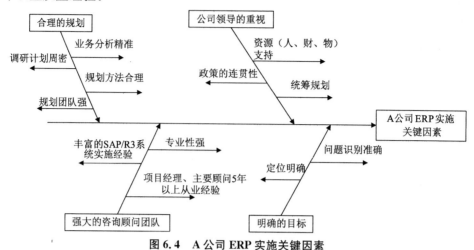

图 6.4　A 公司 ERP 实施关键因素

6.4.3　战略目标集转化法

1) 战略目标集转化法的基本含义

战略目标集转化法(SST)是 William King 于 1978 年提出的,他把整个战略目标看成"信息集合",该集合包括了企业使命、发展目标、战略以及其他战略变量(如管理的复杂性、改革的习惯、重要的环境约束等),企业管理信息系统战略规划的过程是如何把企业的这些战略目标转化为管理信息系统的战略目标。该方法有利于企业管理信息系统的建设目标与企业的战略目标保持高度一致。

2) 战略目标集转化法的步骤

第一步：识别组织的战略集。

(1) 描绘出组织的关联集团,如供应商、顾客、政府代理人、竞争者等。

(2) 明确关联集团的要求。

(3) 定义组织对每一个关联集团的任务和战略。

(4) 解释并验证组织的战略集。

第二步：将组织战略集转化成 MIS 战略。如图 6.5 所示,企业基于组织的使命、目标、战略等因素来确定管理信息系统的目标、系统实现的约束条件,制定管理信息系统的战略计划,提出整个管理信息系统的结构。

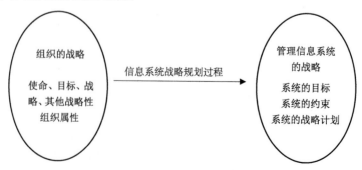

图 6.5　组织战略向信息系统战略的转化

图 6.6 是某企业运用战略目标转移法进行战略规划的一个应用实例。

| 公众 P | 顾客 Cu | 股票 S | 政府 G | 债权人 Cr | 雇员 E | 管理者 M |

	组织目标	组织战略	组织属性
组织战略集	O_1：销售收入增长 15%（S、Cr、M） O_2：改善企业现金流（S、Cr、G） O_3：保持客户的忠诚度（Cu） O_4：提升产品质量（G、Cu） O_5：企业的社会责任（G、P）	S_1：拓展新业务（O_1、O_4） S_2：改进信贷（O_1、O_2、O_3） S_3：重新设计产品（O_1、O_3、O_4）	A_1：管理水平高（M） A_2：当前经营状况不好，提高改革要求（S、M） A_3：大部分管理者有使用计算机的经验（M） A_4：管理权力高度分散 A_5：组织对政府协调机构负有责任
	MIS 目标	MIS 约束	MIS 战略
MIS 战略集	MO_1：改善会计速度（S_2） MO_2：提供产品的缺陷信息（S_3） MO_3：提供新业务机会的信息（S_1） MO_4：提供对组织目标实现水平的估计信息（O_2） MO_5：产生协调机构要求的报告（A_2） MO_6：产生必要信息支持对顾客咨询的快速响应	C_1：缩减 MIS 开发资金的可能性（A_2） C_2：系统必须采用决策模型和管理技术（A_1、A_3） C_3：系统同时使用外接和内部信息（MO_2、MO_3、MO_4） C_4：系统必须提供在不同综合水平上的报告（A_2） C_5：系统要有能力产生除了管理信息以外的其他信息（MO_4）	D_1：使用模块设计方法（C_1） D_2：在每一个阶段，由模块设计提供的系统能独立使用（C_1） D_3：系统要面向不同类型的管理者（A_1、C_4） D_4：系统应该考虑使用者提出的需要（A_1、A_3、A_4） D_5：系统应具有实时应答能力（MO_7、O_3）

图 6.6 某企业应用战略目标转移法进行战略规划实例

如图 6.6 所示，某企业首先描绘出其关联集团，包括公众、顾客、股票、政府、债权人、雇员和管理者等；然后，分析关联集团的需求，如公众、政府希望企业承担社会责任，债权人、管理者希望增加企业的销售收入等等；进一步，定义该企业每一个关联集团要完成的任务，形成体现关联集团需求的组织战略集；最后，根据组织战略集，分析管理信息系统战略集，明确管理信息系统的建设目标、约束条件以及管理信息系统战略方案。

SST 方法基于企业战略目标信息集识别企业的管理目标，反映了企业各个关联集团的需求，根据各层次的信息需求确定管理信息系统的建设目标。该方法较为全面地反映了企业的战略发展目标。该方法的不足之处是它在突出重点方面不如关键成功因素法。

6.5　流程重组

6.5.1　业务流程的概念

目前，学者主要从广义和狭义两个视角界定业务流程（Business Process）。广义来讲，业务流程是组织为了达成某一特定目标由不同的人共同完成的一系列逻辑关联的业务活动。这些业务活动的内容、形式、责任有明确的安排和界定，活动的先后顺序有限定，不同的活动之间跨度较大。狭义来讲，业务流程是与客户价值的满足相联系的一系列活动集合。

美国的管理学家迈克尔·哈默(Michael Hammer)与詹姆斯·钱皮(James Champy)将企业的某一组活动看作一个业务流程,一个业务流程通常有一个或多个输入,同时输出一个或多个结果,这些结果可以为客户创造价值。

受分工理论的影响,传统企业的业务分工细致,业务流程相对稳定。现有企业的竞争环境日趋复杂,企业的业务不断变化和调整,原有的业务流程无法适应新的变化,需要持续评估流程的效力,不断优化和改造新的流程。

6.5.2 流程重组的基本理论

迈克尔·哈默和詹姆斯·钱皮最早提出了业务流程重组(Business Process Reengineering,BPR)的概念,认为"BPR 就是对企业的业务流程(Process)进行根本性(Fundamental)的再思考和彻底性(Radical)的再设计,从而获得在成本、质量、服务和速度等方面业绩的显著性的(Dramatic)改善"。

BPR 实质上是一个全新的企业经营过程,它打破企业现有的部门和工序等分割的限制,用一种最简单、直接的方式设计企业的经营过程,依据企业经营过程重塑企业组织结构,提升企业管理效率。

一般而言,企业流程重组包含以下两个方面的内容:

1) BPR 是一项战略性、系统性改造工程

实施 BPR 的目标是为了推动企业长期可持续发展。其实现由公司战略驱动,需要企业高层领导支持,根据未来战略发展需要重建企业各项业务活动,将战略执行融入企业的日常运营中。

2) BPR 的核心是满足客户价值

提升客户的满意度是企业流程改造的出发点和归宿。BPR 以满足客户需求为核心,重新检查每一项业务活动,识别核心流程,挖掘流程中不增值的业务活动或环节,剔除重复的业务活动,重组有价值的业务活动,优化企业的整体流程,提升企业经营效率。

流程重组在欧美的企业中受到了高度的重视,因而得到迅速推广,带来了显著的经济效益,涌现出大批成功的范例。1994 年的早期,由 CSC Index 公司(一家战略管理咨询公司)对北美和欧洲 6 000 家大公司进行了 621 家抽样问卷调查,调查的结果是:北美 497 家的 69%、欧洲 124 家的 75%已经进行了一个或多个流程重组项目,余下的公司一半也在考虑这样的项目。American Express(美国运通公司)通过流程重组,每年减少费用超过 10 亿美元。得州仪器公司的半导体部门,通过流程重组,对集成电路的订货处理程序的周期时间减少了一半还多,改变了顾客的满意度,由最坏变为最好,并使企业达到了前所未有的收入。

在我国企业管理信息化过程中,特别是 ERP 项目实施过程中,流程重组是不可或缺的一项关键性步骤,是企业管理信息化成功的重要因素。

6.5.3 企业流程重组的实施步骤

1) 明确目标

流程重组关键的一步是正确地认识企业当前存在的问题,确定要实现的目标。这需要流程再造小组在企业开展系统的调研活动,通过走访、问卷调研、座谈会等方式了解企业经营面临的主要问题,明确企业流程再造的要求,确定流程重组后要实现的目标。

2) 选择重组的业务流程

重组业务流程的选择关系到流程重组的绩效。选择适宜的流程需要考虑以下三点:第一,需要考虑对企业效率有严重影响或导致企业成本高的关键流程;第二,需要考虑对顾客价值影响最大的流程;第三,需要考虑最容易改造成功的流程,充分发挥示范效应,推动企业流程重组的进程。

3) 诊断现有流程,找出关键问题

对选定的业务流程进行全面、准确的分析,弄清流程的核心环节、分析其优缺点,找出其存在的突出问题。考察重组可能涉及的部门,做初步的影响分析。

4) 设计新的业务流程

依据重组的目标,系统梳理现有流程存在的问题,按照流程重组的原则设计新的业务流程。在具体实施过程中要识别核心流程,简化或合并非增值流程,减少或剔除重复、不必要的流程,从而构建新的业务流程模型。这是对原流程进行改造,解决问题的关键步骤。

5) 评价新的业务流程

根据企业既定目标与现实条件,对新流程进行评估,评价其是否可行,效益如何以及能否有效实现原定目标。

6) 实施、修正新流程

实施新流程,并通过实践将其不断完善。

福特公司为了提升财务部门的经营效率进行了流程重组。流程重组之前,企业每办理一次结算付款业务需要财务部人员与应收款部门、仓储部门、供应商核对票据,如果票据不一致,则需要财务人员逐一联系各部门进行催要、核实,流程烦琐且容易出错。流程重组之后,采购部门在发订单给供应商的同时,将订货单输入联机数据库,验收部门收到货物后,便查询数据库中的资料,核对无误后便整理验收,系统会自动提示财务人员签发付款支付支票给供应商。重组后,财务部门省去了烦琐的单据核对和单据催要业务,仅需要完成在线支付,整个流程精简高效。图6.7、图6.8分别描述了流程重组前后福特公司结算付款业务变化。

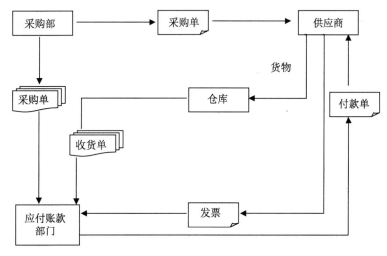

图 6.7　重组前福特公司的结算付款业务

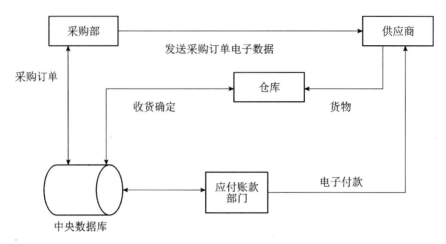

图 6.8 重组后福特公司的结算付款业务

总之,业务流程重组与并行工程、敏捷制造一样特别强调过程。过程的重建,将企业的各部门、各环节连通组成一个有机的整体,使之成为一个具有共同目标的系统,实现资源共享以及各部门之间的高度协调。在业务流程重组实施过程中,变化管理的方式及其所选的方法的适当性,对人们进行变化管理的过程及其变革的结果有非常重要的意义。

6.6 管理信息系统的开发策略和开发方法

6.6.1 管理信息系统的开发策略

1)"自上而下"的开发策略

自上而下的开发策略要求系统开发从顶层设计入手,考虑企业发展的整体目标、资源、环境以及约束条件,开发过程中强调从整体到局部,从长远到近期,探索合理的信息流来进行信息系统的设计。该开发策略有助于提升系统的整体效率,满足企业可持续发展需求。然而,该策略逻辑性要求高,开发难度较大。

2)"自下而上"的开发策略

"自下而上"的开发策略基于企业现有的业务状况出发,先了解具体的业务子系统需求,实现具体的业务功能,后期再对业务功能进行整合,由低到高地建立企业的信息系统。一般而言,具体的业务子系统功能需求容易识别、开发和难度较小,相关的数据资源容易确定。该策略前期实施的难度较小,可以避免大规模系统运行不协调的问题,但是后期系统整合过程中多会面临系统功能整合难度大、兼容性差等问题。一般而言,该策略比较适合中小型企业。

3) 综合开发策略

综合开发策略是以上两种策略的集合。综合开发策略在前期开发过程中注重系统功能的整体性,先运用"自上而下"的开发策略做好系统的总体设计方案。后期在整体方案的指导下运用"自下而上"的开发策略做好各个子系统业务模块的设计,最后实现系统功能的综合。该策略既兼顾了信息系统建设的总体目标,又降低了系统开发的难度,信息系统建设的总体满意度较高,是大中型企业开发信息系统的常用策略之一。

6.6.2 管理信息系统的开发方法

1) 结构化系统开发方法

(1) 结构化系统开发方法的基本思想

结构化系统开发方法(Structured System Analysis and Design,SSA&D)又称结构化生命周期法,是迄今为止最传统、应用最广泛的一种信息系统开发方法。该方法按照用户至上的原则,系统工程的思想和工程化的方法,结构化、模块化、自顶向下地进行系统的分析和设计。

结构化开发方法起源于结构化程序设计语言。该语言用顺序结构、选择结构和循环结构来表示所有程序的逻辑结构,按照"自顶向下,逐步求精"的方法确定程序执行过程,把一个完整的程序划分为若干独立的功能模块,再用语句将各模块联系起来。这种方法大大提高了程序员的工作效率,改进了程序质量,增强了程序的可读性和可修改性,修改程序的某一部分时对其他部分的影响也不太大。在信息系统开发实践过程中,开发人员受结构化程序设计的启发,将模块化思想以及生命周期理论引入到系统设计中。

具体来说,结构化系统开发方法的基本思想主要体现在以下几个方面:

① 充分考虑用户的需求。在系统分析阶段,开展详细调查,充分了解企业各个管理层次用户的需求情况。

② 严格区分工作阶段。基于企业信息系统建设目标,把信息系统的开发过程划分为若干个相互独立又彼此关联的阶段,明确各个阶段的工作任务和阶段成果。

③ 注重系统思想。在系统开发的各个阶段,注重从系统整体目标着手进行规划设计,先考虑整体优化,再考虑局部优化,自顶向下完成系统研制工作。

④ 坚持逐步实施的原则。在系统实施阶段,采取"自下而上"的实施原则,先设计、运行最基础的模块,然后按照系统整体设计结构,自底向上逐步完成整个系统运行。

⑤ 充分考虑变化的情况。在信息系统建设过程中,及时关注技术升级、管理环境等诸要素的变化情况,并根据变化做动态调整。

(2) 结构化方法的开发过程

结构化开发方法基于生命周期的思想,把组织的信息系统建设划分为系统规划、系统分析、系统设计、系统实施、系统的运行与维护五个阶段,每一个阶段都明确规定系统开发的任务和开发标准。结构化方法采用综合的开发策略,先"自上而下"地进行系统分析和设计,然后"自下而上"地开发和调试各个模块,最后实现模块的集成,实现系统整体建设目标。其具体的开发过程见表6.5所示。

表6.5 管理信息系统开发阶段及任务

系统开发阶段	主要任务
信息系统规划	初步调查,明确问题,确定系统目标和总体结构,确定分阶段实施进度,然后进行可行性研究

续表

系统开发阶段	主要任务
信息系统分析	分析业务流程、分析数据与数据流程、分析功能与数据之间的关系,最后提出分析处理方式和新系统逻辑方案
信息系统设计	进行总体结构设计、代码设计、数据库(文件)设计、输入/输出设计、模块结构与功能设计。根据总体设计配置与安装部分设备,进行试验,最终给出设计方案
信息系统实施	同时进行编程(由程序员执行)和人员培训(由系统分析设计人员培训业务人员和操作员),以及数据准备(由业务人员完成),然后投入试运行
信息系统运行与维护	进行系统的日常运行管理、评价、监理审计,以及修改、维护、局部调整,在出现不可调和的大问题时,进一步提出开发新系统的请求,老系统生命周期结束,新系统诞生,构成系统的一个生命周期

(3) 结构化开发方法的评价

结构化开发方法的优点主要体现在以下几个方面:

① 结构化系统开发方法注重开发过程的整体性、全局性,特别适合开发大型系统。

② 严格区分开发阶段,强调一步一步地、严格地进行系统分析和设计,每一步工作都会及时总结,发现问题及时反馈和纠正。有利于提高系统开发的正确性、可靠性和可维护性。

③ 开发工作的阶段性评估可以减少开发工作重复性和提高开发的成功率。

结构化开发方法具体应用过程中也存在如下不足之处:

① 开发过程烦琐,周期长,难以适应环境的变化。

② 个性化开发阶段的文档编写工作量过大或过于烦琐,无法发挥开发人员的个性化开发能力。

结构化系统开发方法以结构化系统分析与设计为核心,以其严密的理论基础、严格的阶段划分、详细的工作步骤、规范的文档要求,以及"自上而下"的开发策略,在管理信息系统开发方法中一度发挥了主导作用。然而,随着时间的推移、技术的进步,结构化方法的弊病逐渐暴露出来。同时,结构化开发方法需要相对稳定的管理体制和业务流程,很难用于管理基础薄弱的单位。

2) 原型法

(1) 原型法由来及概念

原型法(Prototyping Approach)是20世纪80年代随着计算机软件技术的发展,特别是在关系数据库系统(Relational Data Base System,RDBS)、第四代程序生成语言(Fouth-Generation Language,4GL)和各种系统开发生成环境产生的基础上,提出的一种从设计思想、工具、手段都另起炉灶的系统开发方法。它摒弃了先经过一步步周密细致的调查分析,然后逐步整理出文字档案,最后才能让用户看到结果的烦琐做法。

原型法是指在获取一组基本的需求定义后,利用高级软件工具可视化的开发环境,快速地建立一个目标系统的最初版本,并把它交给用户试用、补充和修改,再进行新的版本开发。反复进行这个过程,直到得出系统的"精确解"(用户满意)为止。

(2) 原型法的基本思想

原型法是在投入大量的人力、物力之前,在限定的时间内,用最经济的方法开发出一个可实际运行的系统模型。用户在运行使用整个原型的基础上，通过对其评价提出改进意见，设计人员据此对原型进行修改。这一过程反复进行，使原型逐步完善，直到完全满足用户的需求为止。

（3）原型法的开发过程

① 确定用户的基本需求

由用户提出对新系统的基本要求，如功能、界面的基本形式、所需要的数据、应用范围、运行环境等。开发者根据这些信息估算开发该系统所需的费用，并建立简明的系统模型。

② 构造初始原型

系统开发人员在明确了对系统基本要求和功能的基础上，依据计算机模型，以尽可能快的速度和尽可能多的开发工具来建造一个结构仿真模型，即快速原型构架。之所以称为原型构架，是因为这样的模型是系统总体结构，即子系统以上部分的高层模型。由于要求快速，这一步骤要尽可能使用一些软件工具和原型制造工具，以辅助进行系统开发。

③ 运行、评价、修改原型

快速原型框架建造完成后，就要交给用户立即投入试运行，各类人员对其进行试用、检查分析效果。由于构造原型中强调的是快速，省略了许多细节，一定存在许多不合理的部分。所以，在试用中要充分进行开发人员和用户的沟通，尤其是要对用户提出的不满意地方，进行认真细致的反复修改、完善，直到用户满意为止。

④ 形成最终的管理信息系统

如果用户和开发者对原型比较满意，则将其作为正式原型。经过双方继续进行细致的工作，把开发原型过程中的许多细节问题逐个补充、完善、求精，最后形成一个适用的管理信息系统。

原型法的开发过程如图 6.9 所示。

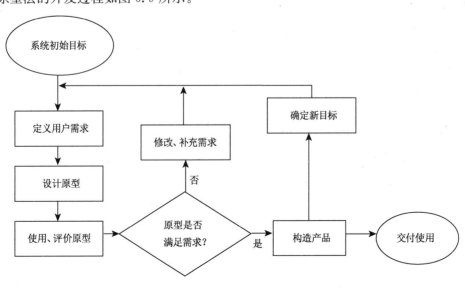

图 6.9 原型法的开发过程

（4）原型法开发方法的评价

原型法开发方法的优点主要体现在以下几个方面：

① 符合人们认识事物的规律，系统开发循序渐进，反复修改，确保较好的用户满意度。

② 开发周期短，应变能力强，费用相对少。

③ 由于有用户的直接参与，系统更加贴近实际。

④ 易学易用，减少用户的培训时间。

原型法在具体的实践中也存在以下几个方面的不足：

① 开发过程管理要求高，整个开发过程要经过"修改—评价—再修改"的多次反复。

② 原型化方法开发的时候，测试和文档工作常常容易被忽略，系统运行效率整体不高。

③ 原型法不适合大型信息系统的开发。

3) 面向对象开发方法

（1）面向对象开发方法的基本概念

面向对象（Object Oriented，OO）是软件开发方法，一种编程范式。面向对象的概念和应用已超越了程序设计和软件开发，扩展到如数据库系统、交互式界面、应用结构、应用平台、分布式系统、网络管理结构、CAD技术、人工智能等领域。面向对象是一种对现实世界理解和抽象的方法，是计算机编程技术发展到一定阶段后的产物。

（2）面向对象开发方法的基本原理

面向对象的程序设计把组成客观世界的实体抽象为数据和对数据的操作，进一步用类把数据和对数据的操作进行封装，使之成为一个不可分割、相互依存的整体。在面向对象的设计中，初始元素是对象，然后将具有共同特征的对象归纳成类，组织类之间的等级关系，构造类库。应用时，在类库中选择相应的类。在具体的应用过程中，对象可以是产品、输入历程或订单处理历程的数据。

一般而言，面向对象开发方法经常应用于系统调查、系统分析和系统设计阶段。

（3）面向对象开发方法的开发过程

① 制订总体开发计划，明确系统建设目标。

② 进行系统需求分析。调研企业的需求，分析系统将要面临的问题以及用户对系统功能的需求。

③ 面向分析对象的分析（Object Oriented Analysis，OOA）。结合前期需求，进一步分析问题域所涉及的对象，明确对象之间的关系（操作）。进一步，构造问题的对象模型。在构造模型时，要确保模型能够真实地反映出企业系统建设所要解决的"关键问题"。在这一过程中，最重要的方法是进行抽象，并结合问题的性质选定抽象层次。

④ 面向对象的设计（Object Oriented Design，OOD）。根据确定的对象，在软件系统内容设计各个对象、对象之间的关系、对象之间的通信方式等，解决系统设计过程中"做什么"的问题。在这个过程中，需要根据面向对象开发软件环境的差异，对前期的对象进行改造，改造过程中要遵循最少改变原问题域的对象模型为原则。

⑤ 面向对象的实现（Object Oriented Implementation，OOI）。这一阶段，针对面向对象"做什么"的问题，提供具体的实现方案。其内容主要包括以下三个方面：首先，实现每个对象的内部功能；其次，确立对象的处理能力和类的对应关系；最后，确定并实现系统的界

面、系统的输出形式以及其他控制机理。

(4) 面向对象开发方法的优缺点

面向对象在具体的应用过程中取得了巨大成功,其优势主要体现在以下三个方面:

① 面向对象程序设计尽可能地在模拟人类的思维,更符合人认识和思考问题的方式。设计过程中,系统的描述以及信息模型的表示都与客观实体相对应,便于系统设计人与用户之间进行交流,大大提升了系统开发的效率。

② 面向对象的开发方法的基础建立在对象之上,将对象的概念贯穿于系统开发的全过程,使得各个开发阶段转化平滑过渡,避免了开发过程的重复劳动,显著提升了系统开发的效率与质量。

③ 整个开发过程中,对象的概念高度一致,系统开发的各类人员在开发的各个阶段具有共同语言,沟通效率高。同时,对象具有相对稳定性,使得系统具有良好的环境适应能力。

面向对象开发方法也存在以下不足:

① 该方法需要一定的软件支持环境,对象过程设计有一定的难度,初学者不容易接受。

② 面向对象的开发方法由局部到整体进行设计,缺乏整体规划,容易造成系统结构不合理,系统组成部分关系失调等问题,面向对象法和结构化开发方法在系统开发中互相依存,不可替代。

4) CASE 方法

(1) CASE 方法的概念及基本思想

CASE(Computer Aided Software Engineering,CASE)方法是一种自动化或半自动化的系统开发方法,该方法支持系统调查的每一个开发步骤。早期,CASE 方法是由各种计算机辅助软件和工具组成的大型综合性软件开发环境。后来,随着各种工具和软件技术的发展、完善和集成,CASE 方法逐步转换为一种独立的开发方法。

狭义来讲,CASE 方法集合了计算机工具和方法,辅助软件生命周期各阶段的开发。广义上来讲,CASE 方法是辅助软件开发的计算机技术的集成,在软件开发和维护过程中引入工程化方法,为软件开发和维护提供计算机辅助支持。

(2) CASE 方法的特征

和其他信息系统开发方法相比,CASE 方法具有以下特征:

① 解决了从客观世界对象到软件系统的直接映射,支持系统开发的全过程。

② 简化了软件开发的管理和维护工作。

③ 软件开发过程中的各种软件文档自动生成。

④ 提高了软件质量。

⑤ 软件有重用性。

⑥ 软件开发速度快。

应当指出,目前管理信息系统的开发方法逐步增多,开发环境也更加完善。然而,只有结构化系统开发方法是真正能较全面支持整个系统开发过程的方法。CASE 方法尽管有很多优点,但是只能作为结构化系统开发方法在局部开发环节上的补充,暂时不能替代其在系统开发过程中的主导地位,尤其是在占系统开发工作量最大的系统调查和系统分析这两个重要环节。在企业的具体开发实践中,每一种开发方法不是相互独立的,经常混合应用。

本章关键术语

诺兰阶段模型
企业系统规划方法(BSP)
U/C 矩阵
关键成功因素法(CSF)
战略目标集转化法(SST)
业务流程
流程重组(BPR)
自上而下开发策略
自下而上开发策略
综合开发策略
结构化系统开发方法(SSA&D)
原型法(Prototyping Approach)
面向对象开发方法

课后思考题

1. 管理信息系统战略规划的作用是什么?
2. 管理信息系统的规划方法有哪些?
3. 什么是流程重组?企业在什么环境下会进行流程重组?
4. 流程重组的原则是什么?
5. 管理信息系统的开发策略有哪些?
6. 论述结构化系统开发方法、原型法和面向对象开发方法的优缺点和适用场合。

协作练习

企业信息化规划案例

C 运输公司位于华中某地,是中国较大的运输企业之一,主要从事货运、油运、集装箱运输及其他特种运输服务,除此之外,该公司还经营旅游、房地产、制造等多种业务。公司业务众多,同时该公司的下属子公司在地域上分布也比较散,下属的八个大型一级子公司分布在四省两市,作为整个集团企业的 C 公司在综合协调管理方面存在非常大的难度。

为了搞好全公司的综合管理,使总公司能够全盘了解整个企业的经营状况,协调各方面有效运作,使各个分公司步调一致地运转,从而发挥整体优势,总公司专门成立了一个经营活动分析决策小组。组长由副总经理林刚担任,小组全盘负责整个集团的经营信息的收集、整理和分析,并提出决策思路。C 公司有一个信息中心,主要负责企业的计算机管理系统的维护和开发,其中,开发这块是一个叫梅铁的人负责。工作组工作的头几个月里,已有不少问题显现出来。

具体表现在以下三个方面:

1. 下属子公司数据难以及时汇总提交。除了子公司统计上报有时不及时外,各公司数据上传方式也各不相同,传真、邮寄书面报表、通过电话线直接报数据,还有的是通过软盘(那时互联网还不普及),五花八门。这些数据到总公司各部门后又经过手工汇总填表才成为决策分析能够用的数据。整个传递、汇总、分析填报的过程要花2~3周。经常出现的情况是当数据收集齐了、报表出来了,工作组开会作经营决策分析的时候,决策的内容是上个月的,也就是事后决策,毫无意义了。

2. 数据不一致。经过汇总的数据,通过各部门的报表出来后,相同的指标具体数值却不一样。如财务处的人员工资总额与劳资处报的不一样,运输处报的每吨公里耗油量与技术处报的不一样,如此种种,虽然差别不大,但常常使经营分析小组无所适从。

3. 数据和分析手段有限,无法进行深入分析。各部门提交的数据是经过层层汇总填报出来的,到了工作组就只有一个总数了,当发现一项数据有必要进一步分析时往往只能向下追索一层数据,如果还找不到问题就只有作罢。同时作为手工计算难以运用数学模型做出复杂的分析计算。

这三个方面问题的存在,使得经营活动分析工作难以有效开展。在这种情况下,林刚想到通过计算机数据快速传输和快速处理,应该能很好地解决这个问题。任务落在了梅铁身上,并要求在两个月内完成。

信息中心有一定的开发力量,而开发这套系统需要对C公司各部门业务和现在使用的计算机管理系统很熟悉,梅铁决定由信息中心自身承担起这项开发工作。随着开发的进展,梅铁意识到这是一个混乱和充满变数的项目。

一、边界问题

首先是系统的边界问题。各部门已经不同程度地用了计算机管理。财务这一块已经建立了比较完善的财务管理系统。总公司、二级和三级子公司都应用了统一开发的财务管理系统,并且能够通过点对点的数据传输实现报表的汇总;技术处也已有燃耗统计系统,但是数据是由各子公司报上来再由技术处录入后生成各种报表;劳资处是信息中心自己开发的管理系统,有什么进一步的需要都好说。其他部门基本上还没有相应的计算机管理系统。

如果系统边界定在各子公司,那么财务系统不仅没有充分利用,而且还要增加财务人员的数据录入量。这样的话,等于又重复开发了部分财务报表系统,不仅得不偿失而且在时间上也是来不及的。燃耗系统和人力资源管理系统都有相同的情况。边界统一划在子公司,还面临是否与子公司现有系统接口的问题。经过反复考虑,梅铁决定不统一划定边界,如果总公司现有的系统能够连接就与之连接,从现有系统中抽出分析所需的基础数据。没有系统的就由子公司相关人员录入再将数据传输到总公司汇总。至于子公司的系统一律不考虑连接。

系统边界定下来后,接着就是数据的统一问题。在上报的数据中,来源于不同部门的指标相同但数据值有很多不一致。能不能通过计算机来解决,如何解决,这是必须考虑的问题。通过深入细致的分析,梅铁认为,有些可以通过计算机解决,有些是管理方面的问题,在相关部门的配合下可以解决一部分。

第三个问题是如何运用各种数学模型对数据进行深入分析。考察了相关工具和平台后,梅铁认为这方面没有太大的问题。明确了这些问题后,梅铁就带领开发队伍边做详细设计边开发了。但是,他们着手具体的开发工作时,才发现更大的问题还在后面。

二、统一数据

首先是与现有系统相衔接的问题。财务系统是由子公司投资的一家计算机公司开发的,该公司在技术上十分配合,但问题是两套系统在技术平台上很难结合。财务系统开发得比较早,同时也考虑到可靠性的问题,应用的是 UNIX 操作系统和 INFORMIX 数据库,这种平台与当前系统的 WINDOWS NT 和 MS SQL SERVER 很难直接连接。

好在财务系统的开发商非常配合,共同研究想出了一个变通的办法,那就是在财务系统上开发一个小程序,将需要的财务数据转换成通用格式的文件,通过这个文件将数据导入新的系统。同样的问题也在燃耗系统发生,具体原因倒不是平台不一致,而是数据结构不清楚。该系统是三年前请某高校的一个教研室开发的,由于人事变更,当初的开发者早就去无踪了,又没有留下相关文档,直接分析现有系统又不现实。面对大量的数据而无从下手,只好放弃该系统,自己从基础做起。人力资源系统相对要顺利一些,可以直接与现有系统相连并可以实时取出数据。对于子公司五花八门的应用系统,信息中心是再也没有精力和耐心与它们一一对接了,统一做一个录入程序,让子公司各部门有关人员各自录入。虽然数据总量比较大,好在分散在各子公司各部门,录入人员基本上能接受。

数据是能够搜集上来了,但是由于数据来源不一,这些数据是按照不同的格式和标准组织的,相同的数据在不同的数据表中按照不同的字段名和不同的格式存储。这种不一致的数据格式在整个数据库中占 20% 多,而这些相同指标的数据只有统一对应起来才能进行与其他数据的关联比较,否则的话数据再多也只是一盘散沙。数据分析功能的开发相对数据采集和整合要容易一些。原先的构想是对运用一些商业智能工具如 BO、SPSS 来对集中的大量数据进行挖掘和分析,但是后来改变了这一思路。一是因为购买正版的商业智能工具所花费用不是一个小数目,一套基本版的 BO 就要 40 万元人民币,这大大超出了预算,同时也需要花一定的时间来熟悉使用。另一方面作为分析系统的用户——工作组,主要还是需要他们自己设计的一些表格,至于进一步的数据挖掘,要求并不是很高。梅铁采取了折中的办法,先完成必要的报表,再运用一些分析工具制作一些常用数学模型分析。经过历时两个月的紧张开发,整个系统终于完成了。把历史数据拿来试一试,结果基本正确,为了赶在月度分析会上使用,系统测试就这样简短而匆忙地完成了。通过连接、安装、分发,系统基本到位,万事俱备只等数据了。

三、建设没有变化快

工作组在系统开发的这两个月里,仍然采用老一套的报表收集和分析方法,问题越来越大。工作组大部分时间不是用在分析上,而是花在数据的收集和计算上,决策工作难以推进。现在希望的目光都集中在这套新上的系统上。信息中心也不负众望,在工作组的督促和信息中心人员的指导下,数据通过各种渠道陆陆续续汇集到总公司计算机房服务器的数据库中。开会的那天,林刚着实得意了一把。看着投影屏幕上哗哗翻动的表格,流畅滚动着的数据,色彩丰富、形式各异的分析图形,兴奋之情溢于言表。他除了赞叹计算机应用的美妙外,也把信息中心的工作大大肯定了一番。

这次分析决策系统的亮相算是一切顺利,再往后,问题就慢慢地暴露出来了。由于这套系统本身就搭建在一个不统一、不坚实的基础上,就像建筑在一堆乱石上的楼房,一旦有哪块石头发生松动,整栋楼房就会分崩离析。而基础的改变,在这样一个竞争激烈的市场环境中是无法避免的,系统的崩溃也就只是时间的问题了。

第一块松动的石头就是人力资源系统。该系统是公司自己开发的,系统的开放性较好,数据的提取很方便。但从功能上讲比当前市场上成熟的人力资源管理系统要简单,只能够满足人员管理的一般需要。同时计委和经贸委共同推荐了一套人力资源管理系统,虽然没有要求必须购买,但是很多要上报的报表在该系统中都有现成的。在劳资处强烈要求下,人力资源管理系统更换了,于是分析决策系统的问题就来了。

第二块松动的石头就是工业子公司的组建。总公司下属的很多子公司都是综合性公司,有运输的也有制造的、房地产的。现在总公司实施了一个工业重组的方案,把所有子公司下属的工业企业合并成一个独立的子公司,由总公司直接管理。这样一个合并不仅带来机构人员的变化,也带来了数据上报来源、统计数据指标以及统计分析方法的变化。这些变化都需要分析决策系统做出相应调整。

第三块松动的石头是部分业务统计指标的增加。由于分析决策系统采用了大量的关联对照表来解决基础数据规则不统一的问题,因此每次涉及这些关联数据的运算都要一一查询相关的关联表,大大降低了系统的运行效率。而这些关联表的数量会随着不一致指标的增加呈几何级数增加。这些关联的增加不仅降低系统性能,也使系统复杂度大大增加,达到一定数量后,系统就到达崩溃的边缘了。以燃耗统计指标为例,为了降低燃耗成本,总公司在一定范围内推行一种新型的燃油,以替代原来使用的燃油。新燃油的使用情况需要通过报表数据反映出来。这一个燃耗指标的增加,相应增加了3个关联对照表,燃耗统计数据的速度大大下降。

紧接着,第四、第五块石头松动了……

变化的速度大大快于开发速度,问题不断产生,开发人员也不断修改,但缺口是越来越大。在第二个月的分析会上就已经有少数数据出不来,到第三个月就有不少的数据出不来,到第四个月就只有少数数据出来,到第五个月……

一年以后,当梅铁看着桌上刚刚完稿的厚厚的一本公司信息化规划时,才感到由一年前这个失败项目所背负的责任稍稍减轻了一些,从失败中吸取教训并避免犯同样的错误是他制定信息化规划的原因之一。

(资料来源:姜冬.都是缺少全局观惹的祸[J].知识经济,2004(2):57-59.)

根据上述材料,讨论以下问题:

1. C运输公司的信息系统为什么会失败?
2. 结合诺兰阶段模型分析,C运输公司进行系统规划的时机是否合适?为什么?企业应该在哪一个时期进行规划最合适?

3. 结合案例说明，企业应该如何做好信息系统规划？

本章测试及答案

第7章 管理信息系统分析

> **学习目标**
>
> 1. 明确系统分析阶段的任务和主要内容。
> 2. 了解典型详细调查的方法。
> 3. 掌握业务流程的分析方法、业务流程图的绘制方法。
> 4. 掌握数据流程的分析方法、数据流程图的绘制方法。
> 5. 理解数据字典与数据流程图之间的关联关系。
> 6. 掌握判断树、判断表、结构化语言等处理逻辑分析方法。
> 7. 热爱科技、拥抱技术,具备严谨的学习态度和科学精神。

导入案例

中国财经教育资源共享平台业务流程优化分析

在高校图书馆中,蕴含了丰富的信息资源。信息资源共建共享是网络信息环境下开展信息资源建设和提升信息服务水平的重要举措和手段,各类图书馆一直以来在这方面开展了大量的研究和实践。中国财经教育资源共享平台也是顺应这种趋势而构建了一个信息资源库,全国50余家财经类高校作为成员加入,共建共享各类学术资源。论文是学者与科研工作者的知识成果,在创造知识成果的同时,不能闭门造车,总是要参考和学习他人的成果,站在前人的基础上继续前行,才能推动社会发展。因此教育资源共享平台把各财经高校的博士、硕士学位论文作为该平台共建共享资源的重要内容之一,对应的信息系统也逐步构建并投入使用,但是原有系统从信息资源共建共享效率方面看仍然存在一些问题,比如业务流程烦琐,人工参与度高等。针对目前系统的主要痛点,从技术层面对系统业务流程进行优化,以期进一步提升信息资源共建共享平台的智能化水平。

一、原有建设流程分析

中国财经教育资源共享平台已经建立了一套硕博学位论文采集系统,为各大成员高校开通管理账号,管理员登录硕博学位论文库管理平台,通过论文上传菜单,根据上传指引完成论文上传。论文上传需要人工完善元数据。在硕博论文采集系统中,需要人工录入的元数据字段为(1)中文题名、(2)外文题名、(3)中文关键词、(4)英文关键词、(5)摘要、(6)英文摘要、(7)目录、(8)参考文献、(9)语言、(10)类型、(11)格式、(12)优秀论文级别、(13)分类号、(14)访问权限、(15)保密年限、(16)保密证明材料、(17)发表日期、(18)学生姓名、(19)学生学号、(20)院系名称、(21)一级学科、(22)二级学科、(23)专业名称、(24)专业方向、(25)学位授予单位、(26)学位授予所在地、(27)学位类别、(28)导师姓名、(29)导师单位、(30)纸质馆藏地、(31)赞助或资助机构、(32)文档等共32个。

二、存在的问题与改进方法分析

1. 存在的问题

(1) 在论文收集方面,通过发函方式从研究生院拿到论文文件压缩包和学生相关信息Excel表格。因学生存在缓毕业等情况,数据并非一次性收齐,会产生多次与研究生院的交涉,研究生院提供的数据也可能有错误,需要多次与研究生院沟通,增加了沟通成本。

(2) 论文上传方面,重复工作量大,时间长、成本高。以贵州财经大学为例,2021年毕业研究生613人,共有613份论文需要上传,上传时需要人工录入32个元数据字段,一部分元数据需要打开论文从原文复制,一部分从研究生院提供的Excel表格中提取,还有部分数据无法掌握,在重复的上传过程中复制填写出错等,导致论文上传时间成本大,数据质量不高。

2. 改进方法

硕博论文数据库建设工作流程的改进方法为,高校构建一套自己的硕博论文采集系统,联合研究生院下发通知到待毕业学生,由学生将自己定稿学位论文上传至硕博论文采集系统并完成元数据录入。为避免信息丢失、遗漏等情况的发生,由导师和图书馆工作人员联合审核学生上传数据,最后将已完成审核的学位论文自动推送至硕博论文共建共享平台,完成硕博学位论文共建工作。

三、需求分析

1. 学生端需求分析

学生端需求共分为以下三点:(1)学位论文元数据填写和论文上传。论文上传时元数据字段较多,采用分页填写的方式,填写到任何程度都可以暂存,保证用户填写的信息在未确认填写完毕提交前不会丢失;能提供选择的地方使用选择的方式,避免用户填写错误;对用户填写的资料做好校验,提升用户填写体验和准确率。(2)查看来自管理端的通知和上传帮助,帮助用户了解系统开放录入时间范围、要求和操作流程等。(3)问题反馈。用户在操作过程中,对元数据有不解的地方或者对上传有异议的地方提供用户反馈通道,管理员可以后台回复用户反馈。

2. 管理端需求分析

管理端需求分为以下五点:(1)系统管理。系统管理为超级管理员对普通管理员的管理,创建新的管理者和删除管理者等。(2)文章管理。文章管理为发布公告或者帮助等文章,用于帮助用户更好地了解相关规章制度和论文上传的相关内容。(3)论文管理。论文管理包含了管理端对用户上传的论文元数据审核,文档查看,撤回提交状态,根据院系、状态、用户等条件查询统计工作。(4)用户管理。用户管理为管理员对学生数据的管理,导入、查看、统计用户的相关信息。(5)用户反馈。用户反馈是对用户端存在的问题和意见进行的反馈查看、回复、管理等工作。

四、运行效果

在系统分析的基础上,对系统进行了设计和实现。贵州财经大学图书馆硕博论文采集系统自2021年运行以来,经历了一个毕业季的论文采集,通过图书馆与研究生院相互配合对学生下达论文自主上传通知。学生积极上传,共采集硕士博士学位论文613篇,完成率为

100%。数据通过工作人员审核,元数据采集全面准确。与过去的工作流程所花费的时间进行对比,过去的工作流程由工作人员上传,每上传一篇学位论文长达10分钟,预估要完成613篇学位论文上传将耗时6 130分钟,即约102小时,采用新的工作流程之后,每审核一篇论文只需30秒,613篇论文5个小时即可全部审核完毕。原来需要专门的多个工作人员进行上传,现在只需要一个工作人员一天即可完成,工作时间上大幅度降低,大大地节约了人力成本。与过去上传的元数据质量对比,过去上传的元数据参差不齐,大量的元数据缺失,因为长期重复性的劳动,还有填入错误的地方,采用新的工作流程后,元数据收集率为100%,错误率为0.1%不到,大大提升了数据质量。

通过高校自建硕士博士论文采集系统,用户自主上传的方式使得共建共享工作变得简单,数据质量得到了保证,解放了人力资源,使图书馆能够将精力投入更多的服务工作中。

(资料来源:张光照. 信息资源共享平台建设业务流程优化研究:中国财经教育资源共享平台应用案例分析[J]. 长江信息通信,2022,35(8):235-237.)

7.1 系统分析概述

系统规划完成后,即进入系统开发。系统开发包括系统分析、系统设计和系统实施三个阶段。在系统分析阶段,以系统规划为指导,明确系统分析的主要任务,对组织系统展开深入详细的调查,明了组织系统的业务流程和数据流程,分析组织系统的处理逻辑,明确系统建设目标,构建新系统逻辑模型。

7.1.1 系统分析的主要任务

1) 了解组织系统现状

通过问卷、座谈、访问等调研方法,深入组织开展调查工作,以获得组织信息,勾画系统组织结构图,获得人员结构信息,把握工作人员职权职责;厘清各项业务内容及业务来往方式、对外对内联系方式;捋清组织运转模式,掌握组织运营现状。

2) 根据用户需求确定系统逻辑模型

在掌握组织系统现状的基础上,了解用户需求,包括当前系统存在的问题,希望新系统提供的功能,系统的性能要求,对单机、服务器等设施的要求,开发时间以及开发方式的要求等。系统分析人员在用户的配合下获取以上信息后,初步与用户确认,再经详细调查分析,进一步明确系统的功能、性能要求,最终以系统需求说明书的形式将需求予以明确。

在系统需求引导下,系统分析人员运用系统开发理论方法,确定新系统目标和功能逻辑,并通过图表与文字相结合的方式表述新系统各项功能与性能,形成新系统逻辑模型,为后续系统设计奠定基础。

7.1.2 系统分析的主要内容

1) 确定系统目标

通过访谈,了解用户需求,充分与用户进行沟通,明确用户希望系统能完成哪些功能,性能如何，可以通过什么方式帮助用户提升工作质量，提高组织单位竞争力。进而，系统分析人员以系统工程的思想给予用户建议，共同确定系统目标。

2) 明确达到预期目标所需要的设备和技术

在系统目标指导和制约下，将目标进行分解，评析现有软硬件资源优缺点。根据系统目标完成需要，结合组织单位系统开发预算情况，进行设备和技术的选择，以支持目标的实现。

3) 建立方案的逻辑模型

在对组织进行详细调查的基础上，理清组织结构，明确人员职权职责；对业务流程进行分析，画出业务流程图，将组织各环节处理业务及信息来龙去脉捋清楚；分析数据在组织内的流动情况，绘制数据流程图，并对业务流程和数据流程进行优化；进一步利用结构化语言、判断树和判断表描述处理逻辑，构建新系统逻辑模型，借助图表工具表达和描述展示，方便用户和分析人员对系统提出改进意见。

4) 构建评价标准进行评价

新系统逻辑方案提出后，应对其展开评价。在此之前，先行根据用户需求和系统工程原理方法构建方案评价指标体系，该评价体系也要得到用户的认可。之后根据评价标准对方案进行评价，积极采纳用户最新意见，争取在这个阶段掌握好用户需求，防止后续返工。

5) 提出系统分析报告

系统分析报告是整个系统分析阶段的成果和总结性文件，也是下一阶段系统设计的依据。值得注意的是，系统分析报告需要同时得到系统开发单位和系统使用单位领导的认可，也是双方后期系统验收的一个重要标准。

7.2 系统的详细调查

7.2.1 系统详细调查的内容

1) 系统界限与运行状态调查

在详细调查过程中，调查人员需要明了系统界限，理清系统内部功能、联系，同时也要搞清楚组织跟外界关联关系，组织内部各子系统之间的关联关系，了解系统及各子系统当前运行状态。

2) 组织结构调查

组织结构是组织中正式确定的，使工作任务得以分解、组合和协调的框架。组织结构既体现了组织内部分工，又体现了组织纵向管理层级。常见的组织结构有直线制组织结构、职能制组织结构、直线-职能制组织结构、事业部制组织结构、矩阵制组织结构等。在详细调查阶段，要调查清楚组织层级关系、人员分工情况等，明确组织运行方式，在了解组织结构现状的基础上，分析组织结构存在的问题并在后续进行修正，最终画出组织结构图。

3) 管理功能调查

为了实现系统目标，系统必须具备组织所需功能。而所谓功能，是完成某项工作的能力。在系统目标约束下，通过详细调查，规划子系统；通过管理功能调查，明确各子系统功能,画出管理功能图,让后续子系统研发有的放矢。

4) 业务流程调查

业务流程是指为达到特定目标而进行的一系列有先后逻辑关系的操作过程。业务流程无处不在,如组织单位的研发流程、生产流程、销售流程、财务流程等。为更好了解组织运营情况,有必要对业务流程展开调查,系统分析员在熟悉业务流程的基础上,要善于发现流程的不合理之处,并对其进行优化,甚至重组,画出系统最终业务流程图。

5) 数据流程调查

数据流程是指数据的采集、输入、加工处理、传输、存储、输出等全过程。数据流程调查过程中,需要在业务流程图的基础上,舍去物质要素,明确数据来源、数据处理、数据流向,就数据流程的合理性进行分析,为后续分析奠定基础。

6) 约束条件调查

由于资源的稀缺性及组织单位权力利益分割等情况,在系统开发过程中,会形成系统约束条件,主要体现在:①用于系统开发资金的多少,会对硬件和软件带来多大的影响;②原有职位、职权设置是否合理,如果推行实施新的系统,会受到哪些阻力;③领导的态度对系统开发的成功与否至关重要,组织单位领导是否积极支持推行新系统等。在系统详细调查过程中,要充分调查各种约束条件,降低后续系统开发实施的阻碍。

7.2.2 系统详细调查的原则和方法

1) 系统详细调查原则

(1) 真实性

真实性是系统调查的根本原则。在调查过程中,必须确保对组织结构、人员职权职责、数据流程、业务流程以及用户的需求进行真实可靠的调查,只有做到真实可靠,才能为系统分析提供客观依据,为业务流程和数据流程修正提供保障。

(2) 启发性

组织的运转规则,组织成员是最了解的,但是组织成员对业务了解,对信息系统的开发却不一定专业。为获得良好的调查效果,深入了解组织运转情况,系统分析人员需要与组织成员展开深入的沟通交流,引导组织成员提供调查需要的信息,调查的启发性必不可少。在具体调查中,调查员可以通过预设场景,利用开放式问题启发员工答复,获取信息。

(3) 自顶向下全面展开

组织高层管理决策需求的满足是系统开发的难点,组织高层的配合程度对系统开发工作的顺利推行至关重要。任何系统都具有层次性,下层工作受到上层的约束。基于此,在调查过程中,需要按照自顶向下的方式展开调查工作,明了各层次对系统的要求,以及层次与层次之间的关联关系。

(4) 点面结合

一个系统的开发对组织工作必然会带来全面的影响。哪怕只是组织某部门子系统的实施运行,也需要从整个组织层面考虑,如费用的划拨,新系统运行后如何与组织内该子系统外部工作衔接,系统开发全面需求和制约条件的把握。同时需要对系统的重要部分进行重点关注,点面结合,灵活把握系统现状与需求。

2) 系统详细调查方法

（1）召开调查会

召开调查会是非常重要和常用的调查方法，又称会议调查法，指利用会议的形式进行调查。一般在调查前，先准备好调查提纲，并将调查提纲提供给参会人员，让参会人员提前准备，方便会议上的沟通。在会议上，可以由与会各方将自己的想法提出来，有不同意见也可以在会上讨论，方便进行深入沟通交流，获得更多非结构化的信息，调查会方便各方达成共识。

（2）问卷调查

问卷是指为获取相关信息而设计问题的材料，可以包含封闭式和开放式问题，一般情况下以封闭式问题为主。问卷调查法是最常用的调查方法之一，是指根据一定调查目的，以发放问卷的形式，向被调查者收集资料的一种方法。在系统详细调查阶段，可以由分析人员根据以往经验及对组织单位的了解设计问卷并在组织内分发，由组织相关人员进行填写。该方法可以有效获得制式信息，方便统计分析。

（3）访谈

访谈法指调查人员与受访人员直接进行沟通交流，由调查人员直接询问被调查者，通过被调查者的答复而收集资料的一种调查方法。相比调查会，访谈人员一般比较少。访谈法灵活性较高，可以拉近调查人员和受访人员之间的距离，调查人员可以采用访谈法深入了解受访者工作现状以及对系统的需求，围绕系统输入输出、信息来龙去脉、组织及处理等进行交流，充分听取各方面的要求和希望，获得较为详细的定性、定量需求。受众小的特点使访谈效果具有两面性，一方面可以让调查更加深入，另一方面会谈每次参与的人数少，要全面了解用户需求就必须进行多次访谈，会增加调查人员的工作量，消耗调查人员更多的时间和精力。

（4）直接参与企业实践

实践出真知，参与企业实践活动是一种非常有效的调查手段。在调查会、问卷、访谈等方法不能很好奏效的情况下，调查人员直接参与企业实践，身临其境，可以更加有效地把握第一手资料，较深入地了解数据的发生、传递、存储等工作内容，有利于弄清楚企业复杂的业务流程和数据流程，此法尤其适合调查难点的部分。但是此种方法对调查人员的要求较高，要具有能完成企业相关业务工作的能力，耗时比较长，数据整理工作繁杂。

7.3 业务流程分析

在详细调查的基础上，完成现行系统的组织机构及功能分析，主要包括三个方面的工作：组织结构分析、业务功能分析、组织与功能关系分析。通过组织结构与功能分析，为业务流程分析奠定基础。

7.3.1 组织结构分析

组织结构分析主要根据系统调查资料，画出组织结构图。通过组织结构图反映组织内上下级层次管理隶属关系以及各部门间的横向交叉联系。根据国内外先进管理经验，利用管理学原理,以及系统分析人员系统开发经验,判断各职能部门设置是否合理、职能职责是否明确、是否真正发挥作用。以系统开发人员的视角,判断当前组织结构是否适合系统的运行,如果不行,则向组织提出解决方案,供组织决策者调整组织结构进行参考。

组织结构经组织和系统开发人员认可后,即可画出组织结构图。组织结构图一般用树形图进行描述。从上往下,分层次进行划分。绘制时应注意,除食堂、幼儿园等后勤部门外,与生产经营有关的部门要全面准确反映。图7.1即是典型的组织结构图,总经理下属办公室、财务总监、管理市场营销部的副总经理、管理质量生产等工作的副总经理,以及总工程师,财务总监下设财务核算部、审计监察部和比价办,总工程师下设技术开发中心和资料中心,该组织结构图画出的是相对上层的组织结构,在需要的情况下,各部门可以继续往下划分,直到最基层组织。

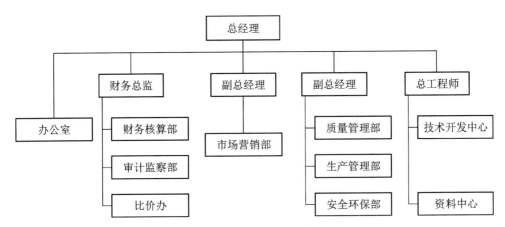

图7.1 某企业组织结构图

7.3.2 业务功能分析

为了实现组织目标,任何系统均需要具备一定功能。对于组织结构来说,随着组织的发展、时代的变迁,组织结构需要随之进行相应的调整。但是不管组织结构怎么改变,组织所实现的功能是相对稳定的。如某企业质量检测功能在成立专门的质检部门之前,由生产部门和仓库交叉分管,成立质检部门后,由质检部门专门负责。这种情况下,尽管组织结构已经发生了改变,但是质量检测功能不变。组织的功能对系统的开发具有约束作用。以组织结构图为背景分析各部门功能,分层次进行归纳整理,形成各层次的功能结构图,然后按照自上而下的思想,将各层次功能结构图进行整合,形成以系统目标为核心的整个系统的功能结构图。图7.2为某企业功能结构图,其核心目标为经营管理,下属五个二级功能结构,分别为生产、销售、研发、财务和人事。各二级功能结构下分别还有三级功能结构,生产下有生产计划、材料管理、设计与技术;销售下有市场预测、经营计划和合同管理;研发下有新产品设计、新产品论证和研发计划;财务下有财务预算、成本核算和工资劳务;人事下有人员招聘、人员培训和绩效设计考核。

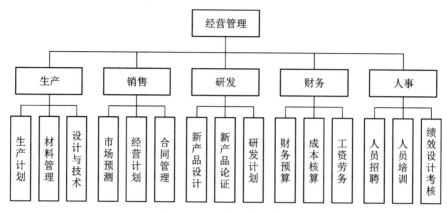

图 7.2 某企业功能结构图

7.3.3 组织与功能关系分析

组织结构图反映了组织内部上下级纵向隶属关系。但是部门之间的横向联系,职位工作内容以及职位之间相互协作内容难以在组织结构图上展现。业务功能图可以有效地展现组织功能,但却不能很好地展现组织结构。为了发挥两者的优势,明确各部门承担的业务及实现的功能,将组织结构图和业务功能结构图整合起来,形成组织/业务功能关系表。表 7.1 即为某企业组织/业务功能关系表,表中横向标题表示各组织部门,纵向标题表示业务功能,中间具体标注表示各组织部门在执行业务完成相应功能时扮演的角色。

表 7.1 某企业组织/业务功能关系表

功能	组 织										
	计划科	总工室	技术科	生产科	供应科	设备科	销售科	质检科	人事科	研究所	仓库	……
计划	○	√		*	*	*	*				*
销售							○	√			*
供应	√				*	○					√
人事									○		
生产	√	○	*	○	*	*	√	*			√
设备更新		√	*			○				√	
⋮											

注:"○"表示该项业务功能是对应组织的主要业务;"*"表示该项业务功能需要对应组织辅助协调;"√"表示该项业务功能与对应组织相关。

7.3.4 业务流程图

组织/业务功能关系表可以反映某处的业务关系,但是业务来源、业务的流向不能清晰地表示。要想对现行系统有更深入的了解,对业务流程的把握尤其必要。业务流程调查工作量大、烦琐,需要非常细致地进行。在调查过程中可以依托组织/业务功能关系表,以业务流程的视角,捋清组织单位的业务进程,画出业务流程图。

1) 业务流程分析的任务

业务流程分析的任务是在业务功能分析的基础上,以业务流程产生、处理、流出的视角,理清组织业务流程过程,发现和处理系统调查工作中存在的问题,提出改正方案。同时分析业务流程的合理性,修改和删除原系统不合理部分,对组织业务流程进行优化,为新系统数据模型和逻辑模型构建奠定基础。然后用标准化图形符号将业务流程中的每个步骤链接起来,绘制成系统业务流程图。

2) 业务流程图图例

业务流程图是掌握系统运行情况、建立新系统逻辑方案不可或缺的环节,是系统分析和描述现行系统的重要工具,是业务流程调查结果的直观展示。业务流程图可以有效反映系统各机构业务处理过程,体现了现行系统界限、环境、输入/输出关系、处理和数据单据等。业务流程图常用元素包括实体、单位、报表单据、信息传递过程等,其对应图例如图7.3所示。

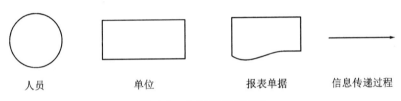

图 7.3 业务流程图图例

3) 业务流程图的绘制

绘制业务流程图,要先了解业务流程,在此基础上,顺着业务的主干方向,依次画出各个业务模块,并将相关名称或解释置于图内即可。业务流程图画完后,需要检查是否有遗漏,是否存在异常业务流程,如果存在,如何进行修正优化,需要找到相应解决方案。下面将举例说明业务流程图的画法。

【例7.1】 某公司的仓储管理流程如下:

车间提出材料领用申请,仓库库长根据用料计划对领料申请进行审核,将不合格的领料申请单退回车间,批准的领料申请单交给仓库库工。仓库库工收到已批准的领料单后,核实库存账,如库存充足,则开领料通知单给车间并变更材料库存账和用料流水账;如变更后的库存量低于库存临界值,库工下发缺料通知单给采购员。采购员查询订货单,如果已订货则开催货单给供货单位,未订货则开补充订货单给订货单位。供货单位备好货后,发入库单给库工,库工组织入库,更新库存账,并且库工根据一定的频率或在需要的时候根据用料流水账生成库存报表供有关部门查阅。

要求根据以上仓储管理流程画出对应业务流程图。

整个业务流程图从车间出发,车间作为单位,绘画为矩形。车间向库长发出领料单,则从车间出发,引出领料单,指向库长。库长是否审批需要查阅用料计划,故而用料计划指向库长,返回信息,若有用料计划,从库长引出已批准领料单给库工,若没有,则引出未批准领料单指向车间。库工需要查询库存账,故而库存账指向库工,若库存够,库工处引出领料通知指向车间,同时更新库存账和用料流水账,即箭头由库工指向库存账和用料流水账。当库存不足时,库工处引出缺料通知单指向采购员。采购员需要查询订货单,因而订货单指向采购员,已订货状态下,从采购员处引出催货单指向供货单位,未订货状态下,从采购员处引出补充订货单指向供货单位。备好货后,由供货单位处引出提货通知单指向采购员,采购员引出入库单指向库工,此时库工需要更新库存账,即箭头由库工指向库存账,形成双向箭头。同时库工根据一定的频率或在需要的时候根据用料流水账生成库存报表供有关部门查阅,则需要箭头从用料流水账指向库工,形成双向箭头,并从库工处引出库存报表指向有关部门。至此业务流程图绘画完毕,结果如图7.4所示。

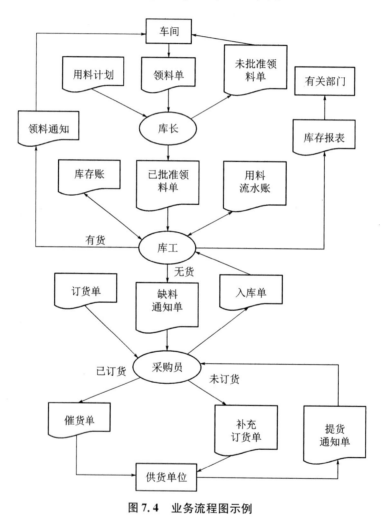

图7.4 业务流程图示例

7.4 数据流程分析

为满足系统用户使用需求,系统分析人员应在详细调查的基础上,对收集的资料进行整理、加工、分析,抽象出能反映组织数据信息流转的部分。数据流程分析就是舍去具体组织机构、物资、资料等,将数据信息在组织内部流动的情况抽象独立出来,仅以数据流程的视角考查组织运转模式,并在了解现有数据流程的基础上,发现和解决数据流动中存在的问题,消除数据流动的不合理性,优化数据流程。

7.4.1 数据内容

巧妇难为无米之炊。要想进行数据分析,绘制数据流程图,首先要将需要的数据收集起来。数据收集过程中,要明确数据收集的内容,即收集什么数据。一般情况下,各部门的报表、会议记录等正式文件,各种办事规则、程序等说明文件,外部实体的文件、协作说明书、经验材料等,都是需要收集的数据。在数据收集过程中要记录好各种数据的发生频率、发生量、数据的来源、数据处理的方式、数据处理后的流向,统计报表的记录如表7.2所示。数据涉及的种类包括输入数据类、过程数据类和输出数据类。

表 7.2 统计报表

报表名称	处理单位	报表来源	报表流向	频率
销售月报表	销售部	销售部	上级领导	1次/月
财务季度报表	财务部	各业务部	上级领导	1次/季度

1) 输入数据类

输入数据类是原始数据,即系统的基础数据。输入数据类是新系统运行后各子系统要用到的或网络传递的内容,需要预先输入存储的,过程数据类和输出数据类都建立在输入数据类基础之上。

2) 过程数据类

过程数据类是指在组织运行过程中,依托基础数据产生的数据,如各部门的各种台账、报表、记录文件等,过程数据类是新系统要存储的、相互连接、调用和传递的主要内容。

3) 输出数据类

输出数据类主要是为了满足管理者决策的需要,为管理者辅助决策提供的数据。典型的输出数据类有根据输入数据和过程数据产生的各种报表、统计分析结果,甚至是智能化决策方案,是新系统输出和传递的主要内容。

7.4.2 数据分析

数据分析是指将调查获得的数据进行审核,去除无效数据,去伪存真地对数据进行分类汇总,经过加工整理后,获得有条理化的数据,再进行分析,满足数据的一致性,为系统数据资源的存储应用奠定基础。

1) 数据分析方式

(1) 内部数据分析

针对内部系统目标的实现,分析在信息处理方面需要哪些信息,目前有哪些信息,还缺少哪些信息,在已有的信息当中哪些信息是冗余的;分析信息的时效性、精度要求是否能够满足当前的需要;分析信息对于决策预测的支持等。

(2) 环境数据分析

内部系统目标的实现，除了内部数据支撑的功能外，不可避免地需要与环境进行数据交换，这也是系统能由不同子系统构成的缘由。因此，在数据分析时，需要对环境数据展开分析。以现有内部系统为出发点，分清相关信息从哪里来、有什么用、会受到哪些因素的影响，把握系统关联信息。

(3) 流程数据分析

基于流程管理的视角，分析收集过来的数据和信息是否全面完整，是否客观反映了组织单位业务数据实际流动；分析当前的数据信息存在的问题，提出改进方案，并对改进后的方案在信息收集、加工、存储等方面有什么新要求一同展开分析，明确各数据流程在系统中的地位。

2) 数据汇总分析

数据汇总工作繁杂，一般可根据以下步骤进行：

(1) 分类编码

将收集到的数据资料按照不同类型进行分类编码，一般按照出现先后顺序排列。

(2) 完整性分析

数据的完整性是指数据的精确和可靠性，是从原始数据开始到最终数据输出整个过程的正确保障，一般包括实体完整性、域完整性、参照完整性和用户自定义的完整性分析。实体完整性分析要求每项实体数据是唯一的；域完整性分析要求满足数据使用时对取值范围和精度的要求；参照完整性分析是要确定数据过程来源，防止数据丢失或无意义的数据在数据库中扩散；用户自定义完整性分析是为满足用户数据特殊需求的分析。

(3) 数据来源与终端分类分析

通过理顺数据的来龙去脉，找出数据的初始数据源，将初始数据源进行归类整理。同时找出终端输出数据加以整理。数据源是数据库的主要内容，终端输出数据是管理业务需要的主要指标。

(4) 确定数据类型、字长与精度

数据来源确定后，要根据数据现实使用情况，确定数据类型，如"姓名"为字符串型数据，"工资"为数值型或者货币型数据，此外，还有逻辑型等数据类型。除了要确定数据类型，还要根据需要确定数据的字长和精度，为后续数据库设计奠定基础。

3) 数据属性分析

(1) 静态分析

数据静态分析包括对数据的类型和长度、数据的取值范围、数据发生的频率、峰值数据流量和峰值出现时间、数据出现的周期、数据的重要程度和保密程度，以及数据由哪里产生和使用等展开分析。

(2) 动态分析

数据动态分析包括固定值属性、固定个体变动属性和随机变动属性分析。固定值属性是指具有固定值属性的数据，数据值一般不会发生改变。固定个体变动属性是指具有固定个体变动属性的数据项，对总体来说不变，但是对个体来说是变动的。随机变动属性是指具有随机变动属性的数据项，个体是随机的，个体的取值也是随机的。如图 7.5 所示，在职工信息表中，职工代码、姓名、部门都属于固定值属性的数据，一般放在主文件中；电费属于固定个体变动属性的数据,一般放在周转文件中;病事假扣款属于随机变动属性的数据,一般放在处理文件中。

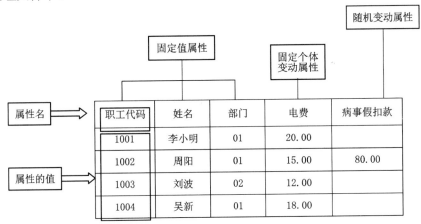

图 7.5　数据的动态分析实例

7.4.3　数据流程图

1) 数据流程图的组成及图例

系统处理过程中,往往将系统进行分解简化,分解是系统分析过程的核心。数据流程图是描述分解的基本手段,运用"外部实体""数据流""处理""数据存储"等概念及其相互关系,描述系统数据流向,直观反映系统各个组成部分关联关系。数据流程图舍去了系统内部具体物质,具有抽象性和概括性,是一种能全面描述信息系统逻辑模型的重要工具。数据流程图图例如图 7.6 所示。

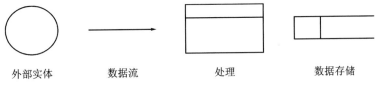

图 7.6　数据流程图的组成图例

(1) 外部实体

外部实体是相对内部系统而言的。外部是指系统之外的人和单位,这些人和单位与系统存在信息传递关系。外部实体一般用圆形表示,外部实体名称置于圆形内。

(2) 数据流

数据流是由一组成分固定的数据组成,表示数据的流动方向,反映系统各部分之间的信息传递关系。数据流一般用箭头表示,将传递的数据名称标于数据流符号旁。

(3) 处理

处理是指对数据进行变换,用来改变数据值。处理需要有输入和输出,接收输入数据后,根据功能需要展开处理,并将处理后的结果进行输出。处理一般用矩形表示,矩形的上部标注处理对应关系的标志,矩形的下部标注处理的名称。

(4) 数据存储

数据存储是指台账、档案、文件等存储数据,用作存档或文件查询的来源。存储一般用右侧开口的矩形表示,左侧部分填写数据存储标志,右侧部分填写数据存储名称。

2) 数据流程图的形成

数据流程图的形成过程是数据分析的重要过程。数据流程图是分层的。顶层数据流程图是由基本数据模型和外部实体构成,而后逐步分解"处理",得到下一层更加详细的数据流程图,直到获得每个"处理"和每个文件都能使用计算机处理的底层数据流程图。"处理"分解的过程不一定完全按照组织原有的处理方式进行,主要注重通过"处理"能否取得系统用户需要的输出信息。

第一层数据流程图主要用于抽象化具体细节,反映出系统最主要的逻辑功能,包括最主要的外部实体、输入、输出、概括性处理和数据存储。通过第一层数据流程图,可以清晰地看出系统主要功能是由哪几部分构成的。

逐层往下分解的数据流程图主要是对"处理"的分解。随着"处理"分解的逐步深入,功能越来越具体,数据流和数据存储也越来越多。下层的数据流程图是对上一层的进一步解释,上层处理的输入和输出数据流在下层处理的输入和输出中对应,外部实体也要对应。一般情况下,随着分解的进行,输入输出数据流、外部实体只会增加,不会减少。值得注意的是,数据流程图不是越大越好,也不是越详细越好。过大的数据流程图相互关系纷杂,不利于捋清数据之间的关联关系,一般来说,一个数据流程图里包含7~8个处理为限。同时数据流程图的详细程度取决于对问题理解的清晰程度,如果当前数据流程图已经基本表达了系统的所有逻辑功能和必要的输入和输出,就没有必要再往下分解了。合适的数据流程图大小和详细程度,有利于系统设计人员和程序员通过数据流程图形成明确的印象,方便后续工作的开展。

3) 数据流程图的绘制

绘制数据流程图,先了解数据流程,然后顺着数据的流向以及需要的详细程度,依次画出各个模块,并将相关名称或解释置于图内即可。数据流程图绘制完后,与业务流程图一样需要进行检查、修正和优化。下面举例说明数据流程图的画法。

【例 7.2】 某图书馆借/还书流程如下:

图书馆工作人员判别借书还是还书业务类型。若是借书,通过读者资料库核查读者是否为本馆正式读者,即进行身份确认,如果不是正式读者,则拒绝借书请求,如果是正式读者,则进一步检查借书单填写是否正确,若不正确,拒绝借书请求,若正确,根据库存数据核查书库存是否够借,若否,则返回缺书停借数据给读者,若是,则办理借书,将借书证和书返回给读者,同时更新借书登记表和库存书数据。若是还书,则进行还书单确认,若不正确,则返回无效还书单给读者,否则根据借书登记表,判别是否超期,如果超期,进行罚款处理后办理还书,否则直接办理还书,并更新借书登记表和库存书数据,将借书证返还读者。

根据以上信息画出数据流程图。

第一层仅表示借/还书功能,读者提供借/还书单、借书证,通过借/还书处理,采取对应措施,将书、借书证或拒借信息返回给读者,如图7.7所示。

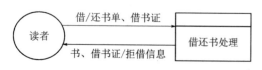

图 7.7 借/还书顶层数据流程图

顶层数据流程图只是功能的粗略描述。为进一步摸清数据流程,还需要在顶层数据流程图的基础上,进行进一步细化,绘出详细的数据流程图。读者作为借/还书处理系统的外部实体,以圆形图标表示,从读者引出数据借/还书单、借书证到判别业务类型(借/还)处理,根据类别分两部分进行。若是借书,从判别业务类型处理传递借书单和借书证信息到身份确认处理,在身份确认时,需要查询读者资料库存储文件,故而有读者资料库指向身份确认处理,若该读者不在读者资料库里,则将拒借信息、借书证从身份确认处理指向读者。若身份得到确认,从身份确认处理指向下一步:借单确认处理,若借书单有问题,则将拒借信息、借书证从借单确认处理指向读者,否则进入图书存量检查处理。图书存量检查需要核对库存数据,库存数据是数据存储,由此数据存储引出箭头指向存量检查处理,若书数量不够,则返回缺书停借数据给读者,否则进入下一步:办理借书。办理借书时,需要更新库存书数据和借书登记表,则由此处理引出箭头指向库存书数据和借书登记表存储文件,同时引出箭头将借书证和书返回给读者,至此借书环节结束。若是还书,则由判别业务类型处理引出箭头传递数据借书单至还书单确认处理,若有问题,则将还书单返回给读者重填,由还书确认处理引出无效还书单数据指向读者,若没有问题,由还单确认处理引出还书单指向判断是否超期处理,若超期,由判断是否超期处理引出罚款单指向办理罚款处理,罚款后或者没有超期,均可从对应处理引出还书单指向办理还书处理。办理还书时,库存会增加,也需要更新库存书数据和借书登记表,因此由办理还书处理引出箭头指向库存书数据和借书登记表存储文件,同时引出箭头将借书证返回给读者,至此还书环节结束。整个数据流程图如图7.8所示。

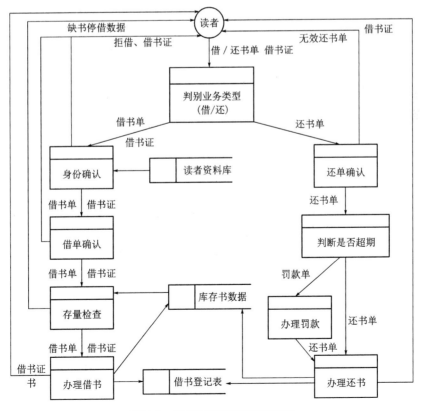

图7.8 借/还书详细数据流程图

7.5 数据字典

7.5.1 数据字典的定义

数据字典是关于数据信息的集合。数据字典建立在数据流程图的基础上，对数据流程图中的数据项、数据结构、数据流、处理逻辑、存储和外部实体等进行定义的工具。数据字典为系统分析和设计提供数据描述信息。

一般来说，数据字典和数据流程图需要进行配合使用，在数据流程图里，可以清晰地展示数据来源、处理及数据流向。在具体操作中，不能将详细数据信息包含在内，否则数据流程图就会非常烦琐，结构不清。数据字典则将数据流程图里的数据进行详细描述，包含内容多，通过输入和输出将不同数据进行连通，但是关联度的可读性差，一次只能知道上游和下游紧靠自己的数据。

7.5.2 数据字典的组成

数据字典包括数据项、数据结构、数据流、处理逻辑、数据存储和外部实体等部分，下面将对这些部分分别进行描述。

1）数据项

数据项又称数据元素，是数据的最小单位。数据字典里的数据项一般包括数据项的编号、名称、数据类型、长度和取值范围。示例如表 7.3 所示，表里包含了三个数据项，分别为产品编号、产品名称和产量。

表 7.3 数据项实例

数据编号	I0001	I0002	I0003
数据名称	产品编号	产品名称	产量
数据类型	字符型	字符型	数值型
数据长度	4	30	5
数据取值范围	0001~9999	15 个汉字	0~99999

2）数据结构

数据结构描述了数据项之间的关系，数据结构能够表达完整的意思。数据结构可以由数据项构成，也可以由数据结构构成，还可以由数据项和数据结构共同构成。示例如表 7.4 所示，表中数据结构即由三个数据结构构成，即产品生产清单数据结构由生产清单标志数据结构、生产单位情况数据结构、产品情况数据结构构成。

3）数据流

数据流主要用来说明数据流是由哪些数据项构成，从哪来，到哪去，一般包括数据流编号、名称、来源、去处、内容、流量等。示例如表 7.5 所示，表示产品入库单由"产品编号+产品名称+数量"构成，来自车间，流向仓库管理员，每天有 10 份。

表 7.4 数据结构示例

DS01-01：产品生产清单		
DS01-02：生产清单	DS01-03：生产单位情况	DS01-04：产品情况
I1：生产清单编号	I3：单位编号	I6：产品编号
I2：生产日期	I4：单位负责人	I7：产品名称
	I5：单位电话	I8：产品数量

表 7.5 数据流示例

数据流编号	D1
数据流名称	产品入库单
来源	车间
去处	仓库管理员
组成	产品编号＋产品名称＋数量
流量	10 份/天

4）处理逻辑

处理逻辑是系统所要完成的一个功能，处理逻辑一般由处理逻辑编号、名称、输入、输出、处理逻辑的功能等构成。一般来说，一个具体的处理逻辑表达是一个比较复杂的问题，要以处理逻辑完全描述清楚比较困难，还要借助判断树、判断表、结构化语言等进一步说明。示例如表 7.6 所示，这是一个有关更新库存信息的处理逻辑，根据出入库信息对库存数量进行更改，并以库存清单输出。

表 7.6 处理逻辑示例

处理逻辑编号	P01
处理逻辑名称	更新库存信息
输入	出入库信息
处理	利用出入库信息将对应物品数量做相应更改
输出	库存清单

5）数据存储

数据存储是指在系统中应该保存的数据结构及其内容。存储是系统的最终资源来源，也是系统的成果，系统用户需要通过数据存储来获得想要的数据。存储一般包括存储编号、存储名称、简述、输入数据流、输出数据流及组成等。示例如表 7.7 所示，表示订单信息文件存储是客户向公司签订购买合同，来自产品订单，由订单编号、日期、客户编号、客户名称、订购产品、交货期等数据项或者数据结构组成,在需要的时候仍以产品订单的数据流流出。

表 7.7 数据存储示例

存储编号	DB01
名称	订单信息文件
简述	客户向公司签订购买合同
输入数据流	产品订单
输出数据流	产品订单
组成	订单编号(数据项)
	日期(数据项)
	客户编号(数据项)
	客户名称(数据项)
	订购产品(数据结构)
	交货期(数据项)

6) 外部实体

外部实体又称为"外部项",表示独立于系统,但又与系统发生相互关联的实体。一般表示数据的外部来源或去向。外部实体不宜太多,如果太多,则说明系统缺少独立性。外部实体一般包括外部实体编号、外部实体名称、输入数据流、输出数据流等。示例如表 7.8 所示,读者作为借/还书处理的外部实体,输入的数据流为书、借书证/拒借信息,输出数据流为借/还书单+借书证。

表 7.8 外部实体示例

外部实体编号	R01
外部实体名称	读者
输入数据流	书、借书证/拒借信息
输出数据流	借/还书单+借书证

7.5.3 数据字典的用途

数据字典是数据模型中数据对象的集合,是系统分析阶段的重要工具。数据字典包含了较详细的数据项信息,能够体现数据的来龙去脉,当每个数据对象确定下来,依托数据对象之间的关联关系,数据字典可以帮助相关人员了解数据对象本身内容,也能有效帮助程序员等系统设计与实施人员理解系统。同时数据字典的表述方式,并不完全遵照计算机系统实现的方式,相比较计算机语言,用户更能接受数据字典的表述形式,数据字典是系统分析人员与用户进行沟通的重要工具,有助于系统分析人员更好地获取用户需求。

7.6 处理逻辑

7.6.1 判断树

判断树是用树形逻辑图来表示功能活动的一种详细分析方法。判断树是一棵倒置的树，一般从左往右画，左侧为决策条件名称，接出具体的决策条件取值，形成一个条件单元。若有多个决策单元，按照顺序以"——"进行连接，这样可以表达多条件判断活动。所有条件完结后，在最右侧对齐表示决策方案，直观易懂。

具体示例如下：某企业人事安排，如果年龄满20岁但不满40岁，且文化程度是小学或中学，若是男性则当钳工，若是女性则当车工；文化程度是大学，则当技术员。如果年龄满40岁及以上者，且文化程度是小学或中学，则当材料员；文化程度是大学，则当技术员。试用判断树表示：

首先在最左侧标注第一个条件名称"年龄"，根据材料内容可知，年龄分为两种情形，分别为20岁到40岁及40岁以上，则在年龄的基础上，引出两条直线，分别将两种年龄的取值标上，这样就完成了一个条件单元判断树的绘画，如图7.9所示。但是年龄的取值还不能确定进行什么样的人事安排，还要接着看第二个条件，即"文化程度"，文化程度分为小学或中学，以及大学，接下来在两种年龄取值右边分别以"——"连接第二个条件名称"文化程度"，根据文化程度的两个取值，像年龄条件一样将取值标注好，完成第二个条件的衔接。接下来是第三个条件"性别"，性别的进一步判断仅在年龄为20岁到40岁且文化程度为小学或中学条件下进行，与"文化程度"一样，将条件"性别"连接上，完成全部条件的绘画。最后是决策结果的表达，在决策树里，决策结果全部右对齐，与紧前条件取值以直线连接，如在性别条件取值"男"后紧跟直线，直线后标注决策结果"钳工"，即对于年龄在20岁到40岁之间，文化程度为小学或中学，性别为男性的人员进行人事安排时，安排钳工的工作，其他决策结果类似画出，可获得如图7.10所示的判断树。

图7.9 一个条件单元判断树示例

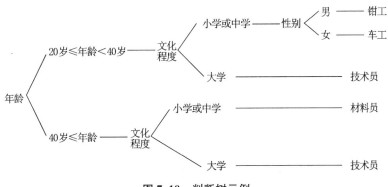

图7.10 判断树示例

7.6.2 判断表

判断表是一种用表格形式来描述处理逻辑的详细分析方法。表格的第一行罗列所有决策规则号,表格的第一列上半部分为"条件"、下半部分为"方案"。"条件"右侧第一列为条件取值组合,"方案"右侧第一列为应采取的方案组合。确定好条件和方案后,判断表的框架即搭建好。接下来要将具体的条件取值和所采取的对应决策予以标注。具体步骤为:首先确定条件行,每个条件概念若取值有 n 个,则要列出 $(n-1)$ 种情况,最后一种可以通过 $(n-1)$ 种情况的否定值获得,紧跟着下方列出所有的方案;接下来确定决策规则的初始列数,由于每个条件取值都只能有满足和不满足两种情况,决策规则的列数要视具体情况而定;获得初始列后,若满足条件取值,则标注"Y",否则标注"N",并在同一列条件取值组合下在相应的决策方案处做上标记,表示该条件取值组合下会采取的决策行动,从而获得初始判断表。如果有两列除了一行条件取值不同,其他都相同,且每列所采取的决策方案也相同,则将这两列进行合并,不同条件取值处用"—"或空进行处理,其他部分不变,直到处理完所有这种情况,获得最终的判断表。

判断表不仅可以进行处理逻辑的判断,帮助系统分析人员弄清楚决策条件和决策结果的对应关系,还可以发现决策遗漏现象,帮助完善决策方案。

具体示例如下:某翻译公司的英文笔译收费标准为,若欲翻译的文档的字数在 2 000 字(含 2 000 字)以内,类型为一般读物的,每千字为 220 元;若欲翻译的文档的字数大于 2 000 字小于等于 8 000 字,类型为一般读物的,每千字为 180 元,类型为专业读物的,每千字为 200 元;若欲翻译的文档的字数在 8 000 字以上,不管是哪种类型的读物,每千字均为 150 元。根据相关描述画出相应的决策表。

先将结构确定好,第一行为决策规则号,第一列上半部分为条件、下半部分为方案。例中有两个大的条件,一个为字数,一个为读物类型。字数有三种可能取值,在条件里任意取两个即可,本例取"字数≤2 000 字"和"字数>8 000 字",当这两个条件取值都为否定时,则为第三种取值:"字数>2 000 字,≤8 000 字";读物类型有两种可能取值,分别为一般读物和专业读物,则在条件中任意取一个即可,本例取"一般读物",当该取值为否定时,则为"专业读物",即在"条件"右侧共列出以上三个即可。方案为每千字 220 元、每千字 180 元、每千字 200 元、每千字 150 元四种,即在"方案"右侧列出四个。将三种条件取值进行排列组合,可以得到六个决策规则。值得注意的是,字数的两种条件不能都为"Y",不会出现字数既是 2 000 字以内又大于 8 000 字的情况,跟现实意义不符。接着依照给定材料的信息,针对每种条件取值组合,在对应的方案下进行"∗"标记,得到初始的判断表,如表 7.9 所示。

通过表 7.9 可知,其中决策规则号 4 下没有任何标记,即没有对应解决方案,出现了决策方案遗漏的情况,即当字数≤2 000 字,读物为专业读物时,没有对应收费标准。这种情况需要及时跟翻译公司进行沟通,确定此条件组合下的决策方案。假定最后决定当字数≤2 000 字时,即使读物为专业读物,收费也为每千字 220 元,则可将初始判断表补充完整,如表 7.10 所示。

表 7.9 初始判断表示例

	决策规则号	1	2	3	4	5	6
条件	字数≤2 000 字	Y	N	N		N	N
	字数>8 000 字	N	Y	N		Y	N
	一般读物	Y	Y	Y		N	N
方案	每千字 220 元	*					
	每千字 180 元			*			
	每千字 200 元						*
	每千字 150 元		*			*	

表 7.10 补充完整的初始判断表示例

	决策规则号	1	2	3	4	5	6
条件	字数≤2 000 字	Y	N	N	Y	N	N
	字数>8 000 字	N	Y	N	N	Y	N
	一般读物	Y	Y	Y	N	N	N
方案	每千字 220 元	*			*		
	每千字 180 元			*			
	每千字 200 元						*
	每千字 150 元		*			*	

针对已经补充完善的判断表再来看看是否可以进行简化。注意查看决策规则号 1 和决策规则号 4，除了读物类型不同外，其他条件取值和决策方案均相同，并且这两列正好取得了读物类型的全部类型，即一般读物和专业读物，满足可以合并的条件。决策规则号 2 和决策规则号 5 也存在类似的情况，也可以进行合并。最终的判断表如表 7.11 所示。

表 7.11 最终判断表示例

	决策规则号	1	2	3	4
条件	字数≤2 000 字	Y	N	N	N
	字数>8 000 字	N	Y	N	N
	一般读物	—	—	Y	N
方案	每千字 220 元	*			
	每千字 180 元			*	
	每千字 200 元				*
	每千字 150 元		*		

7.6.3 结构化语言

结构化语言是利用自然语言和程序设计语言控制结构描述处理逻辑的一种方法,既能利用自然语言的灵活性,也能让程序设计实现人员易读易懂,逻辑性严密。自然语言一般表示具体的条件和处理方式,而程序设计语言控制结构通过"if""then"和"else"等词组成的规范化语言有缩进的构成。

具体示例如下:

邮局邮寄包裹收费标准如下:若收件地点距离在 1 000 千米以外,普通件每千克收费 2.5 元,挂号件每千克收费 3.5 元,若重量(W)大于 30 千克,超重部分每千克加收 0.5 元,若收件地点距离(L)在 1 000 千米以内,邮件类型(T)为普通件每千克收费 2 元,挂号件每千克收费 3 元;则邮寄收费(F)为多少。试用结构化语言对处理进行描述。

```
if L>1000
    if T=挂号
        if W>30
            then F=105+4*(W-30)
        else
            F=3.5W
    else
        if W>30
            then F=75+3*(W-30)
        else
            F=2.5W
else
    if  T=挂号
        then F=3W
    else
        F=2W
```

7.7 新系统的逻辑方案

系统分析阶段的详细调查、业务流程分析、数据流程分析、数据字典、处理逻辑描述都是为建立新系统逻辑方案做准备的。新系统逻辑方案也是系统分析的最终成果,是后续系统设计和实施的依据,主要包括新系统的目标、业务流程、数据流程、逻辑结构和数据资源分布等。

1) 新系统的目标

新系统目标是希望新系统需要达到的具体事项成果,结合系统开发策略、开发方法、系统调查的结论予以确定。新系统目标一般可从功能目标、技术目标和经济目标等方面进行考量,既作为后续系统设计的指导性纲领,也作为系统实施评估的依据。

2) 新系统的业务流程

通过与系统使用单位进行沟通,在系统分析阶段删除不必要的业务流程,合并本应在一起却被拆分的业务流程,修改和优化存在问题的业务流程,从而获得最终新系统的业务流程。在新系统逻辑方案中,除了要明确新系统业务流程外,还要对业务流程尤其是涉及更改的业务流程进行适当的说明。

3) 新系统的数据流程

经过系统分析,明确新系统数据流程,将新系统数据流程通过数据流程图和数据字典的形式列入新系统逻辑方案,同时对新系统数据流程进行调整优化的地方予以说明,帮助系统使用单位及后续系统设计实施人员理解系统。

4) 新系统的逻辑结构

新系统的逻辑结构包括组织结构、功能结构和子系统。以矩阵、图表的形式进行展示,并结合文字说明,指引着后续系统的开发工作,对后续系统的模块化设计、分工安排具有非常重要的影响。

5) 新系统数据资源分布

本部分内容需要明确数据组织形式,如是文件组织形式还是数据库组织形式,同时需要给出数据资源在新系统里的分布方案,包括存储地点和存储设备选择。

本章关键术语

系统分析
系统详细调查
组织结构
功能结构
业务流程分析
业务流程图
数据流程分析
数据流程图
数据字典
判断树
判断表
结构化语言

课后思考题

1. 顾客向导购员提交订单,导购员查询货物库存和客户资料,开销售单,顾客缴费后将付款凭单交导购员,导购员将货物及发货单给用户,并修改库存台账和销售台账。顾客若发现所购货物有质量问题,则填写退货单,向业务主管申请,同意后办理销售退单等手续,并修改有关的库存台账和销售台账。如果主管不同意退货,则向顾客发送不退货说明表单。

请根据以上材料画出业务流程图。

2. 销售科根据用户送来的订货单进行销售处理后向用户发货的业务流程为:"用户"产生"订货单"数据送"判定订货处理"单元,该处理通过查询"用户信用手册"和"库存账"来判定订货处理方式;如果用户值得信赖,并且订货量小于库存量,则产生"D1(订货单)"数据到"开发货票处理"处,处理后产生"发货票"数据一式三份,其中一份送"仓库",由"仓库"给用户发货,另外两份分别送"财务科"和"订货单存档"单元。如果用户值得信赖,但订货量大于库存量,则产生"D2(订货单)"数据到"等有货再发货订货单"存储单元;如果用户不能信赖,则产生"D3(订货单)"数据到"开付款通知单处理"单元,处理后产生"付款通知"数据到用户,同时产生"订货单"数据到"待付款订货单"存储单元。

根据以上材料画出数据流程图。

3. 某超市在其开业周年举行的庆祝活动中,给消费者如下的购物优惠待遇:

如果消费者使用现金消费,一次性消费在500元(含500元)以上的,给予5%的优惠;一次性消费满300元不满500元的,给予3%的优惠;一次性消费满100元不满300元的,给予2%的优惠;一次性消费不满100元的,给予1%的优惠。

如果消费者使用的是超市赠与的现金代购卷,一律不给优惠。

根据以上材料,请画出判断树。

4. 某公司招聘销售主管,要经过四次面试,其判断标准如下:

是否有从事销售的经验,若没有则不雇佣,若有则继续判断工作年限。如果有5年以上工作经验,营销专业毕业的研究生直接进入四面,营销专业毕业的本科生进入三面,非营销专业的研究生进入二面,非营销专业的本科生进入一面;如果工作年限低于5年,营销专业毕业的研究生进入三面,营销专业毕业的本科生进入二面,非营销专业的人员进入一面。

请根据以上材料画出判断表。

协作练习

东南大学成贤学院始创于1998年,2003年经教育部批准更用现名,是由"985""211"重点建设高校东南大学用全新的办学理念和运行模式举办的独立学院,培养普通全日制本科学生。它是东南大学发展事业的重要组成部分,是其在本二层面培养高水平应用型人才、服务国家和社会经济发展的重要窗口。2012年3月,学校顺利完成事业单位法人登记,成为江苏省首批完成事业单位法人登记试点的独立学院。学校具有独立法人资格、独立校园,实行相对独立的教学管理。

学校坐落于东南大学本科教学基地——浦口校区,位于南京市江北新区,地理位置优越,交通便捷畅达。地铁三号线贯通东南大学九龙湖校区、四牌楼校区和东南大学成贤学院,形成南京站、南京南站以及市中心的一小时交通圈,学生可最大限度共享东南大学教学资源。

学校设有建筑与艺术设计学院、电子与计算机工程学院、土木与交通工程学院、机械与电气工程学院、制药与化学工程学院、经济管理学院、基础部等7个院(部),9个党政管理部门,2个直属单位,设有32个本科专业,涵盖工学、经济学、管理学、医学、艺术学多个学科,现有师生员工1万余人。

校园风景优美、绿树成荫、景色宜人,是莘莘学子修身治学的理想之地。学校拥有现代化图书馆和先进的各类实验室,办学设施一应俱全,生活服务方便快捷。校舍建筑面积30万平方米,建有计算中心、物理实验中心、电工电子实验中心三个院级公共实验中心和金工实习基地,总面积约5万平方米,各专业均建有综合实验室。图书馆藏书117万余册,并共享东南大学的全部电子图书资源。校园网主干千兆,覆盖所有教学和行政区域,与东南大学主校区千兆互联。学校现有学生食堂1.6万平方米、浴室1000平方米、超市1000平方米、学生宿舍14.5万平方米。2021年新增成园学生宿舍和食堂投入使用,增加宿舍面积37 737平方米,食堂面积5 195平方米,道路6 400余平方米,绿化面积15 000余平方米。建有大学生活动中心、标准体育场、室内体育馆、足球场、篮球场、羽毛球场、网球场、乒乓球室、健身房等学生活动场地。良好的办学条件和优质的教学资源为培养高水平应用型人才提供了理想的环境。

东南大学成贤学院各组织单位组建了相应的管理信息系统,如教务管理系统、财务管理系统、图书馆管理系统等,但是班级管理系统缺乏,请根据自己的班级情况,分组完成班级管理信息系统的分析。

(资料来源:http://cxxy.seu.edu.cn/107/list.htm)

本章测试及答案

第8章 管理信息系统设计

> **学习目标**
>
> 1. 明确系统设计的任务和方法。
> 2. 掌握模块结构图设计方法。
> 3. 理解代码的设计原则,掌握典型代码的设计方法。
> 4. 能够进行符合规范的数据库设计。
> 5. 掌握典型的输入/输出设计技巧。
> 6. 热爱科技、拥抱技术,适应不确定性、不完备性能力,培育严谨的学习态度和科学精神。

导入案例

基于 B/S 模式的药学教学案例管理信息系统设计

现阶段高等院校虽以多媒体为主要载体开展案例教学工作,但为了避免发生教学案例丢失与涂改等问题,传统教学案例主要采用打印纸质版或电子稿形式保存,同时以线下模式开展案例教学与交流工作,对案例也未做到精细化管理。案例如按照科室、类别、作者分类存储,涉及的工作量大、工作效率低,在管理工作上造成困扰。此外,案例数量累积、更新滞后性、交流不畅及传阅性不强等弊端日益凸显。为了解决案例管理、存储及更新等问题,亟须开发一套信息系统对教学案例进行统一化管理,便于开展课题申报、案例交流与查阅等工作。

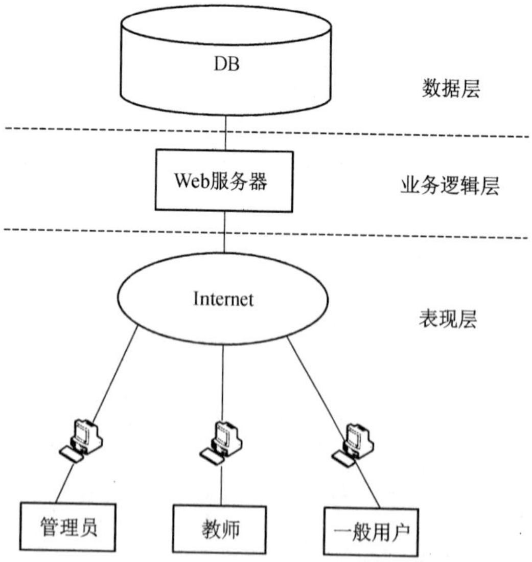

药学教学案例管理信息系统采用模块化结构设计。在开发工具选择上,前端使用当下主流的 Web Storm,具有强大的前端编辑功能。后端使用 IDEA 工具,数据库采用 Navicat for MySQL 可视化管理工具。开发语言采用 Java 和 JSP 编程语言,开发环境选择 JDK1.8。系统采用稳定、兼容性较好的 Windows 7 作为系统开发与运行平台。

系统采用三层架构 B/S(Browser/Server)设计模式,三层架构将系统所依赖的程序与连接的数据库部署在服务器上,使得数据库不与外界进行连接,从而确保数据库与系统的安全性。如图8.1所示,表现层即

图 8.1 B/S 模式三层架构图

用户界面,业务逻辑层负责业务逻辑,数据访问层直接对数据进行操作。因此,B/S模式运行机制是在网页中触发业务逻辑,业务逻辑实现对数据库的操作,最终将操作结果在页面上显示,实现用户交互。在稳定的网络环境中,用户只需登录电脑便可访问系统,避免安装其他插件,实现客户端零维护,如若系统升级与维护等问题可在服务器一端有效实现,从而降低开发成本。

药学教学案例管理信息系统功能模块结构设计如图8.2所示。各功能主要任务如下所示:(1)用户登录模块。主要验证登录者的身份信息,不同身份的人员因权限设置进入系统后的界面显示略有差异性。(2)文件查看模块。用户可查看案例详情信息,按条件筛选案例,对案例的常规操作如收藏与评价等。(3)文件管理模块,管理员对文件进行编辑、修改、上传与删除等操作。(4)案例支付模块。普通用户按需支付案例后,方可查看案例详细信息。(5)系统统计模块。管理员与特殊用户统计并查看案例的评价情况、收藏情况、浏览情况等信息。(6)个人中心模块。用户在个人中心查看已浏览、收藏或评价的文件信息等。

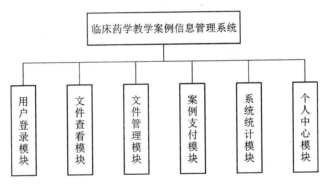

图8.2 案例系统功能模块图

在此设计基础上,进一步对系统进行了开发实现,通过试运行,该系统提高了案例查询效率,实现了案例统一化管理。该系统能够满足高校对于临床案例教学日常工作的要求,可为实现案例信息化管理提供一定的参考作用。

(资料来源:邹士娇,姜道利. 基于B/S模式的药学教学案例管理信息系统设计与实现[J]. 数字技术与应用,2022,40(12):233-235.)

8.1 系统设计的目标及任务

8.1.1 系统设计目标

1) 系统工作效率

系统工作效率主要是指系统对数据的处理能力、处理速度、响应时间等。处理能力是指系统在单位时间内处理事务的多少。处理速度是指系统完成业务处理平均所需的时间。响应时间则是指在联机运行时,从发出请求到得到回应的时间。

影响系统工作效率的因素主要有硬件性能、人机接口设计合理性、计算机处理过程的设计质量等。值得注意的是,在进行系统设计时,系统工作效率目标的设定不只是硬件或软件方面的,而应该包括用户在内的整个系统的工作效率。如销售系统效率,既和系统软硬件性能有关,也跟销售人员的操作熟练程度有关,系统设计时必须要有良好的人机接口,并对人员进行适当的培训,让销售人员熟练掌握系统操作技巧,以提升系统工作效率。

2) 系统的可靠性

系统的可靠性是指系统的防干扰、纠错能力和恢复能力等。系统可靠性要求系统能正常运行,并将正确的结果送到用户手中。系统的可靠性一般用平均无故障时间、系统平均修复时间来进行衡量。

3) 系统的通用性

系统的通用性是指同一软件在不同组织中的可应用程度。系统的通用性好,可以保证在系统的使用条件发生变化时,尽可能少地改变系统。尤其是对于不同组织单位需求类似的情况下,作为使用单位,希望降低系统使用成本,而作为系统开发方,希望尽可能多地满足不同组织单位的共同需求,以降低系统开发平均成本,在此状况下,系统的通用性就显得至关重要。影响通用性的因素一般包括系统功能的完善程度、业务处理的规范化等。

4) 系统的实用性

系统的实用性是指系统为用户提供所需要信息的准确程度、操作的简便性、信息获取的及时性等。系统实用性的高低跟软件、硬件、人机交互均有关联关系,设计人员在输入/输出设计、代码设计、人机界面设计等方面要进行精心设计。

5) 系统的灵活性

系统的灵活性是指当系统面临变化时,系统能进行有效应对。环境在不断地发展变迁,任何系统都不可能是一个百分之百完善的系统。随着系统的运行,一些问题可能就会暴露出来,为延伸系统的使用周期,系统必须具有良好的灵活性。结构化、模块化设计是实现系统灵活性的重要方法。

6) 系统的经济性

系统的经济性是指系统收益与支出的性价比。一般来说,系统效率越高、可靠性越好、越通用和实用、系统的灵活性越强,系统就越好。但是这些指标越好,支出的成本可能就会越高。由于资源具有稀缺性,任何组织单位的资源都是有限的,资金自然也是如此。因此在进行系统设计开发时,必然要考虑使用有限的资金获得最大的收益,要考虑系统的经济性。值得注意的是,系统收益不仅仅是直接财务收益,还包括获得社会效益等带来的间接经济效益。

8.1.2 系统设计任务

1) 总体设计任务

总体设计是将系统设计总任务分解成许多基本的、具体的任务,又称为概要设计。主要包括两方面的工作,分别为模块结构设计和计算机物理系统配置方案设计。

(1) 模块结构设计

模块结构设计是指将系统进行模块化处理设计。确定系统的模块构成,包括确定每个模块的功能、模块的数量、模块与模块之间的关系。

(2) 计算机物理系统配置方案设计

计算机物理系统配置方案的设计是指对系统运行环境的软硬件、网络系统等进行配置设计,确定配置参数要求和数量要求等。

2) 详细设计任务

详细设计是指在总体设计的基础上,对系统设计工作进一步细化,包括处理流程设计、代码设计、数据库存储设计、输入/输出设计等,这些设计方面的具体内容将在后续章节具体展开讲解。

8.2 系统设计的方法

8.2.1 结构化系统设计

1) 结构化系统设计基本思想

结构化设计方法是 1974 年美国 IBM 公司的 W. Stevens 等人提出的,可以将结构化分析和结构化程序设计方法衔接起来进行使用。结构化系统设计遵循自顶向下、逐步分解的原则,以数据流程图为基础,将系统进行模块化设计,层次清楚、体系严谨,每一个模块都是一个相对独立的部分,同时通过模块与模块之间的关联性将模块联系在一起,从而形成一个完整的系统。

模块化设计可以使系统设计工作变得简单起来,结构清晰,可读性和可维护性增强。同时,每一个模块都可以单独被理解、编写、测试和修改,问题波及的范围尽量在模块内解决,防止错误在模块间蔓延。同时模块化设计可以使一个大型程序分解给多个程序员实现,方便了系统设计工作,有助于系统开发工程的组织管理。

2) 结构化系统设计特点

(1) 模块化:结构化系统设计将系统划分为多个相对独立的模块,每个模块都有自己的功能和与外界相连的接口。模块化可以使系统设计更加清晰,提高代码的可重用性,提高系统开发人员的工作效率。

(2) 层次化:结构化系统设计采用自顶向下,逐步求精的方式,将问题逐渐进行分解,形成层次结构。每个层次有每个层次的功能和接口。系统的层次化设计,遵循人们认识事物及解决问题的思路,先从顶层开始,满足高层次目标,逐步分解到底层,完成功能的支撑,提高了系统的可理解性和可维护性,还可以提高代码的可扩展性,方便开发人员根据需要添加新功能。

(3) 图形化:结构化系统设计采用图形化的形式进行表示,非常直观。结构化系统设计有一组专门的图例表示,分别表示模块、调用关系、数据和控制等。根据系统分析阶段的数据流程图,按照一定转换原则,可以将数据流程图转换成模块结构图,进一步将系统向计算机领域转换。

8.2.2 功能模块结构图设计

1) 模块结构图的组成和图标

模块结构图是描述系统结构的图形化工具,用于表达系统内各部分的组成和相互关系,可以反映模块之间的调用和被调用关系,模块结构图一般由模块、调用、数据和控制符号组成,各组成部分图例如图8.3所示。

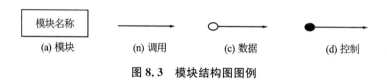

图 8.3 模块结构图图例

(1) 模块

模块是系统中具有相对独立性的单元,可以组合、分解和更换,是组成系统最基本的单位。模块用矩形进行表示,模块的名称标在矩形框内。模块在进行命名时要能反映出模块的功能,一般由合适的动词加名词一起构成,如"计算工时""核算工资"等。系统中任何一个处理都可以看做一个模块,也可以理解为用一个名字调用一段程序语句。

(2) 调用

调用是指一个模块对另一个模块的选择使用,是对两个模块的连接。调用使用箭头表示,箭头为被调用模块,箭尾为调用模块。调用分为三种,分别为顺序调用、选择调用和循环调用。顺序调用为直接调用,如图8.4(a)所示,即为模块A对模块B的直接调用。选择调用根据判断条件,选择其中一个从属模块进行调用,其中判断条件用菱形进行表示,如图8.4(b)所示,即为模块A根据判断条件选择对模块B进行调用或者对模块C进行调用。循环调用指需要重复调用某模块或某些模块,循环调用使用弧线箭头表示,如图8.4(c)所示,即为模块A循环调用模块B、模块C和模块D。

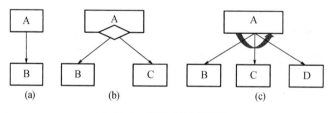

图 8.4 基础调用关系图

同级调用不分前后,只表明调用的关系。一般情况下,绘制模块结构图时会按照人们认识事务的特点从左往右依次画出调用模块,但这不是硬性要求。有时为了避免箭线交叉等原因,在绘制模块结构图时,会调整模块的顺序。

如图8.5所示,模块A调用模块B、C、D,模块B调用模块E、F、G,模块C调用模块F和H,模块D调用模块G和I,按照顺序从左往右绘画模块结构图,存在两处交叉,降低了模块的可读性,需要对模块结构图进行调整。在模块结构图的第二层,将模块B和模块C的位置进行交换,将模块H和F跟着提前并交换,剩下的模块E、G和I顺着写,如图8.6所示,即可以将交叉问题避免掉,形成一个更加清晰的模块结构图。

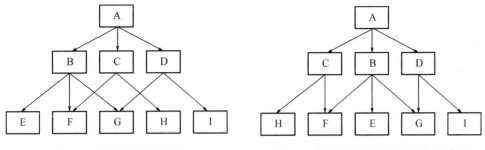

图 8.5　调用交叉模块图　　　　　图 8.6　调用交叉解决方法调整模块图

(3) 数据

当一个模块调用另一个模块时,往往涉及数据的传递,调用模块需要把前置数据传递到被调用模块,经过被调用模块的处理,将得到的数据返回给调用模块。在模块结构图中,数据用带空心圆圈的箭头表示,调用数据的名称标在箭头旁边。如图 8.7 所示,模块 A 将数据 X 传递给模块 B,经过模块 B 处理后,将新数据 Y 返回给模块 A。

(4) 控制

控制是为指导程序下一步的执行而传递的信息,如已读取到文件末、无权限访问、修改无效等情况时,有必要进行控制反馈。控制用带实心圆的箭头表示,控制信息标注在箭头旁边。如图 8.8 所示,模块 A 调用模块 B 对某学生信息进行查询,模块 A 将该学生的学号数据传递给模块 B,但是系统里并没有这个学生的信息,因此返回"无此学生"控制信息,表示模块 B 接收到的学号数据信息有误。

图 8.7　数据调用与返回图　　　　图 8.8　控制信息示例

2) 模块设计原则

(1) 高内聚原则

内聚性指模块内部各个元素之间彼此结合的紧密程度,又称为块内联系。20 世纪 60 年代,康斯坦丁(Larry Constantine)提出了模块的内聚性概念,20 世纪 70 年代又与其他学者一起提出了内聚性理论,作为度量模块的标准。

内聚性是对一个模块内部联系紧密程度的度量指标,主要表现在模块内部各组成部分为了执行处理功能而组合在一起的相关强度。模块的内聚对系统设计方案有非常重要的影响。模块的内聚性是一种非量化的量测,可利用评量标准来确认相关源代码的内聚性的分类。内聚性根据内聚强度,从低到高依次为偶然内聚性、逻辑内聚性、时间内聚性、程序内聚性、联系内聚性、依序内聚性和功能内聚性等。康斯坦丁等人认为,要避免偶然内聚性和逻辑内聚性,联系内聚性和依序内聚性较好,倡导功能内聚性。

(2) 低耦合原则

耦合是模块与模块之间的联系紧密程度的度量。模块之间联系越紧密,耦合性就越强,联系越弱,耦合性就越弱。结构化设计时,要消除模块之间不必要的联系,保留必要的联系,减少系统的复杂度,使系统尽量简单,易于理解。模块耦合性按照耦合程度从低到高依次为非直接耦合、数据耦合、标记耦合、控制耦合、外部耦合、公共耦合和内容耦合等。

(3) 控制扇入/扇出数原则

模块的扇入是指该模块与其上级模块的关系,扇入系数是指其直接上级模块的个数。模块的扇入说明系统的通用性情况,扇入系数越大,调用该模块的上级模块就越多,模块的通用性就越强。

模块的扇出是指该模块与其下级模块的关系,扇出系数是指其直接下级模块的个数。扇出系数要适当,不能过大,扇出系数如果过大,控制与协调都会更加困难,系统出错的概率会急剧增大;扇出系数也不能太小,扇出系数如果太小,模块本身可能过大,需要分解。扇出系数一般以5~9个为好。

如图 8.9 所示,如模块 A 直接下级模块为模块 B、C、D,其扇出系数为 3,同理模块 B 的扇出系数也为 3,但是模块 B 的直接上级模块为 A,其扇入系数为 1,同理模块 F 的扇入为 2,还可求得其他模块的扇入/扇出系数。

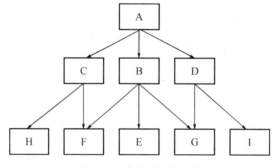

图 8.9 扇入/扇出示例

(4) 依赖倒置原则

依赖倒置原则是指在进行模块设计时,高层模块不应该依赖低层模块,而应该依赖抽象。通过依赖倒置,减少耦合性,提高系统的稳定性,提高系统的可读性和可维护性,降低修改带来的风险。

3) 数据流程图导出模块结构图

系统分析阶段已经获得了数据流程图,在系统设计阶段,需要将数据流程图转换为模块结构图,进一步向信息化转变。从数据流程图转换模块结构图,要分两种类型进行,一种为以事务为中心的转换方法,另一种为以变换为中心的转换方法。

事务型的数据流程图一般呈现束状,通常可以确定一个处理逻辑为系统的事务中心,事务中心一般具有以下逻辑功能:获得原始事务记录;分析事务,确定事务类型;为事务选择逻辑处理路径;确保事务能得到完全处理。如果一个数据流程图可以明显分为输入、处理和输出三部分,那么这种数据流程图是变换型的。

(1) 事务型转换

事务型转换以数据流程图为基础,找到事务处理目标,判断要求处理的事物属于什么类型,针对相应类型,明确专门类型的模块处理。如图 8.10 为一个产品管理的事务型数据流程图。数据流程为根据产品管理要求确定事务处理的类型为"新品录入""注销产品""产品入库"还是"产品出库"。若是"新品录入"或者"注销产品",需要更新产品目录文件,若是"产品入库"或者"产品出库",需要更新库存文件。

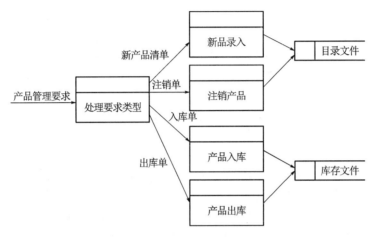

图 8.10 产品管理数据流程图

要将数据流程图(图 8.10)转换为模块结构图,要先明确主要处理为"产品管理系统","产品管理要求"作为初始数据源,通过"获得产品管理要求"得到"产品管理类型"数据,并将此数据返回给主处理"产品管理系统",主处理将数据"产品管理类型"传递给处理"调度",在"调度"处选择相应处理是"新品录入""注销产品""产品入库"还是"产品出库",再确定进行"更新目录文件"或者"更新库存文件"处理。具体的模块结构图如图 8.11 所示。

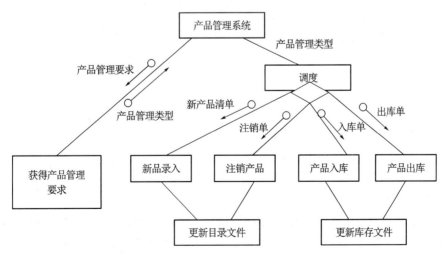

图 8.11 产品管理模块结构图

(2) 变换型转换

变换型转换以数据流程图为基础,找到变换中心,变换中心往往是系统的主处理,确定主处理的输入和输出,依次往下进行,逐步细化,直到到达最原始的输入和最终的输出。如图 8.12 为一个工资处理的变换型数据流程图,数据处理流程为工资处理人员先根据基本工资和奖金核算出职工获得工资的总额,再在工资总额的基础上减掉罚款,获得职工实发工资数,并与工号和职工姓名一起作为工资清单的内容进行工资清单的打印。

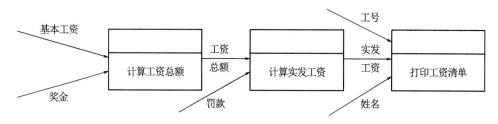

图 8.12 工资处理数据流程图

要将图 8.12 工资处理数据流程图转换为模块结构图,先明确最核心的功能是"计算工资",将"计算工资"作为模块结构图的最上层。将原始数据"基本工资"和"奖金"作为输入数据输入到下层处理"计算工资总额",经过该处理,获得"工资总额",将"工资总额"返回到主处理"计算工资",主处理将"工资总额"作为输入,与"扣款"一起作为处理"计算实发工资"的输入,经过该处理获得"实发工资"返回到主处理"计算工资",再由主处理"计算工资"将"实发工资""工号""姓名"一起作为输入,进行"打印工资清单"。具体的模块结构图如图 8.13 所示。

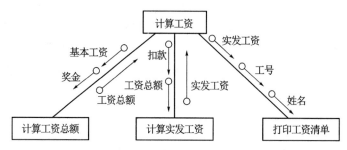

图 8.13 工资处理模块结构图

4) 模块结构图评价

(1) 系统的深度与宽度

系统的深度指系统结构图中的层数,系统的宽度指各层次模块个数的最大值。深度和宽度代表着一个系统的大小和复杂程度。任何系统,深度和宽度要适中。

(2) 模块的扇入数与扇出数

模块的扇入数意味着模块的通用性,模块的扇出数意味着功能的大小。从控制模块的扇入/扇出原则可知,模块的扇入数与扇出数要适中。通常来说,高层模块扇出数较高,中间层模块扇出数较少,底层模块扇入数较高。

(3) 模块的大小

模块的大小指涉及程度的行数,限制模块大小是减少系统复杂性的手段之一。为提高模块程序的可读性与可修改性,一个模块涉及的程序一般能在一张纸上呈现,往往在10～100行之间,当然涉及复杂的算法,也可超过这个范围。

(4) 消除重复功能

在系统设计过程中,如若发现模块与模块之间的功能相似,则应根据具体情况对模块进行必要的分解或者合并,将重复功能消除,尽量提高模块的公用性。主要原因在于当具有相同或者相似功能的程序多次重复出现时,不仅消耗程序开发人员的时间,最重要的是会给系统调试与维护带来困难。

(5) 作用与控制范围

在系统中,某些加工的执行与否依赖于判定语句的结果。为了研究模块结构的合理性,需要对判断的作用和控制范围进行分析。

判定的作用范围指所有受该判定影响的模块。若模块中只有一部分加工依赖于某个判定,则该模块属于此判定的作用范围,若模块全部的执行依赖于某个判定,则该模块的调用模块也属于此判定的作用范围。模块的控制范围指模块本身及其所有下属模块。一般来说,判定的作用范围应该在判定所在模块的控制范围内,同时,判定所在模块在模块层次结构中的位置不能太高。

8.2.3 计算机物理系统配置方案设计

计算机物理系统配置方案的设计是在总体规划基础上,按照新系统目标及功能要求,综合考虑环境、系统吞吐量、系统可靠性和系统资源等情况,对计算机软硬件和网络系统进行选择和配置,并形成一份计算机物理系统配置方案设计说明书,主要包括以下内容:

1) 计算机物理系统配置方案设计概述

计算机物理系统配置方案设计概述对整个系统物理配置方案设计的背景、设计的要求、设计的约束条件、应用环境等进行阐述。

2) 计算机物理系统配置要求

计算机物理系统配置要求主要阐述系统的功能、性能要满足的要求,如可靠性、响应时间、容量要求等。

3) 计算机物理系统具体配置

计算机物理系统具体配置涉及确定的配置,如确定软硬件清单,软硬件名称、规格、型号、性能指标、适用范围等,对于一些特定要求的软硬件,甚至还要列出生产厂家。

4) 计算机物理系统配置预算

计算机物理系统配置预算需要根据计算机物理系统的具体配置,列出软硬件购买、租赁等费用清单,还要包括相关的人员培训费用,以及后期的维护费用,做好预算安排,给出预算结果。

5) 计算机物理系统配置方案评价

计算机物理系统配置方案评价需要根据性能及价格等方面指标进行分析,在满足一定要求的情况下,探讨各个方案的性价比,根据性价比高低确定计算机物理系统配置方案。

8.3 代码设计

8.3.1 代码的概念及作用

代码是指系统中客观存在事务的名称、属性或状态等的符号,可以用数字、字母以及一些特殊符号及其组合表示。在管理信息系统中,代码有利于计算机进行信息的分类、校验、统计、检索、查询等操作。代码的主要意义在于能以较短的符号代替较长的文字说明,简洁明了。如我国的身份证号码,由省市、地区、出生年月日、性别等信息构成,知道身份证号,这些信息就都知道了。具体来说,代码具有以下功能:

1) 识别功能

代码能够反映数据或信息间的逻辑关系,并且代码具有唯一性。例如职工姓名可能会有重名的情况,重名职工不好加以区分,如果使用工号,就可以非常方便地解决这个问题。再如会计科目代码,一般分为四级,长度一般分别为4位、2位、2位、2位,可以有效反映上级科目和下级科目的关联关系。

2) 分类功能

将具有共同特征或属性的事务进行归类,每类以不同的代码来进行表示,从而达到分类的目的。如某学校学生学号有8位,前3位为专业类别,接下来2位为年级,然后1位为班级,最后2位为班内顺序号,8位学号包括专业、年级、班级分类,通过学号可以清晰地界定,有利于计算机识别、分类、检索等。

3) 提高速度

短短的代码可以包含很多信息,并且一类具体事务的代码位长一致,可以有效节约计算机存储空间,有利于检索、修改、更新、快速定位,提高系统处理速度。

4) 提高系统可靠性

代码设计中,可以加入校验位。有了校验位以后,在数据输入、修改、更新的过程中可以进行校验,以保证数据的正确性,从而提高整个系统的可靠性。

8.3.2 代码设计的原则与步骤

1) 代码设计的原则

(1) 唯一性

代码的构成各种各样,但是代码能够唯一代表某一实体或者属性,常常在数据表里作为主键使用。代码的编制应具有唯一性。

(2) 可扩充性

代码的设计使用不能经常发生变动,否则将给使用带来极大的麻烦。但是事务总是在发展变迁中,代码的设计,需要能够满足一定的变化。因此,在设计代码时,需要留有一定的余地,用作以后的扩充。比如产品编码,即使目前产品品类不到10种,代表产品品类的代码也不能只用1位。如果只用1位,一旦产品品类突破10种,整个代码就无法应用了。实际上,要根据需要考虑可扩充性,以便在出现变动时,能顺应变迁,而不需要重新设计新代码体系。

(3) 简洁性

简单有效是代码设计的重要作用。在代码设计时,要注意简化代码的结构,尽量缩短代码的长度,要便于识别和记忆,方便输入/输出,提升输入/输出及处理速度。同时要注意避免容易混淆的字母、数字等符号的应用,以免造成阅读等使用困扰,如 2 和 Z,1 和 L,5 和 S,U 和 V 等。

(4) 适用性

代码的设计要能与编码对象的分类体系相适应,尽量体现编码对象的特点,便于识别记忆的同时,也便于计算机和人工处理。

(5) 标准化

代码的使用,不仅仅是满足系统所在单位内部的应用,还要有助于与外界的沟通交流。该原则有助于信息的交换和贡献,要注重通用性,提升代码应用价值。需要使用的代码,如果有国际标准、国家标准、行业标准等,在代码设计时应尽量采用这些标准。即使还没有这些标准,在代码设计时,起码也要做到代码结构、类型、编码格式严格统一,以期促进代码的通用标准化。

(6) 易修改性

代码具有标准化和灵活性的特点,当系统某些条件发生变化时,为能迅速适应变化,代码要具有易修改性,提升系统的应对能力。

2) 代码设计的步骤

(1) 明确代码设计目的

在代码设计前,需要思考有无必要进行代码设计?代码设计可以解决什么问题?代码设计能否让事务处理变得更加规范、简便?……通过这些问题的回复,明确代码设计目的。

(2) 选定代码编制对象

确定编码对象,明确编码对象包含的项目组成、代码名称和所属系统,确定代码的使用范围以及代码的使用期限。

(3) 分析编码对象特征

任何事物都是独一无二的,在进行代码编制时,需要找到编码对象的本质特征,如编码对象的数量、使用范围、使用期限、使用频率、变更周期、追加及变更情况等,以期找到最合适的代码种类、构成等。

(4) 确定代码编写方法

根据上述代码设计目的、对象特征等具体情况,选择适合的代码种类,确定代码的位数,并确定校验位的算法等。

(5) 编写代码

根据确定的代码编写方法编写代码,形成代码表,同时编制代码设计编写说明书,供不同的系统设计、实施人员查看,以形成系统的统一性,方便后续修改、更新工作。

8.3.3 代码设计的种类

1) 顺序码

顺序码是用连续数字或有序字母代表编码对象的代码。顺序码是最简单、最常用的一种代码。这种代码的顺序往往无关实际意义，只是用来作为分类对象的一种标识。顺序码常常用来作为其他代码里的组成部分。

例如某学校各学院代码如下：

01 计算机及自动化学院

02 土木工程学院

03 经济管理学院

04 化工学院

05 建筑艺术学院

……

另外班内学号也是一种典型的顺序码，如某班有40位同学，一般将这40位同学从01～40按顺序编码。

顺序码优点显著，最大的优点就是简单、方便、易于添加。

顺序码的缺点也很明显，由于顺序码的顺序没有任何实质意义，对记忆形成挑战，并且当需要增加数据时，数据只能排在最后，当需要删除数据时，会造成空码，缺乏灵活性。

2) 层次码

层次码是以分类对象的从属层次关系为排列顺序的一种代码。层次码一般将编码分成几个部分，每个部分有其自身的含义。而且一般左边的层次比右边的层次高。每个层次内部可以采用自己的编码体系，如可以使用顺序码。如某公司组织机构编码由三个层次构成，第一层为公司级，由1位组成，第二层为部门级，由2位组成，第三层为小组级，由2位组成。每一层都采用顺序码编码（表8.1）。

表8.1 层次码示例

公司级	部门级	小组级
1-总公司	01-销售部	01-广告组
2-江苏分公司	02-生产部	02-营销组
3-上海分公司	03-研发部	03-销售组
⋮	⋮	⋮

代码10102即表示为总公司销售部的营销组。

邮政编码也是一种典型的层次码。我国邮政编码由4级6位构成，第1～2位表示省或直辖市，第3位表示邮区，第4位表示县(市)，第5～6位表示投递局(所)。

层次码应用比较广泛，能明确标出对象的类别，并表示各层次间的隶属关系，代码结构比较简单，容量大，检索、分类或排序非常方便，便于处理。但是层次较多时，弹性较差，有时代码比较长，不方便记忆。

3) 十进制码

十进制码中每一位数字代表一类。杜威十进制图书分类编码方法是一种典型的十进制码，于1876年首次发表，后经多次修改。该分类法以三位数字代表分类码，共可分为10

个大分类、100个中分类及1 000个小分类,部分分类如下(其中300表示社会科学,310统计学为社会科学下的子类):

  300 社会科学

  310 统计学

  320 政治科学

  330 经济学

  340 法律

  350 公共行政

  ……

  400 语言

  410 语言学

  ……

4) 助记码

将编码对象的名称、规则等用拼音或者英文单词首字母缩写等形式形成的代码称为助记码,助记码一般具有指代性,便于记忆。例如,"TV-C-55"表示55英寸的彩色电视机,"LDZJ"表示流动资金,"kg"表示千克等。

助记码具有重要意义,但是助记码能表示的含义不能太多,否则容易引起歧义。如"HN"可以有河南、湖南、海南等多种解读。而且助记码不利于计算机处理,往往用于数据量较少的人工处理系统。

8.4 校验码设计

代码包含的信息内容丰富,还常常是数据表的主键。代码的正确输入非常重要,甚至会影响到整个处理工作的质量。代码在输入或复写的过程中容易出错,比较典型的错误有:

换位错误:两个数位调换。如将1357输入成1537。

漏位错误:代码中的某位或某些位输入遗漏。如将1357输入成157。

输入错误:某一位或某些位的数据输入错误。如将1357输入成1657。

为了检查代码的正确性,需要在原有代码基础上增加校验位,让校验位成为代码的组成部分,帮助验证代码的正确性。当代码输入错误时,及时预警。

具体来说,校验码是在原有代码结构的基础上,通过事先设定好的校验码计算方法计算出来的。校验码通常是1位或者2位,附在原代码后面,与原代码一起构成最终的代码。当进行代码输入时,计算机使用选定的算法对输入代码去除校验位后的部分进行计算获得校验码,将计算获得的校验码与输入的校验码进行对比,若一致,则说明代码输入没有错误,否则报错。

校验码的获得方法很多,需要根据具体的需要进行选择。加权求和进行模运算是一种典型的校验码设计方法,具体过程与示例如下:

1) 检验码的设计过程

（1）加权求和

设原代码为：$D_1 D_2 \cdots D_n$

各位权重为：$P_1 P_2 \cdots P_n$

则加权和为 $S = D_1 * P_1 + D_2 * P_2 + \cdots + D_n * P_n$

各位权重可以是自然数，可以是几何级数，也可以是质数等。以下示例是权重为几何级数的：

如原代码为：12345

各位权重为：32 16 8 4 2

乘积之和：$1 * 32 + 2 * 16 + 3 * 8 + 4 * 4 + 5 * 2$
$\qquad\qquad = 32 + 32 + 24 + 16 + 10$
$\qquad\qquad = 114$

（2）进行模运算

模运算的含义为求余，用符号 MOD 表示。

设原代码加权求和结果为：S

模为：M

则模运算的结果 R 可表示为：$R = S \text{MOD}(M)$

M 一般可以取 11,10,9,$\cdots$。

延用上面加权求和结果 114，取模为 11，则经过模运算后的结果为：

$R = 114 \text{MOD}(11) = 4$

（3）求取校验位得新代码

可以将模运算的结果 R，也即余数直接作为校验码，也可以将模与余数的差作为校验码，后者即 $D_{n+1} = M - R$。获得校验码后，将校验码放置在原代码后，形成最终的新的代码。

示例采取模与余数的差作为校验码的方法，可得校验码为：

$D_{n+1} = 11 - 4 = 7$

将 7 放在原代码后，得到带校验码的新代码为 123457。

2) 校验码检验代码正确性过程

可以将输入的代码去除校验码后按原有算法计算获得数据代码的校验码，然后与输入的校验码进行对比，若一致，一般说明代码没有问题，否则说明代码输入错误。

如果将以上代码输入成 132457，则可得到加权和为 122，进行模运算得到的余数为 1，模减余数为 10，这时一般取 0 作为校验码，运算所得校验码 0 与输入校验码 7 不符，说明代码输入有误。

也可根据代码设计过程进行逆运算：

原代码与权数成绩之和加校验码，进行模运算，若得到的结果是整数，则说明输入数据无误，否则输入错误。

校验码能检验大多数错误，但是不能检查出所有错误。如原代码为 12345，权重分别为 54321，模为 11，则新代码为 123459，若将代码输入为 323469，由于输入的代码对应乘以权重得到的和与原代码与权重相乘得到的和相差 11，校验码不变，则不能判断出错。尽管校验码不能检验所有错误,但是输入错误的代码计算得到的校验码跟输入的校验码还能保持一致的概率非常小,校验码得到了广泛应用。

8.5 数据存储设计

8.5.1 数据存储结构规范化

管理信息系统需要处理大量数据,数据以什么形式进行存储,是管理信息系统设计的重要问题。同时,事务总是在发展变化的,数据库里的数据也面临着修改、更新等操作。在对数据进行插入、修改、删除时,需要消除数据表之间的影响。数据表如何设计,可以方便数据的查询和统计。各种应用是千变万化的,但是应用的来源数据应该是唯一的。这就要求在数据存储结构设计时要遵循一定的标准,进行规范化设计,提高数据完整性、一致性和不可修改性,以满足数据应用的要求。

1971 年,IBM 公司的科德提出了规范化理论,该理论以关系数据模型为背景,探讨关系数据库设计应遵循的规范。尽管如此,规范化理论对一般数据库的逻辑设计,依然具有指导意义。

数据规范理论,往往以是否满足范式的形式进行表示,从第一范式的提出,到第二范式、第三范式,再到 BCNF 范式,BCNF 是一种新的定义范式的方式,在 BCNF 范式的基础上,又推出了第四范式和第五范式。但是从一般应用的角度来说,数据表满足第三范式就可以满足基本应用需求了。第一范式、第二范式、第三范式的含义,以及在不满足相关范式时候的处理等知识已在 4.3 节进行了介绍,本部分不再详细说明。

8.5.2 文件类型及文件设计

1) 文件类型

(1) 主文件

主文件是需要长期保存的重要文件,用于存储重要信息。主文件可分为静态文件和动态文件两种。静态文件是指那些内容不怎么变动的数据记录构成的文件,如职工工号、姓名、性别等个人资料文件。动态文件则是指会随着时间而不断发生变动的数据记录构成的文件,如与生产、销售相关的文件等。在主文件中,一般将静态文件和动态文件结合处理,如生产文件中往往包含生产部员工的静态信息,也包含有产量等动态信息。

(2) 业务文件

业务文件是在业务处理过程中临时存储使用的文件,这类文件往往记载了事务发展过程,用于更新主文件或转换成其他文件,如图书借阅文件用来更新图书库存数据文件。一般来说,业务文件存储时间较短。

(3) 输入文件

输入文件是为了提高输入效率,将数据先建立专门的数据文件存储起来,然后经过校验没有问题后,进行导入处理。这种类型的文件,一般用于批处理模式。

(4) 输出文件

在处理完成后,可能会形成新的数据结果,这些结果需要进行打印等输出,那么这些输出结果所形成的文件就是输出文件。

（5）工作文件

工作文件是在处理过程中暂时使用的中间文件,如筛选过程中获得的筛选中间文件,处理结束后工作文件即可进行删除。

（6）转存文件

转存文件是存储数据在一定时间节点时的内容备份,往往是为了应对存储数据在后续处理过程中出现问题的情况,转存文件是为了安全可靠而产生的。

2) 文件设计

（1）了解可使用的计算机系统功能。在文件设计以前,要对可使用的计算机系统进行了解,如存储设备类型、存储容量、可使用的输入/输出终端等。

（2）确定文件设计指标。根据系统要求及资源约束,确定文件设计指标,如文件的数据量、文件的处理频率、文件的存取时间以及文件的保密要求等。

（3）确定合适的文件组织方式、存取方法和介质。为满足文件使用要求,充分利用计算机系统资源,综合考虑研究后,确定合适的文件组织形式及存取方式,并确定存储在什么介质上。

（4）编写文件设计说明书。文件设计说明书包含文件设计约束条件、文件设计目标、文件设计要求及文件设计思路等信息。

8.5.3 数据库设计

1) 数据库的概念结构设计

在系统分析阶段,获得用户的系统需求后,站在用户的角度,设计数据库的概念模型,方便与用户沟通。数据库的概念模型一般用 E-R 图表示,相关知识已在 4.2 节进行了介绍,本部分不再详细说明。

2) 数据库的逻辑结构设计

数据库逻辑结构设计是将数据库的概念结构设计转换成能被数据库管理系统支持的数据模型,并对其进行优化,形成数据库的逻辑数据模型。

不同的数据库管理系统提供了不同的逻辑数据模型,如关系模型、网络模型、层次模型。在进行数据库模型选择时,数据库设计者要根据具体的情况进行决定。当前数据库模型应用最多的还是关系数据库模型。但即使是同一类型数据库模型,具体的数据库管理系统的性能和要求也不一样,数据库设计者要深入了解各种数据库管理系统指标,以便将概念结构模型转换成所选数据库管理系统支持的数据模型。

数据库逻辑结构设计结果不是唯一的,为了提升数据库应用系统的功能,还要根据应用需要适当修正,必要时进行规范化处理。第三范式在性能、可扩充性、数据完整性和数据一致性方面能达到较好的效果,在数据库逻辑结构设计时通常要注意,如果是关系数据模型的设计,必须符合第三范式的要求,如果不是关系数据库,则还需要从关系模型向其他选定模型转换。

3) 数据库的物理结构设计

数据库的物理结构设计就是数据库在物理设备上的存储结构与存储方法的设计。数据库的物理结构设计,与计算机本身和数据库管理系统有关。数据库物理结构设计的主要

内容有:

(1) 数据库文件的组织形式设计:顺序文件组织结构形式和索引文件组织结构形式各有优缺点,数据库物理结构设计时要决定是采用顺序文件组织结构形式还是索引文件组织结构形式。

(2) 存储介质的分配设计:确定什么文件存储在什么类型的存储设备上。一般来说,为提升存取效率,兼顾经济性考量,将容易发生变化的、存取频繁的数据存在高速存储设备上,而那些稳定的、存取频率低的数据存在低速存储设备上。

(3) 存取路径的选择设计:数据库存取路径一般由数据库管理系统决定,常见的方法有:B+树索引方法、聚簇方法和哈希方法。

4) 数据库安全设计

系统在运行过程中,数据库可能存在数据泄露、被篡改甚至删除等破坏问题,为应对这些破坏,数据库需要进行安全设计。数据库安全设计一般包括用户识别与权限设计,加强存取控制,甚至通过数据加密进行数据存取传递,并进行数据跟踪记录,尽可能在数据存在安全隐患时发出警报信息。

5) 数据仓库设计

在进行数据仓库的设计时,首先要根据业务需求确定主题。在此基础上,为满足需求,确定度量指标和数据粒度,设计各个数据维度的主键、层次和层级,减少数据冗余,最后创建事实表。

数据仓库的设计不是仅仅设计一个数据库和用户的接口,还要设计数据装载策略、数据存取工具,并给用户提供培训,在后期应用过程中,还要不断维护。数据仓库的设计是一个不断迭代的过程。

8.6 输入/输出设计

8.6.1 输出设计

1) 输出设计原则

(1) 易于阅读和理解

输出设计是系统向用户输送信息的方式,既用作人机交互,也用来给出用户需要的信息材料。用作人机交互时,如果输出信息不能很好地让用户阅读理解,则无法完成接下来的流程工作。而如果给出的信息是用户需要的材料,可读性差,将对使用效果大打折扣。因此在输出设计时,要考虑输出具有良好的可读性和可理解性。

(2) 即时性

任何信息都有时效性,输出信息也不例外。在输出设计时,系统的即时性,一方面是在用户发出输出请求时,要充分考虑系统输出的延时性,确保输出内容的反应速度;另一方面,要根据需要,当信息更新或在决策需要时,由系统自动核算最新信息进行输出。

(3) 内容有效性

在输出设计时,要充分考虑用户需要的输出内容是什么,输出内容对用户有效是输出设计最根本的原则。所有的输出都需要相应的时间和资源支持,如果输出信息对用户没有意义,这样的输出就没有价值了。因此在系统输出时,要明确各类用户需要系统输出的内容是什么,保障内容的有效性。

(4) 可靠性

输出可靠性是指系统设计时需要考虑输出安全,既要有效保障用户数据安全,又要考虑用户的隐私,让用户在使用时不会受到广告等影响。

(5) 统一性原则

在进行输出设计时,要注重输出界面的一致性,各种操作和内容呈现思路基本相同,便于让用户使用和接受。

2) 输出设计内容

用户是输出信息的主要使用者,输出内容来自系统分析阶段的用户需求。在设计输出内容时,要了解清楚输出内容的使用者、使用目的、对输出速度的要求、输出频率、输出数量、安全性等要求,在此基础上,确定输出信息的名称和形式、输出项目、数据类型、精度、宽度等。

3) 输出数据的方式

数据输出依托于输出设备。常见的输出设备有显示器、打印机、磁盘、磁带、绘图仪、缩微胶卷等,各种输出设备有各自的应用特点(表8.2)。如果需要纸质存档的应选择打印机打印输出;如果只是需要电子版查阅,则用终端显示器是一个不错的选择;如果是为了大量存储电子数据,可以使用磁盘阵列。

表8.2 常见输出设备表

输出设备	终端显示器	打印机	磁盘机	磁带机	绘图仪	缩微胶卷输出机
介质	屏幕	打印纸	磁盘	磁带	绘图纸	缩微胶卷
用途	显示数据文本和图形	打印数据和报表	建立与转存磁盘文件	建立与转存磁带文件	绘制图形	存储信息
特点	响应快、灵活、实现人机对话	便于保存、多份输出、费用低、速度较慢	便于存储和更新、容量大、速度快	容量大、适于顺序存储	图形输出、精度高	体积小、易保存

4) 输出设计的评价

输出设计是系统设计的主要内容之一,输出设计质量的好坏直接关系到用户通过系统是否能够获得满意的信息,关系到用户是否愿意使用该系统。因此在评价系统输出设计时,应站在用户的角度对输出设计进行评价。一般来说有以下几个方面:

(1) 输出设计是否能为使用者提供及时、准确的信息服务。

(2) 输出设计是否充分考虑了各种输出设备特点,根据输出设备特点选择了合适的输出设备。

(3) 输出设计操作是否顺应用户的使用习惯。

(4) 输出设计内容是否具有良好的可读性和可理解性。

(5) 输出设计是否具有良好的灵活性,能够为以后的发展变化留有一定的余地。

8.6.2 输入设计

1) 输入设计原则

(1) 输入最小量原则

系统输入设计应该在满足系统功能需求的基础上,尽量减小输入量。输入量的减少,一方面降低输入工作量,节约输入时间,提高输入工作效率;另一方面提高输入正确性,降低输入出错的概率,更好地保证数据的一致性。

(2) 输入过程简捷性原则

在输入过程设计时,需要让输入尽量容易进行,减少输入的转换,比如减少输入设备的转换、输入方式的转换,以降低错误的发生。

(3) 尽早检验原则

数据的输入错误越早发现,越容易修正,带来的危害越小。要尽早对数据,尤其是关键数据进行检验,确保数据的正确性。

(4) 数据输入界面美观、实用性原则

在数据输入时,数据界面是数据系统内部和用户的接口。数据界面是否让用户接受、是否让用户使用起来操作方便可靠,是决定用户对系统观感的重要因素。因此,数据输入界面必须符合用户的使用要求,做到美观实用。

2) 输入内容设计

系统的应用建立在系统存储数据的基础上。输入数据的来源,一般来自系统调查时获得的各种报表单据。在输入内容设计阶段,要将清楚数据的产生地、数据输入周期、输入信息的最大量和平均量等。输入内容设计是在获得数据源的基础上,根据数据应用的需求,遵循输入设计原则,将输入内容具体化,包括确定输入数据项的名称、输入内容、输入精度和数值范围等。

3) 输入数据的方式

数据的输入依托于数据输入设备。常见的数据输入设备有键盘、磁盘机、磁带机、光学标记读出器、扫描仪等,其中键盘是使用最广泛、最频繁的输入设备。各种输入设备均有自身的特点,具体如表 8.3 所示,系统设计者应该根据使用需要进行合理的选择。

表 8.3 常见输入设备表

介质及特点	设 备				
	键盘	磁盘机	磁带机	光学标记读出器	扫描仪
介质	键盘	磁盘	磁带	输入卡上的光学标记	图纸
特点	适用于少量数据,直接人工输入或用于人机对话等	适用于大量数据的输入,成本低,速度快,携带方便	适用于大量数据的输入,成本低,速度快,携带方便,易于保存	可直接将光学标记转换成编码输入,效率高	适用于图形图像数据的输入

在输入设计时,除了选择输入设备,还要考虑数据录入是批处理还是实时处理。如果系统需要的输入数据产生地远离信息处理中心,并且随机发生,系统对数据的要求实时性高,则要采取联机终端实时输入数据;如果数据产生后,系统并不一定要立马获知,对系统功能的运行没有太大影响,可以等待一段时间集中处理,则可以使用批处理的方式进行数据的输入。

在数据输入时,还要考虑是外部输入、内部输入、操作输入、计算机输入还是交互输入等。外部输入跟外部人员或机构有关,如外部订单的输入。内部输入则是内部系统在使用过程中产生的数据的输入,如新进员工数据的输入、新年度考评数据的输入等。操作输入则是在计算机运行过程中与操作有关的输入,如进行不同选择的控制参数输入等。计算机输入则是指系统内部或者外部计算机通过网络联通将数据输入数据中心。交互式输入则往往是人机对话输入。

4) 输入数据的校验

数据在输入过程中,往往因为各种原因,可能会导致错误。典型的输入错误如下:

(1) 数据源错误

数据源在记录过程中出现了遗漏、记录错误、重复等情况,使得数据源出现了错误。数据源错误多是记录人员在不知情的情况下,在源头上记录了错误的数据。

(2) 数据输入人员输入错误

数据输入人员在输入过程中,由于疏忽等原因,使数据输入产生了错误。如多输入、少输入、重复输入或者错位等错误。

(3) 数据延误

数据延误不是数据内容的错误,而是因为系统的时延产生的。由于输入数据迟缓导致处理延迟,即使最后结果能正确获得,但是数据的时效性已过,数据处理结果可能也会失去意义。

为保证数据的正确性,避免数据输入过程中的错误,有必要对数据进行检验。常见的检验方法有:

(1) 重复输入检验

重复输入是指将数据进行两次以上的输入,往往用于重要信息的输入,以保证数据的正确性。如更改密码时,通常新密码要求二次输入,只有两次输入的新密码一致,新密码才能生效,这种方式也有助于帮助用户记住新密码。

(2) 输入核对检验

输入核对检验是指在输入过程或输入完成后,将输入系统里的内容与原始单据进行核对,以防止原始单据进入系统时出现错误。这种核对一般是依靠人工进行,检验效果跟检验人员的细心和对数据的熟悉程度有比较大的关系。

(3) 输入总数检验

输入总数检验是指对数据原始单据就某个数据项进行汇总计算得到汇总结果,在输入数据时,由系统计算得到数据总值,将原有汇总结果和系统计算结果进行对比,若两者一致,则说明数据输入正确,若不一致,则说明数据输入错误。

(4) 输入界限检验

输入界限检验需要事先确定界限,一般是上限和下限,在界限以内的认为是正确输入,超出界限的，认为是错误输入。如工人的产量都在 100 件以内，当对某个工人生产的产量进行输入时，输入成了 210，那么显然超出了实际产量范畴，则肯定出现了输入数据错误，即可进行预警。

（5）记录计数检验

记录计数检验是指对数据记录的条数进行计数，如果计数的结果和原始数据记录条数一样多，则表示记录计数检验通过。通过计算记录个数，可检验记录是否有遗漏或重复。

（6）逻辑检验

逻辑检验是指对数据进行常规逻辑合理性检验。如性别只有男或女，如果出现了其他内容，那么数据输入肯定错误。再如手机号为 11 位，当输入位数为 10 位或者 13 位时，则出现了少输入或者多输入的情况。另外如身份证号的输入，如果从输入的身份证号里提取的出生月份不是 01~12，超出了 12 个月的范畴，则身份证号的输入肯定存在问题。这些错误，都与人们的认知不符，可以直接进行判断。

（7）格式检验

格式检验是指检验数据记录中各数据项的位数和位置是否符合预先规定的格式。如产品名称规定为 20 位，而实际产品名称最大只有 19 位，则最后一位应该是空白，如果不是空白，则可认定数据输入出错。

（8）平衡检验

平衡检验是指输入数据之间存在平衡关系，系统依托这种平衡关系，检查平衡数据是否平衡，如平衡，则输入正确，否则输入错误。如会计报表里借方和贷方数据要平衡，分类小计和总计要一致等。

5）输入设计的评价

输入是系统运行的基础，对系统正确运行起着重要的根基作用。有必要对系统输入进行评价。输入评价一般从下面这些方面入手：

（1）便于填写。输入界面的设计要简洁、美观、大方，便于用户填写。

（2）便于输入。输入表格设计要符合用户的使用习惯，便于用户输入信息。

（3）便于归档。输入过程中，原始单据的格式要尽量标准化，减少数据格式的转换。

（4）便于检验。输入设计要有保证数据输入正确性的校验措施。

8.7 编写系统设计说明书

系统设计说明书是系统设计阶段的主要成果，是新系统的物理模型，也是系统实施阶段的重要依据，主要包括以下内容：

1）概述

（1）系统设计目标。

（2）系统设计背景，包括系统开发者、系统使用者、系统与其他系统的联系。

（3）专业术语与自定义术语，注意命名的规范化。

2）总体设计

（1）系统模块结构图。

（2）系统运行环境。

① 硬件环境：
- 主机
- 存储器
- 服务器
- 终端与外部辅助设备
- 网络形态

② 软件环境：
- 操作系统
- 数据库管理系统
- 编程语言
- 软件工具
- 服务程序
- 通信软件

3）代码设计

（1）代码设计原则。

（2）代码类型、名称、取值范围、使用范围及要求等。

4）数据库设计

（1）数据存储结构规范化设计。

（2）文件结构设计。

（3）数据库概念设计。

（4）数据库物理设计。

5）输入/输出设计

（1）输入设计。

① 输入内容设计；

② 输入方式选择；

③ 输入校验方法；

④ 输入评价。

（2）输出设计。

① 输出内容设计；

② 输出方式选择；

③ 输出评价。

6）安全保密性设计

关于系统安全保密性的相关说明。

7）系统实施方案及说明

（1）实施方案。

（2）实施进度。

（3）经费预算。

本章关键术语

总体设计
详细设计
结构化系统设计
模块结构图
内聚
耦合
事务型转换
变换型转换
代码
校验码
模运算
主文件

课后思考题

1. 系统设计的目标是什么？
2. 模块结构图设计需要遵循哪些原则？
3. 如何通过数据流程图获得模块结构图？
4. 有哪些典型的校验码设计方法？身份证的校验位是如何设计的？
5. 比较分析典型的输入/输出设备的特点。

协作练习

考试对于学生来说是很平常的事情，随着信息化的发展，很多学校都会建立起自己的考试管理系统。请根据自己学习过程中考试的相关经历，分组就考试管理系统展开系统设计。

要求：

1. 明确考试管理系统功能模块。
2. 根据需要进行代码和数据库设计。
3. 采用统一的人机交互方式，进行良好的界面设计，方便数据的输入。
4. 查询模式方便灵活、通用性强，能快速实现按学生姓名、学号及分数段进行成绩查询。
5. 考虑到学生的升留级和变动情况，对学生信息能够进行及时更新。
6. 系统具有一定操作权限检验功能。

本章测试及答案

第 9 章　管理信息系统实施与评价

学习目标

1. 掌握系统实施阶段的主要任务。
2. 理解并区分系统切换的三种方式。
3. 了解系统运行管理的内容。
4. 了解系统维护的内容。
5. 了解系统评价的指标和方法。
6. 了解软硬件、网络基础知识、软件测试的方法。
7. 了解系统运行维护与更新的重要性与必要性。
8. 热爱科学、拥抱技术,适应不确定性、不完备性能力。

导入案例

LG 公司的管理信息系统升级

LG 化学是韩国著名的综合化工企业,成立于 1947 年。由于业务快速发展和系统老化,LG 化学决定升级其企业资源计划(ERP)系统。旧的系统已经无法满足公司的复杂业务需求,存在以下问题:

(1) 系统老化:由于旧系统的技术和架构已经过时,不能支持现代的业务流程和需求。这使得企业在实现新的业务流程时受到了很大的限制,导致生产效率和业务流程效率的下降。

(2) 数据冗余和不一致性:由于旧系统的数据处理能力有限,很难在不同的业务流程中实现数据的共享和统一管理,这导致数据的冗余和不一致性,使得企业在制定业务决策时受到了很大的影响。

(3) 缺乏可视化和分析能力:由于旧系统的数据处理和分析能力有限,很难为企业提供实时的业务数据和分析报告,这使得企业在了解业务情况和市场趋势时受到了很大的限制,无法及时做出正确的业务决策。

(4) 缺乏流程自动化和集成能力:由于旧系统的工作流程和业务流程缺乏自动化和集成能力,很难实现不同业务流程之间的协作和数据共享,这使得企业在业务协同和生产效率方面受到了很大的限制。

(5) 安全性不足:旧系统的安全性和数据保护能力较弱,无法防范和抵御外部攻击和内部数据泄露等安全威胁,这给企业带来了不小的风险和损失。

(6) 维护成本高:由于旧系统的技术和架构过时,维护和更新的成本较高。此外,系统的不稳定性和容易出现故障也增加了企业的维护成本和风险。

(7) 用户体验差:由于旧系统的界面和用户交互方式不够友好,使用起来不够方便和高效,员工在使用系统时存在较大的困难,用户满意度低。

这些问题严重影响了 LG 化学业务流程的运行,降低了竞争力,也制约了其业务的进一步发展。因此,升级 ERP 系统成为 LG 化学必须面对和解决的问题。

LG 化学选择了 SAP S/4HANA 作为新的 ERP 系统。SAPS/4HANA 是一款全球领先的企业管理软件,可以帮助 LG 化学更好地管理财务、采购、销售和供应链等核心业务流程。LG 化学与 SAP 合作,共同实施了新系统的部署和培训。

(1) 系统实施和配置:SAP 为 LG 化学提供了系统实施和配置的服务,帮助公司根据业务需求设置和优化系统。通过使用 SAP 的最佳实践指导,LG 化学能够更好地规划、管理和控制业务流程和数据。

(2) 培训和支持:为了帮助 LG 化学的员工适应新系统,SAP 提供了一系列的培训和支持服务。这些服务包括在线和现场培训、用户手册和技术支持,以确保员工能够高效地使用新系统。

(3) 数据迁移和集成:在实施新系统的过程中,SAP 还负责数据迁移和集成工作。SAP 将 LG 化学的旧数据转移到新系统中,确保数据的完整性和准确性。此外,SAP 还集成了新系统与 LG 化学的其他系统,以实现数据共享和流程协同。

通过使用新的 ERP 系统,LG 化学能够更好地管理业务流程,提高业务效率和灵活性,增强公司的竞争力。新系统还帮助 LG 化学更好地协同内部团队和供应链伙伴,提高了业务决策的准确性和速度。此外,新系统还提高了数据可视化和分析能力,帮助 LG 化学更好地了解业务情况和市场趋势,进一步提高公司的业务成果。

(资料来源:韩域视窗. 告别 Oracle,韩国 LG 集团的 ERP 系统将全面转换为 SAP 系统[EB/OL].(2023-03-31)[2023-06-25]. https://mp.weixin.qq.com/s/5AURR5hcp2vI7vB_DS7jYQ.)

9.1 系统实施概述

系统实施是系统开发的最后一个阶段,主要任务就是实现新系统的物理模型,为用户提供一个功能丰富实用、运行安全可靠、易于维护扩充、使用简单方便的系统。系统实施阶段的主要任务如下:物理系统的实施,程序调试与系统调试,系统切换,系统维护、运行与评价。其他还有如人员培训等,在此不详细展开。

系统实施阶段的流程如图 9.1 所示。

9.2 物理系统实施

物理系统的实施是指购置和安装硬件设备、软件、建立网络环境。依据系统设计中给出的管理信息系统的硬件结构和软件结构购置相应的硬件设备和系统软件,建立系统的软件、硬件平台和网络环境。

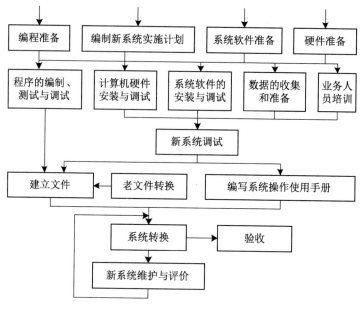

图 9.1 系统实施的流程图

9.2.1 硬件系统的实施

随着计算机技术的不断发展,信息系统建设可以从众多不同厂家、型号的计算机产品中进行广泛的选择。然而,这也给系统实施带来了一定的复杂性。当选择硬件时,需要关注以下问题:考虑系统的性价比是否合理,计算机系统的可扩充性是否良好,供应商是否能够提供售后服务和技术支持等。一般而言,可以通过招标的方式来进行设备选购。

硬件系统的实施主要包括以下几个方面:

1) 硬件设备的选择

首先需要根据管理信息系统的需求和规模选择适当的硬件设备,例如服务器、工作站、存储设备、打印机和网络设备等。在选择硬件设备时,需要考虑系统的可扩展性、性能、稳定性和安全性等因素,以确保管理信息系统能够满足业务需求。

2) 硬件设备的安装

在选定硬件设备后,需要对设备进行安装。这包括搭建服务器机架、安装网络设备、设置硬盘阵列、安装操作系统和应用程序等。在安装过程中,需要确保设备的正确安装和配置,以避免后续出现硬件故障或性能问题。

3) 硬件设备的配置

在硬件设备安装完成后,需要进行设备的配置。这包括设置操作系统、安装应用程序、配置网络和存储设备等。在配置过程中,需要按照设计文档的要求进行操作,确保系统的功能和性能符合需求。

4) 运行环境的建设

除考虑设备的选择和配置之外,还需要关注设备的运行环境建设。由于计算机是一种精密电子设备,对周围环境非常敏感,机房的温度、湿度和地面的防静电措施等都需要特殊考虑。为了满足这些要求,机房通常需要安装双层玻璃门窗,并保持无尘状态。为了确保信息安全,需要安装门禁系统。硬件设备通过电缆线连接至电源,电源线必须安装在活动地板下以避免静电干扰。为了防止突然停电造成的事故,还需要配备不间断电源(UPS)。

9.2.2 软件系统的实施

软件系统的实施包括操作系统、软件开发工具、数据库管理系统以及一些应用软件的开发或者购买。

1) 软件选购

在选购软件时,要先考虑企业实际的需求,其次应考虑软件供应商的实力。当然,在比较各个厂商的软件的优劣时,选购人员也需要具备下述一些基本软件知识:

(1) 了解编程工具。目前比较流行的软件工具一般为编程语言、数据库语言、程序生成工具、专用系统开发工具、客户机/服务器型工具,以及面向对象的编程工具等。

(2) 了解操作系统软件。操作系统软件是指控制和协调计算机及外部设备,支持应用软件开发和运行的系统,是无需用户干预的各种程序的集合。其主要功能是调度、监控和维护计算机系统,负责管理计算机系统中各种独立的硬件,使得它们可以协调工作。在微机上常见的有 DOS、WINDOWS、UNIX、OS/2 等。

(3) 了解应用软件。在企业信息化的过程中,需要根据 MIS 系统的需求和规模选择适当的软件系统,例如 ERP、CRM、SCM、OA 和 BI 等。

2) 数据库系统实施

数据库系统的实施包括购买商品化的数据库管理系统、建立所需的数据库。由于数据库系统涉及硬件和软件,确定数据库系统需要进行综合考虑。下面是实施数据库系统的主要步骤。

(1) 配置数据库管理系统。购买数据库软件可以与硬件同时进行。目前流行的数据库管理系统包括 Oracle、SQL Server、DB2、MongoDB 等。一般选择成熟、最新、功能最强的版本,并要与程序设计环境相一致。

(2) 数据库系统实施。数据库系统实施的主要任务包括以下内容:

① 编写数据库操作的源代码。在完成数据库的物理设计后,系统开发人员使用所选的数据库管理系统提供的数据定义语言或工具,正确描述逻辑结构设计和物理结构设计的结果,生成可接受的源代码。

② 组织数据入库。经过源代码调试并生成目标模式后,可以建立实际的数据库结构并组织数据入库。这是数据库实施阶段的主要任务。

③ 数据库试运行。当数据库试运行结果符合设计目标时,数据库就可以真正投入使用了。数据库的投入使用标志着开发任务的基本完成和维护工作的开始。但是,由于应用环境在不断变化,数据库运行过程中物理存储也会不断变化。

④ 数据库的运行、维护和评估。对数据库进行评估、调整和修改等维护工作是一个长期任务,也是设计工作的延续和提高。在数据库运行阶段,数据库管理员(DBA)主要完成数据库的经常性维护工作,包括数据的转储和恢复、数据库的安全性和完整性控制、数据库

的性能监督、分析和改进,以及数据库的重组织和重构等工作。

9.2.3 网络系统的实施

1) 网络系统实施的定义

管理信息系统(MIS)通常是由通信线路将各种设备连接起来形成的网络系统。MIS网络分为局域网(LAN)和广域网(WAN)两种类型。局域网通常用于楼宇内部和邻近大楼之间的内部联系。广域网则利用公共电信网络实现远程设备之间的通信,例如虚拟专有网络(VPN)。

网络系统的实施主要是通信设备的安装、网络拓扑的选择、电缆线的铺设及网络性能的调试等工作。常用的通信介质有双绞线、同轴电缆、光纤以及无线通信等。

2) 网络系统实施的步骤

网络系统实施的主要步骤如下:

(1) 购置网络系统所需的设备和管理软件。主要的网络系统设备包括服务器、集线器(如今已经很少使用)、交换机、路由器、网关、防火墙、通信介质(双绞线、电缆、光纤)等,网络管理软件如WorkWin、第三只眼、域之盾等。

(2) 综合布线施工。有水平布线和垂直布线等方式。

(3) 设备安装及测试。安装一般由系统集成商负责,测试必须要有用户和专家参加。

(4) 培训和试运行。培训工作是供应商应该提供的服务项目,主要包括基本的操作方法和简单的维护技术,网络系统要通过一段时间的试运行后才能交付用户使用。

9.3 软件测试和系统测试

9.3.1 软件测试的定义

软件测试是一种系统性的评估过程,通过使用预定义的测试策略和技术来检查软件产品是否满足其预期的需求和质量标准。软件测试的目的是发现软件中存在的缺陷,确保软件在交付给用户之前能够正常运行,并且能够在不同的操作环境中保持稳定。

9.3.2 软件测试的方法

从是否关心软件内部结构和具体实现的角度划分,测试方法主要有黑盒测试、白盒测试和灰盒测试。

1) 黑盒测试

黑盒测试是一种测试方法,它主要关注软件系统的功能是否符合需求和规格说明,而不关注系统的内部实现细节。黑盒测试方法的基本思路是将软件系统看作一个黑盒子,只考虑输入和输出的关系,从而设计测试用例来验证软件系统是否按照预期功能运行,如图9.2所示。

图9.2 黑盒测试

下面是黑盒测试的具体方法：

(1) 等价类划分法(Equivalence Partitioning)：将输入数据划分成若干个等价类，其中每个等价类都应该具有相同的功能和属性。测试用例应该选择每个等价类的代表值，以测试这些等价类的功能和属性是否正确。

(2) 边界值分析法(Boundary Value Analysis)：这个方法与等价类划分法类似，但更关注边界值情况的测试。测试用例应该选择输入数据的边界值和边界值附近的数据，以测试系统对于输入数据边界值情况的处理是否正确。

(3) 因果图法(Cause-Effect Graphing)：这个方法使用因果图描述软件系统的功能，然后生成测试用例。因果图由因素、决策和结果三种元素组成，它们之间的关系被描述为因果关系，根据这些关系可以生成测试用例。

(4) 判定表法(Decision Table Testing)：这个方法将系统的功能和属性描述为一张决策表，其中包含多个条件和操作的组合，每个组合都对应着一个特定的操作。测试用例的设计基于决策表的组合，以测试系统对于这些组合的处理是否正确。

(5) 状态迁移法(State Transition Testing)：这个方法适用于测试有状态的软件系统。系统的状态由状态转换图描述，测试用例的设计基于状态之间的转换，以测试系统在不同状态变化下的处理是否正确。

(6) 随机测试(Random Testing)：这个方法将测试用例的生成随机化，即通过随机选择输入数据进行测试，以测试系统是否正确处理了不可预测的情况。

需要注意的是，以上这些方法并不是独立的，可以相互结合使用，以达到更好的测试效果。

2) 白盒测试

白盒测试下，软件程序被看做是一个打开的盒子。盒子里有测试软件的源程序，还能够分析盒子内部的结构，如图9.3所示。这种测试方法能够全面地测试程序代码结构，以评估软件的内部质量和可靠性，能够发现一些难以被黑盒测试方法发现的问题，帮助提高软件的质量和可靠性。但是，白盒测试需要开发人员和测试人员具备一定的技能和经验，对于一些小型项目可能并不必要。白盒测试也称为结构测试或代码测试。

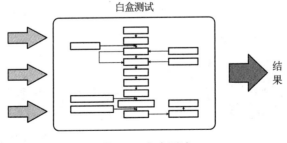

图9.3　白盒测试

白盒测试的主要方法如下：

(1) 代码走查：对代码进行逐行检查，以发现潜在的错误和问题。代码走查需要依赖经验丰富的开发人员或测试人员，以便发现潜在的问题。

（2）代码静态分析：使用专业的分析工具分析代码，以确定代码中的潜在问题和缺陷。代码静态分析可以自动化，并且可以帮助找到代码中的一些潜在问题。

（3）单元测试：对软件的独立单元进行测试，以确保单元的正确性和可靠性。单元测试通常由开发人员执行，并且通常是自动化的。

3）灰盒测试

灰盒测试是一种介于黑盒测试和白盒测试之间的软件测试方法。它在测试过程中同时考虑了系统的内部结构和外部行为，如图 9.4 所示。

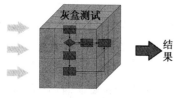

图 9.4 灰盒测试

与黑盒测试不同，灰盒测试需要测试人员了解被测系统的一些内部结构和实现细节，例如系统的算法、代码逻辑等等。测试人员通常通过查看源代码、分析系统设计文档等方式获得这些信息。然后测试人员使用这些信息来设计测试用例，以测试系统是否能够正确地响应各种输入和操作。

与白盒测试不同，灰盒测试不需要测试人员完全了解系统的内部实现细节。测试人员通常只需要了解系统的一部分，以便能够设计更有针对性的测试用例。

这种方法可以提高测试的效率，同时也能够检测到一些系统设计和实现上的缺陷。

4）三种测试方法的区别举例

关于白盒测试和黑盒测试的区别，请查看表 9.1 所示。

表 9.1 白盒测试和黑盒测试的区别

	白盒测试	黑盒测试
规划	结构的测试	功能的测试
优点	能对程序内部的特定部位进行覆盖测试	能确保从用户的角度出发进行测试
缺点	无法检查程序的外部特性	无法测试程序内部特定部位
方法举例	语句覆盖、判定覆盖、条件覆盖、路径覆盖、循环覆盖	等价类划分、边界分析法、因果图法

关于三种测试方法的区别，这里举个例子，方便大家理解：

有个打孔机，如图 9.5 所示。纸条从盒子左方插入，从右方出来时，分别打出圆形、正方形、三角形三个样式的孔，如图 9.6 所示。

图 9.5 打孔机

图 9.6 正常打孔图

某天，打出来的纸条只有一种图形，如图 9.7 所示。

图 9.7 异常打孔图

黑盒测试员只能说:"这个打孔机坏了!"

灰盒测试员把打孔机的盖子掀开,发现打孔机的造型原来是这样的,如图9.8所示。于是他说:"机器仍能打孔,说明主机没坏;三个桩子也都是好的,但只打印出了圆形,可能因为连接正方形和三角形桩子的地方有问题。"

图9.8　打孔机内部图

白盒测试员把机器拆开,查看内部的电线、电路、控制器等等,发现连接正方形和三角形的电线烧坏了,于是说:"原因找到了,换根电线吧。"

5) 管理信息系统软件测试举例

(1) 黑盒测试

① 输入验证:测试系统对于不同类型的输入数据(有效、无效、边界值等)是否能够正确验证和处理。例如,在登录页面测试系统对于正确和错误密码的处理方式。

② 功能测试:测试系统的各个功能是否按照预期工作,而不需要了解内部的实现细节。例如,在一个电子商务系统中测试购物车功能,验证商品添加、删除和结算的正确性。

③ 用户界面测试:评估系统的用户界面是否符合设计规范、易于使用和导航。例如,测试表单输入是否有足够的提示和验证。

(2) 白盒测试

① 单元测试:针对系统的独立模块或函数进行测试,以验证其在不同输入和边界条件下的正确性。例如,对于 MIS 中的数据处理模块进行单元测试。

② 代码覆盖率测试:评估测试用例是否覆盖了系统代码的不同路径和逻辑分支。例如,使用代码覆盖率工具检查测试是否涵盖了所有可能的情况。

③ 性能优化测试:通过分析系统的源代码,查找性能瓶颈并进行优化测试,以提高系统的效率和响应时间。

(3) 灰盒测试

① 集成测试:测试系统的不同组件之间的集成和协作,以确保它们能够正确地交互和共享数据。例如,测试 MIS 中的数据库与前端界面之间的数据传输和一致性。

② 数据库测试:测试系统与数据库的交互和数据一致性。例如,验证数据的插入、更新和查询是否正确,并测试事务的处理。

③ 安全漏洞测试:在具有一定了解系统内部结构的基础上,进行系统的安全测试,以查找潜在的安全漏洞和弱点。

这些示例展示了黑盒测试、白盒测试和灰盒测试的不同方面,但具体的测试策略和方法可能因系统的特定要求和测试目标而有所不同。在实际测试中,根据系统的需求和可用资源,可以采用多种测试方法的组合来提高测试的覆盖率和有效性。

9.3.3　系统测试

1) 系统测试的定义

完成管理信息系统的设计之后,需要进行系统的测试。系统测试是将硬件、软件等看作一个整体,检验整个系统是否有错误,是否有不符合用户需求的地方。通过系统测试可以使子模块互相兼容、正常协同工作,还可以了解系统的响应时间、事务处理吞吐量、载荷能力、失效恢复能力以及系统实用性等指标。

2) 系统测试的内容

具体展开来说,系统测试包括以下几个方面:

(1) 功能测试:功能测试是系统测试的核心内容,它主要验证系统的各项功能是否符合用户需求和规格说明书的要求。功能测试需要根据需求规格说明书制定测试用例,对系统的各项功能进行测试,包括输入、输出、数据处理、交互等方面。功能测试要求测试人员深入理解用户需求和规格说明书,以保证测试的覆盖率和准确性。

(2) 性能测试:性能测试主要验证系统在不同负载和压力下的性能表现,包括响应时间、并发性能、吞吐量等方面。性能测试需要测试人员制定合理的负载模型,模拟实际的使用场景,对系统进行压力测试和负载测试。通过性能测试,可以检测系统的性能瓶颈,优化系统的性能表现。

(3) 兼容性测试:兼容性测试主要验证系统在不同的操作系统、不同的浏览器、不同的设备上的兼容性表现。兼容性测试需要测试人员制订合理的测试计划,测试不同环境下系统的兼容性,检测系统在不同环境下的兼容性问题,包括样式、布局、功能等方面。

(4) 安全性测试:安全性测试主要验证系统的安全性能够满足用户的安全要求,包括身份认证、数据加密、访问控制、漏洞扫描等方面。安全性测试需要测试人员深入了解系统的安全架构和安全策略,制订合理的测试计划,测试系统的安全性,发现系统的漏洞和安全隐患,并提出相应的修复建议。

(5) 可靠性测试:可靠性测试主要验证系统在长时间运行中的稳定性和可靠性,包括系统的容错能力、恢复能力、稳定性等方面。可靠性测试需要测试人员制订合理的测试计划,测试系统在长时间运行中的表现,发现系统的故障和异常情况,提出相应的修复建议。

(6) 可用性测试:可用性测试主要验证系统的易用性和用户体验,包括界面设计、操作流程、反应速度等方面。可用性测试需要测试人员深入了解用户的使用习惯和行为,制订合理的测试计划,测试系统的易用性和用户体验,发现系统的不足之处,提出相应的优化建议,以提升系统的可用性和用户满意度。

除了上述几个方面,系统测试还需要测试人员根据实际情况进行其他类型的测试,例如界面测试、数据完整性测试、可维护性测试等等。系统测试需要测试人员严格按照测试计划进行测试,记录测试结果,及时反馈问题和建议,以保证系统测试的质量和有效性。

总之,系统测试是软件开发生命周期中非常重要的一环,它能够发现系统中的缺陷和问题,提高系统的质量和可靠性,确保系统能够顺利地上线并运行。测试人员需要具备专业的测试技能和知识,熟悉测试流程和方法,严格执行测试计划和测试策略,以保证系统测试的准确性和有效性。

3) 系统测试举例

假设有一个电子商务网站,需要进行系统测试,以下是测试方法和测试步骤举例:

(1) 单元测试:对于网站的每个功能,编写测试用例,检查其是否符合预期结果。例如,对于登录功能,测试用例可能包括:输入正确的用户名和密码,验证是否成功登录;输入错误的用户名和密码,验证是否提示错误信息;输入无效的用户名和密码格式,验证是否提示格式错误信息。

（2）集成测试：将不同的模块组合在一起，测试它们之间的交互和通信是否正常。例如，测试购物车功能是否与商品展示功能正确交互，添加商品到购物车是否能成功。

（3）系统测试：测试整个电子商务网站，确保所有功能和组件能够无误地协同工作。例如，测试网站的性能是否满足用户需求，如访问速度是否快、响应时间是否合理等。

（4）冒烟测试：对于网站的主要功能进行快速测试，以验证是否能够正常工作。例如，测试用户是否可以成功浏览商品、下单、结账等。

（5）回归测试：在进行了修改或更新后，再次运行之前的测试用例，确保修改后的软件没有引入新的错误或导致其他功能失效。例如，在升级网站后，进行回归测试以确保所有功能都正常。

（6）接受测试：在开发和测试完成后，让用户进行测试，以验证系统是否满足他们的需求和期望。例如，邀请一些真实用户使用网站，收集反馈和建议。

除了上述方法，还有其他的测试方法，如压力测试、安全测试、可用性测试等，根据具体的软件需求和测试目的选择合适的测试方法，能够更好地保证系统质量和用户体验。

9.4 系统切换

9.4.1 系统切换定义

管理信息系统切换是指将现有的管理信息系统或其他类型的信息系统转换成一种新的系统，以满足企业的需求。管理信息系统切换通常是一个复杂而烦琐的过程，需要涉及多个方面，包括系统设计、系统开发、系统测试、数据转换、用户培训等。在进行系统切换前，企业需要进行全面的需求分析和评估，确定新系统的功能和性能，同时还需要评估现有系统的优缺点和风险。基于这些分析和评估结果，企业需要选择合适的新系统，并制订详细的切换计划和时间表。在系统切换过程中，需要确保新系统能够无缝地替代现有系统，并保证数据的完整性和一致性。这通常需要进行数据转换和迁移，以确保数据能够被正确地转移到新系统中。同时，企业还需要对用户进行培训，以使其能够快速熟悉和使用新系统。管理信息系统切换的成功与否，对企业的管理和运营都有着重要的影响。如果切换失败，可能会导致企业的生产和经营受到影响，造成经济损失。因此，企业需要充分考虑系统切换的风险和影响，并采取合适的策略和措施，以确保切换过程的顺利进行和成功实现。

9.4.2 系统切换方式

在系统试运行阶段，必须完成系统切换工作，系统切换可以采用直接切换法、并行切换法和分段切换法这三种不同的方式进行。

1）直接切换法

直接切换是指在特定时刻停用老系统、启用新系统，如图9.9所示。采用这种切换

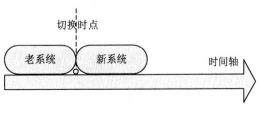

图9.9 直接切换法

方式,新系统一般需要经过详细的测试和模拟运行。由于系统测试可能存在样本不足的情况,因此通常只在老系统已无法满足需求或新系统不太复杂的情况下采用该方法。

这种转换方式耗时短,可以减少人力和设备成本,通常仅适用于老系统无法满足需求或处理不太复杂且数据不太重要的场合。

2）并行切换法

并行切换指的是新老系统同时运行一段时间,通过新旧系统的比对考验后,新系统正式替代老系统。在此期间,可以利用老系统对新系统进行检验和评价,以确保新系统在各个方面的准确性和可靠性,如图9.10所示。

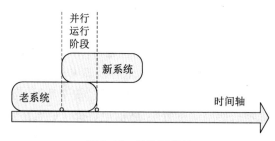

图 9.10　并行切换法

并行切换是银行财务和一些企业核心系统中常用的切换方法,可分为两步进行：第一步,以新系统作为正式作业,原系统用于校核。第二步,经过一段时间运行,验证新系统处理准确可靠后,原系统停止运行。并行处理时间根据业务内容而定,通常为2～3个月,但也可能长达半年至一年。并行切换安全可靠、转换成功率高,但成本和工作量较大,因为在一段时间内必须有两套人员同时工作,或者同一套人员要做两份工作。

3）分段切换法

分段切换法又称为逐步切换法或试点过渡法。实际上是将前述两种切换方式结合在一起,即新系统逐步替代老系统的部分功能。那些未切换的部分可以在模拟环境中继续试运行,如图9.11所示。这种方法的优点是既保证了可靠性,又不至于费用过高。缺点是已切换的新系统和正在运行的老系统之间存在信息交换困难。此外,这种分段切换方式对系统设计和实现都有更高的要求,例如数据传递等方面,否则无法实现分段切换。

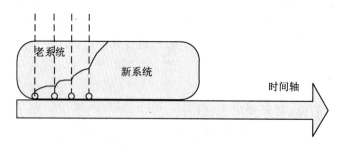

图 9.11　分段切换法

4）三种方法的对比

归纳三种新旧系统切换方式可见：直接切换方式简单但风险大,如果新系统不能正常运行,将会给工作造成混乱,因此仅适用于系统较小且不重要或时间要求不高的情况;并行切换方式在工作安全和心理状态方面都更可靠,但缺点是费用开销大,适用于对系统安全性要求特别高的管理信息系统中。分段切换方式则是为了克服并行切换方式的缺点而采用的一种混合方式,更为灵活,可以通过控制各个分段区间的大小来适应各种不同要求的管理信息系统。

无论采用哪种切换方法,在系统切换过程中都需要注意以下问题,解决这些问题可以为系统的顺利切换创造条件:

(1) 新系统的投入运行需要大量的基础数据,这些数据的整理与录入工作量特别庞大,应及早准备、尽快完成。

(2) 系统切换不仅涉及机器和程序的切换,更重要的是人员的切换。因此,应提前进行人员培训工作,确保人员能够适应新系统。

(3) 在系统运行时,可能会出现一些局部性问题,这是正常现象。系统工作人员应该有足够的准备,并做好记录。如果系统只出现局部性问题,则说明系统运行成功;反之,如果出现致命的问题,则说明系统设计质量不好,整个系统甚至需要重新设计。

9.5 系统运行、维护与评价

系统正式工作之后,还有一些重要的工作需要完成,比如系统日常运行、系统维护,还需要对系统进行审查评价。

9.5.1 系统运行

在管理信息系统正式投入运行后,必须加强对系统运行的日常管理,以保证系统平稳地运行。

信息系统运行管理就是为信息、信息技术设备及用户提供稳定信息系统运行环境的各项活动。稳定运行的信息系统提供一致性和可预见性的信息,这对任何一个组织进行有效活动都是至关重要的。

信息系统运行管理包括四个重要部分:信息安全管理、软件管理、硬件管理和系统操作管理。在基于信息的现代社会环境中,完善的信息系统管理十分必要,它是组织内部管理的重要组成部分。

1) 信息安全管理

系统信息安全管理是指对管理信息系统中的信息进行保护和管理的过程,它包括保护信息资产、防范信息泄露、防止网络攻击、保护个人隐私等方面的工作。以下是一些常见的系统信息安全管理措施:

(1) 访问控制:限制用户访问系统中的敏感信息,确保只有授权人员能够访问特定的数据。

(2) 数据加密:使用加密技术对重要数据进行加密,即使数据被盗取也难以被破解。

(3) 安全审计:对系统中的操作进行记录和审计,以便发现和防范不当的行为。

(4) 防火墙:安装防火墙来监控网络流量,防止网络攻击和恶意软件。

(5) 更新和升级：定期更新、升级操作系统和应用程序，以修复安全漏洞和缺陷。

(6) 培训和教育：对系统管理员和用户进行安全培训、教育，提高他们的安全意识和防范能力。

(7) 备份和恢复：定期备份数据，并测试恢复过程，以防数据丢失或损坏。

系统信息安全管理是一项长期而复杂的任务，需要不断地评估和改进。对于一些特别重要的信息系统，可能需要专门的安全团队进行管理和监控，以确保系统的安全性和稳定性。

2) 软件管理

软件管理是指对管理信息系统所使用的软件进行全面的管理和控制，保证软件在系统中正常运行，同时提高软件的利用率和效率。

软件管理的具体内容包括：

(1) 软件版本管理：对系统所使用的软件版本进行控制，确保各个系统软件版本一致，便于系统运行和维护。

(2) 软件安装和升级管理：对系统软件的安装和升级进行规范管理，避免因为软件安装不当或升级失败而导致系统运行出现问题。

(3) 软件存储管理：对系统软件进行存储管理，包括软件备份、恢复和存档等工作，确保系统数据和软件的安全性。

(4) 软件使用和维护管理：对系统软件的使用和维护进行规范管理，确保软件正常运行，减少软件故障和出错的可能性。

(5) 软件性能管理：对系统软件的性能进行监测和管理，确保软件运行的效率和稳定性。

3) 硬件管理

硬件管理是指对管理信息系统中的硬件设备进行管理和控制，以保证硬件设备正常运行，提高硬件设备的利用率和效率。

硬件管理的具体内容包括：

(1) 硬件设备保养和维护管理：对系统硬件设备的保养和维护进行规范管理，确保设备运行稳定，减少硬件故障和出错的可能性。

(2) 硬件设备升级和替换管理：对系统硬件设备的升级和替换进行规范管理，确保设备升级和替换能够正常进行，不影响系统的正常运行。

(3) 硬件设备存储管理：对系统硬件设备的存储进行管理，包括备份、恢复和存档等工作，确保系统数据和硬件设备的安全性。

4) 系统操作管理

系统操作管理是指对管理信息系统中的系统操作进行有效管理，确保系统的正常运行和保障数据的安全性。系统操作管理措施如下：

(1) 用户权限管理：通过对系统中的用户进行权限控制，可以限制不同用户对系统的访问和操作权限，从而保障系统中数据的安全性和完整性。

(2) 安全日志管理：安全日志记录了系统中的重要操作和事件，包括登录、文件操作、网络访问等，通过对安全日志的分析可以及时发现异常情况和安全威胁。

（3）定期备份和恢复：定期备份系统数据可以确保在系统发生故障或数据丢失时能够及时恢复数据。同时，对备份数据进行加密和存储，可以保证备份数据的安全性。

（4）系统更新和补丁管理：及时更新系统和应用程序，安装必要的安全补丁，可以修复已知的漏洞，提高系统的安全性。

（5）系统监控和报警：通过对系统的监控和报警，可以及时发现系统故障、异常情况和安全事件，并采取相应的措施进行处理。

（6）应急响应计划：制订系统应急响应计划，包括灾难恢复、应急处置和业务恢复等方面，以应对系统遭受攻击或其他安全事件的情况。

这些措施可以帮助企业有效地管理信息系统的操作，保证系统运行的稳定性和数据安全性，提高信息系统的可靠性和安全性。

9.5.2 系统维护

为了确保软件系统的正常运作和适应用户环境变化，软件和硬件维护人员需要进行必要的修改和更新工作，这些工作统称为系统维护。系统维护的目的是改正软件系统在使用过程中出现的错误和满足用户提出的新的需求，以保证系统的正常运作和持续改进。一旦管理信息系统投入使用，就需要进行系统维护工作。系统维护的任务是有计划、有组织地对系统进行必要的修改，以确保系统中各要素始终处于最新、正确的工作状态，以充分发挥其作用。

通常，系统的更新维护包括硬件的维护和修理、应用程序的维护、数据库维护和代码维护，下面是其主要内容。

1) 硬件的维护和修理

随着系统的运行，硬件设备可能会出现故障，需要及时维修或更换。当系统的功能需要扩展时，可能需要增加或更新设备。这些工作都属于硬件维护和修理的范畴。

2) 应用程序的维护

在整个系统维护中，应用程序的维护工作量最大，也最常见。应用程序维护工作包括以下三种情况：

（1）程序纠错。在执行过程中，程序可能会出现错误，如溢出、内存不足、磁盘已满等。因此，需要及时处理应用程序的错误。

（2）功能的改进和扩展。用户经常会要求对系统的局部功能进行改进，并添加一些新的功能。例如，某个用户可能会要求改进销售报表的打印格式，并添加两项新的统计汇总功能。这种功能扩展维护工作需要统筹考虑和统一安排，因为它涉及的面比较广，问题也比较复杂。

（3）适应性维护。一旦管理信息系统的运行环境发生变化，就需要进行适应性维护工作。例如，如果计算机系统配置发生变化，就可能需要对应用软件进行移植性维护。

总的来说，应用程序维护是整个系统维护工作中最烦琐的任务之一。负责这项工作的系统维护人员必须对整个系统有相当深入的了解，否则很难进行下去。

3) 数据库维护

数据库中存放着大量的数据，是企业的宝贵资源，也是系统频繁处理的对象。数据库维护是确保数据库系统正常运行、数据完整性和安全性的关键任务之一。数据库维护任务如下：

(1) 备份和恢复：定期进行数据库备份，以防止数据丢失或系统故障。同时，测试和验证备份文件，确保可以顺利地恢复数据。

(2) 性能优化：监控数据库性能，并进行调整和优化，以提高查询和事务处理的效率。这可以包括索引优化、查询优化、存储优化等。

(3) 安全管理：确保数据库的安全性，包括设置访问权限、密码策略、加密敏感数据等。定期审计数据库访问日志，以及更新和升级数据库软件和安全补丁。

(4) 容量规划：监控数据库的空间使用情况，并进行容量规划，以确保足够的存储空间和性能。

(5) 数据清理和维护：定期清理无用的、过期的或重复的数据，以减少数据库的存储负担。同时，进行数据完整性检查和维护，修复损坏的数据和索引。

(6) 监控和警报：设置数据库监控和警报系统，以及实时监控数据库的运行状态、性能指标和异常情况。

(7) 更新和升级：定期更新数据库软件和相关工具，以获取最新的功能和修复已知的问题。

这些任务需要有经验和专业知识的数据库管理员进行管理和执行。数据库维护对于确保数据库的可靠性和稳定性至关重要，可以提高系统的性能和可用性，保护数据的完整性和安全性。

4) 代码维护

随着系统运行环境的变化，旧的代码可能无法满足新的需求，因此需要制定新的代码或修改旧的代码。代码维护的困难在于新代码的实施，因此各个部门需要有专人负责代码管理。

在系统的更新维护管理中，系统的修改是一项非常严肃的工作，可能会影响到整个系统。因此，系统的修改必须经过一定的批准手续。

9.5.3 系统评价

1) 系统评价的定义

系统评价是对一个信息系统的性能进行全面评估、检查、测试、分析和评审，包括用实际指标与计划指标进行比较，以确定系统目标的实现程度；对系统建成后产生的效益进行全面评估。系统评价通常包括以下几个方面：

(1) 功能性评价：功能性评价主要是评估系统是否满足特定的功能需求，这包括对系统中各个模块的功能进行评估，以及对系统整体功能的评估。

(2) 性能评价：性能评价主要是评估系统的运行效率和响应时间，这包括对系统的各项指标进行评估，如系统的处理速度、吞吐量、并发处理能力等。

(3) 可靠性评价：可靠性评价主要是评估系统的稳定性和可靠性，包括系统的可用性、故障率、容错能力等。

(4) 可维护性评价：可维护性评价主要是评估系统的易维护性和可维护性，包括系统的代码结构、文档完备性、可读性等。

(5) 安全性评价：安全性评价主要是评估系统的安全性，包括系统的数据安全性、网络安全性、用户认证和授权等。

(6) 可扩展性评价：可扩展性评价主要是评估系统的可扩展性和可伸缩性，包括系统的负载均衡能力、资源分配能力等。

(7) 用户体验评价：用户体验评价主要是评估系统的用户友好性和易用性，包括系统的界面设计、操作流程、用户反馈等。

根据以上几个方面的评价结果，可以得出一个综合评价，确定系统是否达到预期目标，并提出改进建议。系统评价是一个很重要的环节，可以帮助开发人员了解系统的优缺点，为系统的进一步优化和改进提供指导。

2) 系统评价方法

系统评价是一个广泛的概念，包括许多不同类型的方法和工具。下面是常见的系统评价方法。

(1) 多因素加权平均法

侯炳辉教授等人提出了一种简单易用的综合评价方法——多因素加权平均法。

由图9.12所示，多因素加权平均法实施过程包括确定评估指标、设定权重、进行数据搜集和数据评分、计算指标加权平均值、决策与比较等五个步骤。

以下是按照多因素加权平均法对某个信息系统的评价过程：

① 确定该系统的评估指标，其具体指标包括重要性、实用性、先进性等（实施时可以根据实际情况自行选择指标），详见表9.2所示。

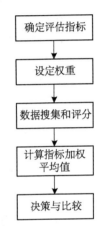

图9.12 多因素加权平均法实施流程图

② 设置各指标的权重 W，按照其重要程度赋值，最高10分，最低1分，详见表9.2所示。

③ 请专家对各个指标进行评分，记作 X，最高分是10分，最低分是1分，详见表9.2所示。

表9.2 专家打分表

专家权重：

评分	指标															
	重要性	实用性	准确性	及时性	友好性	经济性	安全可靠性	信息量	效益性	服务程度	投资情况	开发效率	资源利用率	人员情况	共享性	先进性	管理科学性	可维护性	领导支持	引导性
权重 W（满分10分）																				
评分 X（满分10分）																				

④ 计算加权平均分。根据几个专家的打分表以及专家本人的权重(专家权重是指专家的权威性,权值大小由评价者根据专家知识面和经验丰富程度决定),求得每个指标的权重值,计算加权平均分。

第一步,求第 j 个指标的权值(加权平均值)W_j。

$$W_j = \frac{\sum_{i=1}^{p} W_{i,j} E_i}{\sum_{i=1}^{p} E_i} \quad (j=1,2,3,\cdots,20) \tag{式9.1}$$

式中:
W_j——第 j 个指标的权值(加权平均值);
$W_{i,j}$——第 i 个专家对第 j 个指标的权重打分值;
E_i——第 i 个专家的权重;
p——专家数。

第二步,求第 j 个指标的评分值(加权平均值)X_j。

$$X_j = \frac{\sum_{i=1}^{p} X_{i,j} E_i}{\sum_{i=1}^{p} E_i} \quad (j=1,2,3,\cdots,20) \tag{式9.2}$$

式中:
X_j——第 j 个指标的评分值(加权平均值);
$X_{i,j}$——第 i 个专家对第 j 个指标的打分值;
E_i——第 i 个专家的权重;
p——专家数。

由(式9.1)和(式9.2)我们得到如表9.3所示的矩阵表。

表 9.3 指标权重及指标打分表

评分	指标																				综合评分
	重要性	实用性	准确性	及时性	友好性	经济性	安全可靠性	信息量	效益性	服务程度	投资情况	开发效率	资源利用率	人员情况	共享性	先进性	管理科学性	可维护性	领导支持	引导性	
W_j																					
X_j																					

第三步,求该信息系统的综合加权平均值 A。

$$A = \frac{\sum_{j=1}^{20} W_j X_j}{\sum_{j=1}^{20} W_j} \tag{式9.3}$$

式中：
A——某信息系统的综合评分值；
W_j——第 j 个指标的权值（加权平均值）；
X_j——第 j 个指标的评分值（加权平均值）

⑤ 决策与比较。不同的综合分数对应不同的等级，可以规定，综合评分达到 9 分以上者为极好系统；8 分以上 9 分以下的为优秀系统；6 分以上 8 分以下的为良好系统；4 分以上 6 分以下的为一般系统；2 分以上 4 分以下的为差系统；2 分以下的为极差系统，如表 9.4 所示。

表 9.4 结果对照表

分数（A）	等级
$9 \leqslant A \leqslant 10$	极好系统
$8 \leqslant A < 9$	优秀系统
$6 \leqslant A < 8$	良好系统
$4 \leqslant A < 6$	一般系统
$2 \leqslant A < 4$	差系统
$1 \leqslant A < 2$	极差系统

显然，专家数越多越好，样本数越多，评价越接近实际。综合评分越高，说明系统越好。

多因素加权平均法在其他领域也有应用，例如项目评估、风险分析、投资决策等。多因素加权平均法帮助决策者系统地、客观地考虑多个因素，从而更好地做出明智的决策。

(2) 层次分析法

层次分析法（Analytic Hierarchy Process，AHP），是美国运筹学家 Saaty 于 20 世纪 70 年代初期提出的一种主观赋值评价方法。层次分析法将与决策有关的元素分解成目标、准则、方案等多个层次，并在此基础上进行定性和定量分析，可以模拟人的决策思维过程，以解决多因素复杂系统的决策问题，是一种系统、简便、灵活有效的决策方法。层次分析法评价流程（图 9.13）一般分为如下五个步骤：

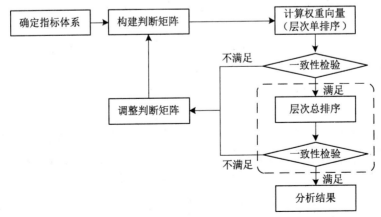

图 9.13 层次分析法评价流程图

① 明确问题，构建层次评价模型。首先明确要评价的问题，进行深入分析之后，把问题中所包含的因素划分为不同层次（如目标层、准则层、子准则层、方案层等），用框图形式说明层次的递进结构与因素的从属关系，如图 9.14 所示。

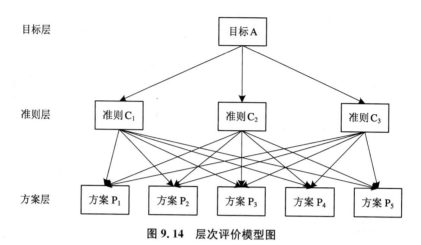

图 9.14　层次评价模型图

② 构建判断矩阵。为了将层次评价模型图中上下层次相关元素的相关程度由定性转化为定量的相对值，需构造判断矩阵。构造判断矩阵就是通过各要素之间相互两两比较，并确定各准则层对目标层的权重。简单地说，就是把准则层的指标进行两两判断，通常我们使用 Santy 的 1—9 标度方法给出。

③ 层次单排序及其一致性检验。层次单排序就是根据我们构成的判断矩阵，求解各个指标的权重。计算其权重有两种方式，一种是方根法，一种是和法。一致性检验用于确定构建的判断矩阵是否存在逻辑问题。

④ 层次总排序及其一致性检验。计算同一层次所有因素对于最高层（总目标）相对重要性的排序，然后再通过加权求和的方法，递阶归并各备择方案对总目标的最终权重。并从高到低逐层进行层次总排序一致性检验，总排序随机一致性比率小于 0.1 时，认为层次总排序结果具有满意的一致性，否则需要重新调整判断矩阵的元素取值，再进行一致性检验。

⑤ 分析计算结果，并根据它们做出决策。

建议可以使用工具 SPSSPRO 来帮助进行层次分析法的决策。

（3）经济效果评价法

建立企业管理信息系统的目的在于提供完整、准确的信息，提高管理工作效率和经营决策水平，减少管理中的失误，使生产经营活动达到最佳经济效益。评价其应用的经济效果，可以从直接经济效果和间接经济效果来分析。

① 直接经济效果

直接经济效果是可以计量的，应用计算机后，由于企业能合理地利用现有设备、原材料、能量等，产品产量或提供的服务有所增长；由于劳动效率提高，物资储备减少，产品或服务质量提高，非生产费用降低，使生产或服务的总成本降低等。

直接经济效果主要通过以下三项经济指标来表示：

a. 年收益增长额（P）。

计算公式如下:

$$P = [(A_2 - A_1)/A_1]P_1 + [(C_1 - C_2)/1\,000]A_2 \quad \text{(式 9.4)}$$

式中:
A_1、A_2——应用计算机前、后年产品销售总额(千元);
P_1——应用计算机前产品销售的收益总额(千元);
C_1、C_2——应用计算机前、后每千元商品产品的成本费(元)。

b. 投资总额(K)。

计算公式如下:

$$K = K_d + K_k + \Delta O_c \quad \text{(式 9.5)}$$

式中:
K_d——系统开发和转换费用(千元);
K_k——设备购置、安装和厂房建设费用(千元);
ΔO_c——系统实施后流动资金的变化。

c. 投资效果系数(E)。

计算公式如下:

$$E = P/K \geq E_n \quad \text{(式 9.6)}$$

式中:
K——计算机管理信息系统的投资总额(千元);
E_n——国家规定的定额效果系数。

如果计算机的投资效果系数(E)等于或大于国家规定的定额效果系数(E_n),就认为计算机应用是有益的。

② 间接经济效果

间接经济效果反映在企业管理水平的提高上,主要表现在管理体制合理化,管理方法有效化,管理效果最优化,基础数据完整、统一;管理人员摆脱繁杂的事务性工作,真正把主要精力投入到从事信息的分析和决策等创造性工作上,提高了企业管理现代化水平。

除了上述的评价方法外,管理信息系统的评价还可以采用关联矩阵法、模糊综合评价法、数据包络分析法、主成分分析法、基于BP人工神经网络的评价方法等。这些方法都有各自的特点和适用范围,应该根据不同的情况和目的来选择合适的方法和工具,以便得出准确、全面、可靠的结论和建议。

本章关键术语

软件测试
系统测试

黑盒测试
白盒测试
灰盒测试
系统实施
系统切换
直接切换
并行切换
分段切换
系统运行
系统维护
系统评价

课后思考题

1. 系统实施阶段的主要任务是什么？
2. 物理系统的实施包括哪几个方面？
3. 什么是软件测试？软件测试的方法有哪些？
4. 系统切换的定义是什么？
5. 系统切换方式有哪些？
6. 信息系统运行管理包括哪些方面？
7. 系统维护包括哪些内容？
8. 什么是系统评价？
9. 系统评价包括哪些方面？
10. 有哪些系统评价方法？

| 协作练习 |

校园管理信息系统的测试与评价

校园网是为师生提供教学、科研和综合信息服务的宽带多媒体网络。校园网内各计算机通过局域网进行连接，实现网络信息管理、资源共享和信息交流等，并能通过广域网络或连接到互联网实现校园内外和国内外的教育资源共享与交流等。为了更有效、更方便地管理校园中的各项事物，必须有一个结构合理、分工明确的校园管理信息系统。常见的校园管理信息系统包括六个子系统，分别是图书馆管理系统、教务管理系统、学分管理系统、多媒体教室管理系统、食堂IC卡管理系统、人事管理系统。具体功能如下：

1. 图书馆管理系统：对图书进行系统、有效的管理，方便师生借阅、查询。其主要功能包括：①系统管理；②图书管理（图书信息、图书入库、图书减少、图书注销、图书借阅与归还、借书证、借书规则、购书意向、借书信息等）；③综合报表；④综合查询，提供多种查询方式，如任意条件报表、图表的输出等。

2. 教务管理系统：通过模板文件快速生成各种文件、报告、报表等，管理制作各种文档模板、文件、文件组等，对学校档案进行综合管理。管理教学计划、教学安排、工作日程安排等各项内容；管理行政事务方方面面，如办公制度、人员考核、设备采购、基建后勤、党员团员等，生成各种报表、统计图表。

3. 学分管理系统：其中又包括了八个子系统：学籍管理系统、选课管理系统、师资管理系统、教材管理系统、财务管理系统、公用查询管理系统、成绩管理系统、考务管理系统等。而成绩管理系统包括对学生成绩进行统一评分、统一管理，其主要功能包括：①系统管理；②系统设置；③成绩录入；④成绩报表；⑤综合查询。成绩的录入可在网络环境或单机中，各教师只能在自己的权限范围内输入自己本班学生的成绩、分析本班学生的试卷；提供多种查询方式；任意条件报表、统计图表的输出（期末成绩总评、试卷质量、学生成绩单、全校期末成绩统计表、重修表等等）。

4. 多媒体教室管理系统：纯软件版网络教室解决方案。分教师机和学生机程序，执行网上通知、课堂讨论、电子举手、学生提问、取消举手、回答提问、屏幕监看、监看广播、屏幕广播、网上影院、关闭学生机、注销学生机、重启学生机、课堂白板、程序共享、协同工作、锁定学生机、解锁学生机、远程命令、强制退出等功能。

5. 食堂IC卡管理系统：对学生的伙食消费采取打卡消费，方便进行管理，同时提供加卡、报失、销卡等处理，也是一种小型的电子消费，安全方便。

6. 人事管理系统：管理教职工的人事信息、出勤情况，并与工资挂钩，包括系统管理、档案管理、出勤管理、工资管理、综合查询，工资管理能任意设定工资项目和计算公式，提供多种查询方式，任意条件报表、统计图表的输出。

（资料来源：人人文科. 校园管理信息系统的分析与设计[EB/OL].（2021-12-28）[2023-04-30]. https://www.renrendoc.com/paper/179716481.html.）

请根据上述材料讨论以下问题：

1. 针对学校的管理信息系统，请试着设计5个黑盒测试用例，查找系统是否存在bug。

2. 找10位同学当做专家，针对学校的管理信息系统，试着采用多因素加权平均法评价系统，并得出结论。

本章测试及答案

第 10 章　管理信息系统的应用案例

> **学习目标**
>
> 1. 了解企业 ERP 项目实施案例。
> 2. 了解物流信息化建设案例。
> 3. 了解企业 CRM 管理应用案例。
> 4. 了解跨境电商平台系统整合案例。
> 5. 承担国家发展的历史责任感，树立正确的学习观、成才观。

10.1　联想 ERP 项目的成功实施

10.1.1　联想实施 ERP 项目的背景

联想集团有限公司(图 10.1)成立于 1984 年，由中国科学院计算所投资 20 万元人民币、11 名科技人员创办，到今天已经发展为一家业务遍及 180 个市场的全球化科技公司。联想聚焦全球化发展，树立了行业领先的多元企业文化和运营模式典范，服务全球超过 10 亿用户。

图 10.1　联想集团 logo

(图片来源：http://www.sj33.cn/sc/logo/dzhy/it/200712/13427.html? winzoom=1)

1994 年到 1998 年间，联想集团的销售额年均增长率达到了 43% 以上，这种高速增长的业务对于集团内部的管理能力是一个严峻的考验。这时，联想的 MIS 再也无力支撑起如此庞大的销售、生产和供应链网络了，非集团化的应用系统无论从管理的精细化、数据的实时性、决策支持的准确性等方面都不能给集团以有力的支撑。

在这样的背景下，联想开始寻找外部合作伙伴，考虑采用先进的 ERP 管理系统，并通过 ERP 管理系统的实施帮助企业搭建起内部管理的信息平台，提高管理水平。在经过一系列的选型调研活动之后，联想集团在 1998 年 11 月 24 日正式与 SAP 签约。SAP 提供 ERP 应用软件(即 SAP R/3 系统)，同时 SAP 中国提供部分咨询力量，参与联想集团 ERP 项目实施。

10.1.2 联想 ERP 项目亟待解决的问题

1) 企业竞争力提升需要信息化支持

联想实施 ERP 之前,存在业务员不能及时了解库存信息,签了合同不能交货的情况,不但丢了市场,客户满意度也差;存在销售与库存信息不对称,造成长期积压的情况。企业市场化机制、客户满意度提升、管理成本的降低、企业效率的提高形成企业竞争力,而这几点都需要信息化做基础。

2) 管理和控制需要信息化工具辅助优化

联想在 1998 年全年结算时,发现辅料成本由于生产线不能停线盘点而计入在线存货,至年末盘点才发现问题,冲减利润,差点造成亏损。

3) 财务"造假"需要信息化手段来杜绝

全国性甚至全球性的集团没有一个统一的财务管理信息系统,就只能靠层层数据上报、汇总,才能形成整个集团的合并报表。这么多的层级和环节,难保没有"假"和任何"纰漏"。

4) 真正的市场化依靠信息化经营

联想实施 ERP 之前,仍沿用计划经济购销存模式。计算机产业技术发展和价格跌落速度日益更新,存货成本越高越卖不出去,形成恶性循环。信息化能让后端准确掌握前端信息,既能快速供货,又不产生积压,由企业"推"转变为用户"拉",根据市场需求弹性控制生产、采购。

10.1.3 联想 ERP 项目的实施

1998 年 11 月 24 日,联想集团、德国 SAP 公司、德勤企业咨询公司在中国饭店联合举行了"联想集团实施 ERP 新闻发布会及签约仪式",正式启动 ERP 项目,选择 SAP 公司的 R/3 产品,由德勤公司和 SAP 公司的咨询顾问组成的咨询组与联想 ERP 实施项目组共同负责实施,其中作为全球最大的企业管理和协同化电子商务解决方案提供商、第三代独立软件供应商,SAP 主要提供产品与技术支持,德勤企业咨询公司提出了项目实施的 FastTrack 方法论和流程改造与设计模板,为项目实施提供管理方面的咨询。整个项目的总投资额为 3 000 万元人民币(图 10.2)。

图 10.2 联想集团与德国 SAP

ERP 第一期工程主要围绕制造、代理和系统集成这三大业务实施,分五大部分:财务模块、管理会计模块、销售与分销模块、物料管理模块和生产计划模块。在 R/3 中分别称为:FI(Finance),包括应收账款管理、应付账款管理、总账管理、合并会计报表、投资管理、基金管理、现金管理等多项功能；CO(Controlling)，包括利润中心和成本中心会计等；SD(Sales and Distribution)；MM(Material Management)；PP(Production Plan)。

在 ERP 成功运行之后，联想集团又成功地实施了 ERP 二期工程，使联想神州数码公司具有了一个跨子公司、跨地域的集成信息系统，规范了北京总部与平台的所有业务及财务管理流程。联想集团 ERP 项目组完成了联想电脑和神州数码两公司在 SAP R/3 系统上的拆分，将公司业务一拆为二。在此基础上，神州数码集团提出：联想神州数码全国各平台的财务及运作业务要全部在 SAP R/3 系统上正常运行，国内除香港外，各平台使用 SAP R/3 系统，这称为神州数码 ERP 二期项目的关键目标。

在联想集团上上下下的辛勤配合协作中，2000 年 1 月 5 日，联想集团 ERP 系统并行上线，成功实现了联想实施 ERP 的战略计划和目标。又于 2000 年 3 月 14 日开始了 ERP 再造工程，就是将已经成功上线运行的 ERP 系统拆分为联想电脑公司和联想神州数码公司两套系统。再造工程在 2000 年 5 月 8 日顺利上线。2000 年 8 月 15 日，联想集团举行新闻发布会，宣布其 ERP 系统成功运行 100 天。据统计，ERP 系统正常运营后，联想为客户的平均交货时间从 11 天缩短到 5.7 天，应收账周转天数从 23 天降到 15 天，订单人均日处理量从 13 件增加到 314 件，集团结账天数从 30 天降低到 6 天，平均打款时间由 11.7 天缩减到 10.4 天，订单周期由 75 小时缩减到 58 小时，结账天数由 20 天降到 1 天，财务报表从 30 天缩至 12 天。

图 10.3　神州数码有限公司

(图片来源：https://baijiahao.baidu.com/s?id=1722967906597785171&wfr=spider&for=pc)

10.1.4　联想 ERP 项目总结

管理信息系统主要为企业发展提供助力，整合企业资金流、信息流、物流，达到信息共享、信息实时传递、信息挖掘分析,为企业各个层面决策提供事实数据支持的同时,优化企业流程,降低各个环节流转成本,加快资金周转,提高企业利润率,做到企业在获得合理利润的前提下,满足企业客户对产品质量、传递时间、生产过程监控的满意度以及获得其他延伸性要求的目的,从而提高客户忠诚度和依赖性,扩大市场对企业品牌的认知。联想通过实施 ERP 项目达成了以下目标:

1) 使财务管理真正成为企业管理的核心

信息化可做到企业运作过程中所有环节的人财物变化都通过财务绩效体现。ERP 系统中的财务信息化具有集成、共享、实时、精准四项特点,具体作用表现在如下方面:一是采用财务信息管理软件后,库存资金降低 15%~40%、资金周转次数提高 50%~200%、库存盘点误差率降低到 1%~2%、短缺件减少 60%~80%、劳动生产率提高 5%~15%、加班工作量减少 10%~30%、按期交货率达 90%~98%、成本下降 7%~12%、采购费用降低 5%左右、利润增加 5%~10%等。二是可使管理人员从复杂的事务中解脱出来,真正把精力放在提高管理水平上,去解决管理中的实质性问题。三是可防范风险,保证给库存提供真实的价值,避免库存积压,决策失误。四是资金流动性加强。

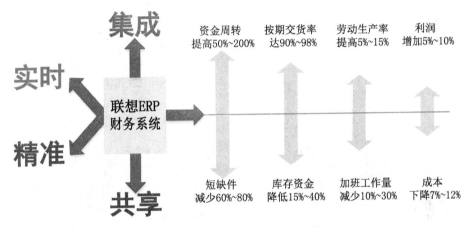

图 10.4　联想 ERP 系统财务信息化的作用

2) 推动服务创新,提高客户满意度

通过构建客户信息数据库,用户每次访问都被记录下来,客户的每次购买行为也被记录下来,企业在接到客户咨询电话时,随时可调阅该名客户购买及被服务的记录,以便于向客户解答;企业也可以运用系统主动向客户了解购买需求及对产品和服务的满意度。

3) 提高企业效率,营造新型的企业文化

通过信息化、无纸化办公,简化流程,节约成本,提高了工作效率;通过信息化搭建网络交流平台,增强了员工凝聚力。

4) 提升风险防范能力,提高企业核心竞争力

信息化建设的效果不仅仅是提高效率,更重要的是能够降低决策中的不确定性和风险,支持组织结构和管理模式的变革,为企业大规模运作提供有力保障,大大提高企业的核心竞争力。

10.2 顺丰速运的信息化建设

顺丰速运是国内的快递物流综合服务商,总部位于深圳,经过多年发展,已初步建立为客户提供一体化综合物流解决方案的能力,不仅提供配送端的物流服务,还延伸至价值链前端的产、供、销、配等环节,从消费者需求出发,以数据为牵引,利用大数据分析和云计算技术,为客户提供仓储管理、销售预测、大数据分析、金融管理等一揽子解决方案。

快递作为物流细分行业之一,为客户提供"门到门"的服务,其从收取到派送的过程覆盖物流所有功能环节,包括运输、储存、装卸、搬运、包装、流通加工、配送、信息处理。各种信息的流动和挖掘是其核心业务的关键需求,直接影响到服务能力、服务质量和业务发展。而顺丰速运在信息化建设方面较为成功,其思路、路径和经验值得借鉴。

图 10.5 顺丰速运车

(图片来源:https://new.qq.com/rain/a/20210913A05XTG00)

10.2.1 信息化综合集成应用全面

顺丰坚持以科技提升服务,大力进行科技投入。顺丰投入巨资以项目形式开展,由公司内部营运与IT共同组成团队进行研发,陆续实施上线了HHT手持终端、全/半自动分拣系统、呼叫中心、营运核心平台系统、客户关系管理系统、GPS全球定位系统和航空管理系统等先进的软硬件设施设备,率先在国内实现了对货物从下单到派送的全程监控、跟踪及查询,并全部采用全自动与半自动机械化操作,优化快件的操作流程。

通过运用手持式数据终端、全球卫星定位、全自动分拣等高科技手段,顺丰整合了包括航空货运、公路运输、铁路运输等多种运输方式,在不同运输方式的衔接环节保持运作调

图 10.6　顺丰航空

(图片来源：https://www.sohu.com/a/483536407_99965068)

图 10.7　顺丰手持终端

(图片来源：https://old.binzhouw.com/index/personalweb/article_detail/uid/648/pid/200081.html)

度、信息流转和操作标准的高度融合和协调一致，从而确保快件安全、快速地送达客户手中。同时，通过整合，使单位能耗逐步降低，为节能减排作出企业应有的贡献。充分应用计算机技术、网络技术及相关的关系型数据库、条形码技术、EDI 技术等，高度集成物流系统的各个环节，借助信息技术对生产过程进行运筹和决策，集中反映应用现代信息技术改造传统物流业的方法和趋势，通过物流信息化水平的提升推动物流业务的发展。

图 10.8 顺丰速运海口美兰中转场

(图片来源:https://suyangjt.com/page12?article_id=2434)

物流全过程业务信息系统包括对客户下单、上门收件、运输调度、储存保管、转运分拨、快件集散、流通加工、信息服务等诸多物流功能要素的数据收集与监管,且和项目实施方所处行业的运作体制、标准化、电子化及自动化等基础环境高度匹配。其中业务核心系统、客户核心系统、财务等信息系统均实现底层数据无缝对接,客户服务实现对客户管理系统的动态资源管理;收派服务环节应用 GPRS 通用无线分组业务;运输调度通过后台指挥中心实现对车辆全程车载监控、GPS 定位功能;转运分拨实现全自动分拣和半自动分拣方式,并在实体到达之前对运单信息进行分析,提前知晓快件流向;派件采用电子签收、MSG 服务。

10.2.2 全生命周期管理效益显著

在信息化综合集成的基础上,顺丰根据物流快递的行业特性,提出了快件全生命周期的概念,据此进行信息化的模式创新。快件生命周期包括 5 个组成部分:客户环节、收派环节、仓储环节、运输环节、报关环节。目前,各个环节的信息化应用已经取得显著成效。

在客户环节,呼叫中心已经能够做到每一通呼叫都可记录对应的通话原因,每一个客户投诉都有完整的处理流程。通过呼叫中心系统数据记录统计,已整理 100 个典型问题的解决方案,普通座席人员可以很有信心地处理 90% 的客户来话,从而降低了呼叫中心员工的工作压力,帮助员工提高了工作绩效,也为优秀员工提供了职业发展的空间。

在收派环节,手持终端程序的最大优势就是减少人工操作中的差错,提高操作人员的工作效率。目前顺丰使用的第四代手持终端系统使收派员的工作效率提高了 20% 以上。

在仓储环节,顺丰的全自动分拣系统能连续、大批量地分拣货物并不受气候、时间、人的体力等的限制,可以连续运行。同时自动分拣系统单位时间分拣件效率高,每小时可分拣 7 000 件包装商品,如用人工则每小时只能分拣 150 件,同时分拣人员也不能在这种劳动强度下连续工作 8 小时。而且,自动分拣系统的分拣误差率极低,自动分拣系统的分拣误差

图 10.9 顺丰蜀山呼叫中心

(图片来源：https://baijiahao.baidu.com/s？id=16493210206936020032&wfr=spider&for=pc)

率大小主要取决于所输入分拣信息的准确性，顺丰的全自动分拣系统采用条形码扫描输入，除非条形码的印刷本身有差错或者损坏，否则不会出错，系统识别准确率高达99%。

在运输环节，GPS对车辆的动态控制功能，可以对运输过程实现透明化管理，对运输方案、车辆配置及时中止优化，运输成本综合降低25%。此外，在为电子商务客户服务方面，顺丰通过信息化与电子商务客户之间的系统实现对接，同时以安全、快速的客户体验赢得了电子商务企业与个人客户的逐步信赖，深刻地改变着网购快递的使用习惯。

10.3 海尔集团的 CRM 整合方案

10.3.1 海尔集团背景

青岛海尔集团是中国家电行业的著名企业，以强大的研发能力、严格的内部管理和别具特色的市场营销闻名于国内外家电市场。海尔的成功与其一贯秉持的服务至上策略分不开。在20世纪90年代初，海尔率先在全国各主要城市建立了29个电话中心，客户只需拨打当地客服电话，就可以在约定时间得到海尔的上门服务，如安装、维修等，客户关心的问题也能及时得到解答。

这套系统为海尔最早在国内打出"服务牌"做出了积极的贡献。但随着海尔市场的拓展和服务区域的扩大，该系统处理能力有限，系统可靠性差、可维护性差显得越来越突出，经常出现死机、系统崩溃的情况，经常有顾客反映线路忙，无法接通，同时一些网点的服务质量也得不到有效监控，此外最大的问题在于电话中心与海尔售后服务中心之间的信息是

图 10.10 海尔集团

(图片来源：https://www.sohu.com/a/480321628_121124211)

脱节的，售后服务系统使用独立的系统，与电话中心没有统一的平台和标准，基础编码规范不统一，信息无法共享，集团不能掌握各项事业部的第一手数据，从而严重影响了企业对市场的反应速度和对客户的服务质量。因此，海尔集团决定改革现有的客户服务系统。

10.3.2 海尔的客户服务系统

海尔集团根据自身现状和未来发展战略的要求，决定先建立客户服务系统 CSS，项目的总体目标是建成以计算机和通信技术为手段、覆盖海尔集团客户服务中心、各客户服务事业部和全国各地客户服务中心、售后服务中心的信息管理系统。利用集团现有的网络基础设施，为顾客、售后管理、领导决策提供服务，实现海尔集团客户管理现代化，提高顾客满意度。

2000 年，海尔集团建成了自己的全国广域网，用于收集海尔在全国各地电话中心及售后服务中心的顾客信息，特别是建立起了实时的海尔顾客档案，为海尔的企业内部决策和管理及周到的客户服务提供了充分的技术保障。为满足对市场的快速反应，海尔集团决定在总部、上海和北京建立第三代呼叫中心，平台设计分为主机和网络系统、呼叫中心系统、数据库系统三大部分，可向顾客提供更加个性化的服务。

客户服务系统中，海尔还把为顾客建立起统一完整的信息档案当做重点工作来抓。在收集顾客信息方面，以呼叫中心为主，同时考虑市场及销售代表的反馈信息、顾客来函、售后服务部门和技术支持人员的信息、E-mail、传真、顾客登门等辅助方式。同时，客户服务系统不是孤立的，可与企业内部各部门协同工作、信息共享，并力争与其他系统，如 ERP 系统、SCM 系统、电子商务系统集成起来。

海尔客户服务系统的建立和运行使公司拥有了完整的客户信息系统，实现了分布式数据复制及共享，企业业务部门和工作人员可随时随地查找客户信息和进行服务质量分析，

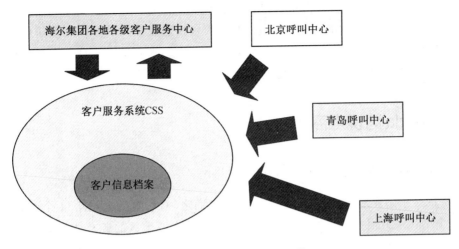

图 10.11　海尔集团 CSS 系统

同时也支持进行顾客回访、交叉销售等工作,提高了海尔对市场的反应速度和适应能力。

10.3.3　海尔集团 CRM 战略的实施

随着海尔业务的不断拓展,CSS 系统也不能满足所有客户服务的需求,因此海尔决定上马 CRM 战略。在实施 CRM 战略的过程中,为深入了解客户不断变化的需求及其潜在需求,提高信息化处理能力,一方面,海尔集团与三联的联网系统(B2Bi)进行整合。三联集团首先将消费者、分销商、供应商和物流商的信息进行整合,搭建一个门户信息网,并建立起 e-mart 系统——完善的电子商务平台。此后,海尔集团的 CRM 订单系统实现了与三联的 SCM 系统的对接。另一方面,通过 Web 服务,海尔集团的信息平台与三联的 e-mart 系统能够实现完美对接,双方的信息可以直接在系统中进行整合,从而提升了双方生产和销售的效率与效果。

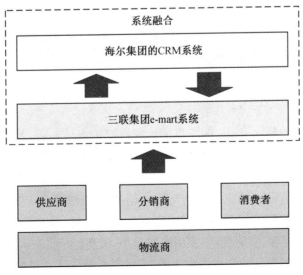

图 10.12　海尔集团 CRM 系统与三联 e-mart 系统融合

此外,为了实现与客户的零距离接触并快速响应客户需求,海尔集团的后台还使用了企业内部 ERP 软件及前台的 CRM 软件。通过前台快速收集到的客户反馈信息与后台的物流与供应链系统、财务系统、客户服务系统的实时连接,海尔集团实现了客户需求的协同参与,从而大大缩短了客户需求的响应速度。

10.4 Lazada 跨境电商平台

10.4.1 Lazada 跨境电商平台简介

Lazada 是东南亚地区最具增长潜力的本土电商之一,东南亚地区有 11 个国家,人口众多,是一个增长潜力很大的市场。随着智能手机在东南亚地区的普及,电商市场也随之迅速发展起来。Lazada 平台成立于 2012 年,在创建初期以自营为主,一年后逐渐向第三方卖家开放,转型成为电商平台,2014 年 5 月在新加坡设立总部。

图 10.13 Lazada 跨境电商平台

(图片来源:https://www.lazada.sg/)

2016 年阿里巴巴投资 Lazada,成为该平台的控股股东,Lazada 平台快速发展为东南亚地区最大的零售电商平台之一,覆盖印度尼西亚、马来西亚、菲律宾、泰国和越南,目前约有 3 000 万种销售商品。Lazada 在中国香港、韩国、英国和俄罗斯都设有办事处。

Lazada 平台销售类目已涵盖:汽配产品、生活用品、运动户外、婴幼儿产品、手表/太阳镜/珠宝、电视/音频/视频游戏/配件、媒体/音乐/书籍、时尚、玩具游戏、电脑、相机、手机及平板、旅行箱包、健康美容、家居生活、家用电器等 16 大类。

Lazada 为承担不断发展的跨境电商业务,系统平台经历了一系列的架构演化。

10.4.2　Lazada 平台系统架构的演化

Lazada 初期有两个系统：前台展示系统，商品、交易、优惠等后台系统。在业务发展过程中将后台系统进行了一定的拆分，其中交易、履约能力沉淀到订单管理系统 OMS 中。系统整体开发语言为 PHP，一些新的系统为 Go。

这样的架构存在很多问题：

(1) 架构划分不合理。没有分布式和模块化分层思想，模块和模块之间代码耦合严重，改动牵一发而动全身。

(2) 稳定性差。每周都有 P1 故障发生。

(3) 大量数据同步。系统间不是通过服务化接口调用，而是采用数据复制拷贝方式实现数据共享。

(4) 迭代周期长。系统架构复杂造成的结果是，研发团队合作效率低、稳定性差，导致新需求交付慢。

在阿里对 Lazada 收购之后，同时考虑到业务形态及所处的软件技术背景，阿里首先将无线端和搜索链路进行了阿里技术体系升级。将用户、商品详情、购物车、订单、退款、履约等系统全部重构，将数据迁移到新系统。

阿里在整个架构投入上，首先采用调用精兵强将直接接管新架构研发的方式，这样可以更好地接入和适配到阿里整体技术栈上。同时整个系统架构交付上，不考虑灰度策略，而是一刀切，开发一个完全新的系统。在明确了团队和交付方案与交付时间之后，团队背水一战，全力以赴进行了新 Lazada 系统的研发。

原有系统的整体架构迁移存在时间紧、任务重、强度大、复杂度高的问题，首先需要读懂原有解决方案的用意，才能更好地整合多个需求点并进行整体抽象或者合并，这个过程必然涉及不断的重构、融合、下沉。其次想要将新系统架构的业务能力融合进阿里整个技术层次与技术栈下，需要让技术团队对阿里体系化分层有清晰的认识，对于设计理念和技术体系进行快速的学习与消化。最后一个系统的交付涉及项目管理相关的能力，要求 Lazada 与阿里技术人员按照提交要求做事，明确提交要求和设计文档。

在完成了一系列的架构设计、研发投入、相互协作之后，新 Lazada 系统进入了交付阶段。整个交付流程涉及：技术方案设计、功能开发、测试、UAT、割接上线。在整个上线过程中，为确保系统无问题、不影响用户正常使用，需要在凌晨进行上线操作。

10.4.3　新的 Lazada 平台系统

最终，经过 6 个月的艰苦奋战，Lazada 新网站上线，和老系统相比，新网站有了 17 个电商核心域，包括会员、商品、交易、营销等；有了 29 个核心模块，包括无线、前端、后端三大部分。系统后端模块的 7 个核心系统，既降低了系统的复杂度，模块的单独拆分也比较容易。从 IDC、中间件、监控运维、业务系统都采用了阿里中台相关技术解决方案，节约了时间成本。新的 APP（包括个性化首页和新搜索功能）上线之后，系统运行稳定，性能有了很大提升，DAU 和 GMV 都有了 200% 的增长。

在对 Lazada 完成了一系列技术重构之后，新的系统架构可以更好地满足服务于未来的赋能需求。

（1）在之后的版本迭代中，Lazada陆续实现了无线端的APP秒开、个性化首页、新搜索算法。

（2）在卖家端，增加了新的橱窗推荐、优惠券、详情装修、客服IM工具、旺铺等卖家赋能工具。

（3）在平台功能上，提供了强大的选品和活动快速搭建能力，增加数据统计平台、智能Push平台等。

图10.14 Lazada在中国的官网

（图片来源：https://www.lazada.cn/? bd_vid=11148678969114099739）

本章关键术语

FastTrack方法论

ERP再造工程

HHT手持终端

全/半自动分拣系统

呼叫中心

GPS全球定位系统

条形码技术

全生命周期

GPRS 通用无线分组
MSG 服务
客户服务系统 CSS
e-mart 系统
订单管理系统 OMS
PHP 语言
智能 Push 平台

课后思考题

1. ERP 的实施给联想集团带来什么好处？
2. 顺丰速运的信息化综合集成应用的构成有哪些？
3. 海尔集团的 CRM 战略是如何实施的？
4. Lazada 平台系统架构是什么样的？

协作练习

杜邦和美国南方线材公司：企业信息门户的成功实施

公司计划和部署企业信息门户通常是为了向员工、客户和供应商提供企业数据、内容和新旧应用系统的统一 Web 访问点，但事情的发展并非总是与计划一致，常常是企业建立了门户，用户却不用。最近一次覆盖 20 多个行业 500 家企业的德尔菲调查发现，在已经建立了信息门户的公司中，有 37% 的企业对"目标用户缺乏足够的兴趣"感到失望。

分析家纳撒尼尔·帕尔默解释说，根据德尔菲调查的发现，人们愿意使用信息门户的原因是企业缺乏促使人们使用信息门户的策略——也就是德尔菲所说的变动管理。他说："在技术体系结构的后面缺乏战略的支持。"的确，很多企业都对门户技术一哄而上。与此同时，这些企业却没有正确地对待至关重要的可用性问题。例如，向用户介绍门户网站的功能，培训他们如何有效地使用门户；宣传门户使用价值，特别是宣传信息门户在解决具体业务问题方面的价值。

杜邦公司

杜邦公司（www.dupont.com）是一家拥有 38 亿美元的特种涂料集团。在杜邦公司，最关键的问题是内容管理。"我们有大量的市场营销文档：小册子、新闻发布稿、产品保修信息，面向分销商和汽车修理店的通用支持内容，"杜邦电子化企业战略主管凯瑟琳·马钱德解释说，"我们的销售人员要带着 50 磅重的历史文档到处跑。"

公司决定通过基于 Web 的内部网/外联网门户来传递信息，杜邦选择了 Bowstreet 公司的技术，这是一家门户软件和 Web 开发工具提供商。杜邦公司需要 6 种涂料品牌的信息定制能力，它还希望公司选择的技术能让其全球 2 500 家分销商和修理店通过近 4 000 个不同的站点视图看到这些信息。

自从内容管理实施以来，杜邦公司的网站发展十分迅速。现在，车身修理厂可以通过门户开展培训、获取标准程序工具和汽车油漆配色公式。此外还有工作招聘和简历服务，"坎玛德"说。至于分销商，杜邦公司正在研究增加订单跟踪和提高订单准确性的功能。

美国南方线材公司

美国南方线材公司（www.mysouthwire.com）位于乔治亚州卡罗尔顿，这是一家拥有17亿美元资产的电缆电线制造商。该企业的关键业务问题是理顺并简化业务流程。1999年，南方线材还没有建立一个理想的门户网站。这家私营企业只想要一个能支持客户在网上下订单的Web站点。它还想请IT人员为公司不同部门建立多个内部网站，这些网站的Web开发软件各不相同。但是4年后南方线材公司创建的门户站点产生了惊人的业务效果。

客户订单增加了33%，有25%的订单是电子订单，而且在线客户的订单额度是通过传真、电话或电子数据交换传过来的订单额度的两倍。由于门户站点增加了内容管理和工作流能力，公司的管理人员可以在门户上做审批工作或发布通知，而无须IT人员的帮助。

"我们有几个独立网站和一个相当棒的电子商务网站。门户网站将这些相互分开的站点统一到了自己的旗下，提供了统一的人口、多层安全访问、定制化和个性化的功能。"南方线材IT服务小组的开发经理塞达·辛普森说。公司现在使用的门户技术来自Sybase公司。辛普森回忆说："在CEO的倡导下我们要做这一领域的领先者。"

南方线材最初的门户站点只支持客户订购1 200种常规产品，而公司的库存商品种类却有65 000种。据辛普森说，公司的重点不是为订购站点建立一个"完美的前端店面"。公司真正的需求是削减处理大量纸质文档的成本并提高生产率。"我们不希望在屏幕背后还要做人工处理，"辛普森说，"南方线材要争取获得更高的效率，我们要削减不必要的工作，理顺并简化流程。"

因此，公司强调订单站点与后端系统的集成。公司消除了大量的手工工作，这意味着需要重新敲入系统的电话和传真信息减少了。这种运作流程的简化是南方线材推崇门户站点的一个重要原因。

（资料来源：https://bbs.pinggu.org/zyzt/687159/1.）

请分组讨论完成以下练习：

1. 为什么很多企业信息门户网站没能引起"目标用户群的足够兴趣"？如何提高企业门户站点的使用率？

2. 对杜邦特种涂料集团来说门户网站的企业价值是什么？应该如何提高这一价值？

3. 南方线材公司的企业门户网站为企业带来了哪些益处？描述进一步优化企业网站的方法。

本章测试及答案

第 11 章 信息技术应用的伦理问题及应对策略

> **学习目标**
>
> 1. 了解商业伦理的概念。
> 2. 理解引发伦理问题的关键技术。
> 3. 掌握信息系统的道德维度。
> 4. 理解信息技术应用引发的伦理问题及对策。
> 5. 正确理解国家发展战略、产业政策,熟悉法律法规,树立正确的信息伦理观、人生观、价值观。

> **导入案例**
>
> **MT.GOX(门头沟)事件**
>
> 比特币(Bitcoin)的概念最初由中本聪在 2008 年 11 月 1 日提出,并于 2009 年 1 月 3 日正式诞生。与大多数货币不同,比特币不依靠特定货币机构发行,它依据特定算法,通过大量的计算产生,比特币经济使用 P2P 网络中众多节点构成的分布式数据库来确认并记录所有的交易行为,并使用密码学的设计来确保货币流通各个环节安全性。
>
> MT.GOX 是比特币历史上最著名的交易所之一。成立于 2010 年,最初是一个用于交易魔法卡片的网站,随后转型为比特币交易所。在其巅峰时期,MT.GOX 曾经是全球最大的比特币交易所之一,占据了全球比特币交易量的 70% 以上。
>
> 然而,MT.GOX 的管理团队和技术架构却存在严重问题。2013 年末,MT.GOX 开始出现提现问题。此时,许多用户发现自己无法从 MT.GOX 提取比特币,而该公司也没有给出详细的解释。2014 年 2 月,MT.GOX 突然关闭了其交易平台,并声称其遭到了比特币大规模盗窃攻击。此后,该公司宣布破产,并称失去了约 85 万枚比特币,价值约为 43 亿美元,是比特币历史上最大的单次盗窃事件。
>
> 比特币经历门头沟事件后元气大损,币价因之低迷了很长一段时间。两年后随着整个加密货币市场的回暖,比特币又焕发了勃勃生机。
>
> 从此次事件可以看出,监管机构在保护投资者和用户方面的作用不可或缺。监管机构可以规范交易所和数字资产管理公司的运作,以确保它们的运营符合法律法规,并保障用户的资产安全。与此同时,监管机构还可以对加密货币市场进行监管,确保市场的稳定性和公平性。
>
> 比特币和其他加密货币的发展需要一个良好的生态环境。除了交易所和数字资产管

图 11.1 比特币

理公司外,社区中的其他参与者,如矿工、开发人员和普通用户,也需要发挥积极作用。他们需要共同努力,为比特币和其他加密货币的发展提供必要的技术支持和社区支持。

(资料来源:小币猫区块链. MT. GOX(门头沟)事件,比特币历史上永远的痛[EB/OL]. (2023-03-25)[2023-05-28]. https://baijiahao. baidu. com/s? id=17613535192221417388&wfr=spider&for=pc)

11.1 商业伦理概述

一般而言,信息系统包括人、信息和信息技术三个维度。信息系统的使用效果除了受信息技术、信息的质量等的影响之外,最重要的还是取决于人这一关键要素。所有的商业组织和信息系统都在一定的社会环境中运作。在数字信息时代,可以通过操纵计算机从很多方面影响人们的生活。所有的信息系统专业人员、业务经理和用户的伦理道德很大程度上决定了其如何看待和使用信息,他们都有责任确保充分考虑信息系统使用的潜在后果。

11.1.1 商业伦理的含义

伦理是人与人相处应遵守的道德和行为准则。在公元前 4 世纪,柏拉图写的《理想国》一书中,苏格拉底在与别人讨论"我们应该过怎样的生活"时对道德做了很好的描述。中国的道德文化对中国企业经营影响深刻,如《论语》中"己所不欲,勿施于人",是国内诸多经营者信奉的信条。又如《道德经》中的"慎终如始,则无败事",也是企业家经营的座右铭。

商业伦理是一门关于商业与伦理学的交叉学科,是商业与社会关系的基础。商业伦理的研究对象是经济活动中人与人之间的伦理关系及规律。商业伦理有助于建立合理的商业道德秩序,促进经济健康可持续发展。商业伦理的研究起源于对经济学的研究,亚当·斯密在《道德情操论》《国富论》《法理学讲义》等诸多著作中都有论述。法国古典政治经济学家西斯蒙第继承了亚当·斯密的思想,他认为经济发展的同时必须保障人的权益,如果因为想要增加自身财富而损害其他人的利益是违背社会伦理道德的。我国学者对商业伦理也进行了系统研究,纪良纲认为商业伦理是企业经营本身的伦理,具体表现为商人从事交易活动、处理相互之间关系的规范和准则。刘宝成教授认为商业伦理的任务就是在哲学和实践层面上找到、界定和规范商界和周围世界的关系,该关系既包括商家和消费者之间的关系,也包括自然和时间的关系。

自 20 世纪 60 年代开始,学者对商业伦理进行了持续、深入的研究,具体的研究阶段及内容见表 11.1 所示。

表 11.1 商业伦理研究阶段及主要内容统计表

时间	发展阶段	主要内容
20 世纪 60 年代至 70 年代	起步和萌芽	研究的内容局限于对社会中发生的商业伦理的问题进行收集、分析和探索,并引入了企业效益这一维度,对在企业经营中建立一定的商业伦理规则进行了初步的探索
20 世纪 80 年代	多元化趋势	学者们开始对商业伦理各维度对组织的决策和行动产生的影响进行研究,并在对商业伦理的评价方面基于不同的目的引入了更加多元的维度;在企业实践方面,企业界也逐步认识到商业伦理的重要性,开始在企业中引入书面的商业伦理规范
20 世纪 90 年代至今	突破及成熟	各国学者对于商业伦理问题的研究也更为成熟,在以往对商业伦理案例搜集和分析的基础上,商业伦理问题在不同的层次上得到归纳总结

11.1.2 引发道德伦理的关键技术趋势

网络进步使数据流动和存储的成本大大降低,数据分析和数据挖掘技术的不断进步导致大规模的用户隐私遭到侵犯。因此,信息技术增强了商业伦理问题的重要性,给现代社会的管理带来困扰(表 11.2)。

表 11.2 信息技术及引发的伦理问题

信息技术趋势	信息技术引发的伦理问题
计算机能力每 18 个月翻一番	企业对系统的依赖性增强,面对系统错误以及低质量的数据问题缺乏合理应对措施
数据存储成本快速下降	破坏个人隐私的违法行为更容易,代价更低
数据分析和数据挖掘技术不断进步	个人隐私泄露的风险加大,企业可以轻易获取个人的隐私信息
网络技术和互联网的广泛使用	数据控制和远程运输更加便捷,成本更低
信息技术趋势	信息技术引发的伦理问题
人工智能技术快速发展	AI 技术的应用也可能导致人工智能歧视
基因编辑技术广泛应用	可能会导致人类基因的纯化和不平等,或者引发不可预测的副作用。此外,基因编辑技术的应用也可能引发伦理问题,如"设计婴儿"等问题
虚拟现实技术迅速普及	虚拟现实游戏中的暴力、色情和其他不良内容可能会对玩家产生不良影响,尤其是对年轻人的身心健康产生负面影响。此外,VR 技术还可能导致隐私泄露和数据滥用等问题

11.2 信息系统的道德维度

信息时代,关于伦理道德讨论又增加了新的元素,即人们搜集和存储个人信息以及在对信息进行处理和加工的方法,增加了道德困境发生的可能性。

网络具有虚拟性、隐匿性、信息泛滥、碎片化等特性。一般来讲,产生信息系统道德困境的主要原因如下:网络环境下,个体的行为和旧的行为规则约束之间产生冲突;社会机构难以在短时间内对网络行为制定相关的规矩、期望、规则和社会责任;政治机构需要较长的时间制定、完善针对网络环境的新的法律法规。这就导致个体可能会在一个法律的灰色区域中行动。具体见信息系统道德维度模型(图 11.2)。

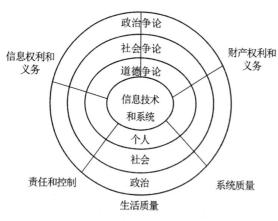

图 11.2　信息系统道德维度模型

由图 11.2 可以看出,信息技术及应用易引发商业伦理、社会、政治问题等道德困境,内容主要包括以下五个道德维度:

道德维度一:信息权利和义务。对个体和组织自身而言,要明确其具有哪些信息权利,应该履行哪些相应的义务。

道德维度二:财产权利和义务。具体表现为如何保护数字社会环境下的知识产权等财产权。

道德维度三:系统质量。网络环境下需要什么样的数据标准和系统质量来保护个人的权利和社会的安全。

道德维度四:生活质量。在以信息和知识为基础的社会中,人们应当保留什么样的价值观,新的信息技术支持什么样的文化和实践。

道德维度五:责任和控制。如何界定对个体及集体的信息、产权造成伤害的责任主体。

无论企业或个人,在运用信息技术解决问题时,都需要遵循以上道德维度标准。表 11.3 描述了北京字节跳动科技有限公司使用的主要信息系统及对应的道德维度。

表 11.3　北京字节跳动科技有限公司使用的主要信息系统及对应的道德维度

信息系统名称	功能	道德维度
人力资源信息管理系统	管理员工的基本信息、入/离职流程、任务指派、绩效考核、薪酬福利等	保护员工隐私和信息安全,确保信息的保密性和完整性
客户关系管理系统	支持和管理客户和合作伙伴关系,包括市场营销、销售活动、客户服务、合同管理	诚信和保护客户数据隐私,确保企业与客户之间的良好信任关系;需要遵守相关法规和规定
信息安全管理系统	管理和保护企业的信息系统,包括访问控制、数据安全、网络安全、应急响应	保护企业的信息资源和客户的数据隐私,遵守相关法规和规定,防止未经授权的信息泄露和滥用

续表

信息系统名称	功能	道德维度
财务管理系统	管理企业的财务流程,包括预算管理、会计核算、成本控制、财务分析	确保会计和财务活动的合法性和透明度,遵守相关法规和规定,防止财务舞弊和违法行为

由表 11.3 可以看出,北京字节跳动科技有限公司重视对信息系统中的道德维度的关注,保护员工、客户和企业本身的良好声誉和信任关系;同时遵守相关法规和规定,促进企业的可持续发展。

11.3 信息的安全问题

11.3.1 知识产权

知识产权是基于创造成果和工商标记依法产生的权利的统称。最主要的三种知识产权是著作权、专利权和商标权。诸如音乐、小说、产品设计图、项目创意等专有文件都属于知识产权。在现实生活中,如何使用或复制受版权保护的软件,几乎是每个人都会遇到的伦理道德问题。同时,网络快速发展,网民群体日趋庞大,网民结构更加复杂,部分网民缺乏相关的法律常识,网络法律普及程度低,自身网络知识产权的保护意识淡薄,无法准确判断自己的网络行为是否侵权。

一般而言,当用户购买受版权保护的软件时,用户只是购买了使用权,没有其他的权利。软件包装上面的版权协议规定了用户可以复制多少份。有些软件公司甚至要求用户只能将软件安装在一台电脑上,即只供自己使用。其他公司的规定可能相对宽松,允许用户将软件安装在多台电脑上,但前提是任何时候都只有一个人在使用这个软件。在这种情况下,软件公司认为软件就像书本一样,你可以把它放到不同的地方,也可以把它借出去,但是同一时间只能有一个人使用它。如果复制那些受版权保护的软件也是违法的。盗版软件(pirated software)是未经许可的使用、复制、传播或销售受版权保护的软件。Ruth Vitale 在数字公民 2020 年 8 月发布的报告中发现,仅在美国就有大约 3 000 万人使用盗版流媒体订阅服务,每年为运营这些服务的犯罪企业带来超过 10 亿美元的收入。根据美国商会的说法,这种广泛的侵权行为每年给美国经济造成 292 亿～710 亿美元的损失。

11.3.2 大数据信息技术的伦理挑战

近年来,网络不断发展,越来越多的人参与到网络活动中,网络数据呈现几何级增长趋势。网络信息技术不断升级,刷脸支付、机器人客服、二维码技术、人工智能等新技术延伸了企业服务的空间,降低了服务成本,也大大提升了消费者的体验感。如在医疗领域,医院基于现有技术,可以在一秒钟读取 3 000 次以上早产婴儿的各项身体指标数据,通过分析这些数据,医院能够在较短时间识别有问题的早产儿,准确、快速地制定治疗方案,提高早产儿的存活率。又如,在客户服务方面,诸多企业尝试使用人工智能客服提升企业客户服务响应率,优化用户体验,降低企业成本。目前,借助大数据技术对消费者行为的分析,部分人工智能创造物逐渐具有类似于人类思维的能力。很多消费者在咨询的过程中如果不是特别留意,已无法区分为其提供服务的是人工客服还是机器人客服。

然而,大数据的应用是一把双刃剑,它为社会创造效益的同时,也给社会安全、经济发展以及伦理道德等方面带来了风险和挑战。具体见图11.3所示。

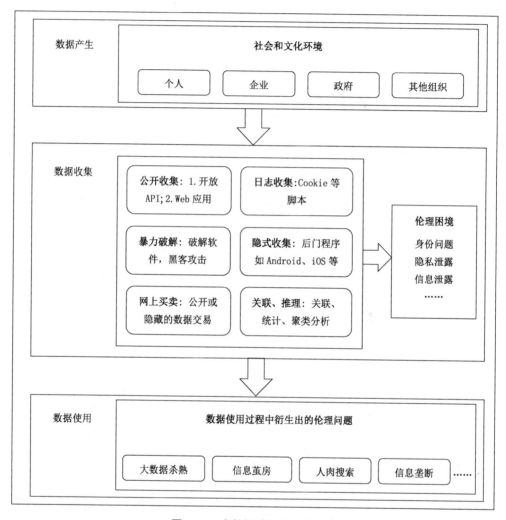

图11.3 大数据时代的伦理问题

如图11.3所示,大数据时代,人们的日常生活和互联网的关系日益密切。对个人而言,通过网购平台购买产品,通过搜索引擎获取信息,通过智能设备提升体验感,通过社交工具完成即时沟通,通过政府、其他组织的网站获取更多需要的信息等,这些均会留下个人数据信息;对企业而言,企业基于网络积极推进"互联网+"业务,产生诸多交易信息;就政府而言,各级政府和其他组织积极推进电子政务,提供便民服务,在网络留存大量服务信息。这些数据规模庞大、采集速度快、来源多样、结构复杂,经过整合分析可以具有很高的商业价值。因此,有些企业为谋取利益,往往会在消费者不知情的情况下通过各种渠道收集(如公开收集、暴力破解、隐式收集)、深度解析,甚至贩卖消费者的信息,致使侵犯消费者的隐私权、知情权等伦理行为不断发生。企业获取信息后,在数据使用中衍生出大数据杀熟、信息茧房、人肉搜索、信息垄断等行为,对传统伦理道德提出挑战,严重损害了消费者的合法权益。

一般而言,数据伦理问题主要表现为非法收集数据、数据滥用、数据安全和数据霸权。

1) 侵犯消费者的隐私权

侵犯消费者的隐私权主要从两个方面体现:其一是价格差异化。商家收集客户信息,分析客户的消费偏好和习惯,然后进行差异化销售,以谋取更多利润,致使同样的产品和服务,在"新人"显示端的价格往往比"老人"显示端更便宜。如携程等预订酒店的电商平台会对新旧客户进行差异化定价;滴滴等打车软件对不经常叫车的客户收取较低的费用。其二是信息泄露。企业在没有得到消费者授权的情况下,基于搜集的客户数据精准分析,对客户进行差异化管理。例如,2020年3月25日,淘宝以风险控制为由封锁了拼多多的员工账户及其亲属账户,这种准确的识别让人们直观地看到了电子商务平台在数据中的霸主地位。无独有偶,携程酒店的一名员工在美团平台上进行消费时也会被各种风控。这一系列问题的原因就是大数据的滥用处于监管缺失状态。大数据下保护消费者权益迫在眉睫。

2) 销售者的公平交易权受损

企业利用数据算法,为不同客户画像,利用客户与平台之间的信息不对称来掩盖对同一商品进行差异定价的行为。例如,对价格变化反应迟钝的客户,擅自提高产品售价,以此获得超量的利益,对于价格变化反应敏感的客户,企业会发放限期优惠券或推行满减活动,以此达到诱导用户消费、增加经营者利益的目的。

3) 数据算法和数据霸权

当前,互联网企业几家独大,导致出现信息数据时代中的马太效应。寡头企业利用数据技术垄断市场,大的互联网公司持续吞食小企业,进行数据互联,以较小的代价即可攫取大量社会财富。而小微企业和非科技公司逐步丧失数据的控制权,发展面临巨大挑战。

11.3.3 网络暴力

网络暴力是在信息网络上针对个人肆意发布谩骂侮辱、造谣诽谤、侵犯隐私等信息的行为。网络暴力行为贬损他人人格,损害他人名誉,扰乱网络秩序,破坏网络生态,严重影响公众安全感。基于当前大家对网络暴力行为的认知,网络暴力行为主要表现为以下两个方面:

1) 在网络上通过文字、图片、视频等形式进行有针对性的攻击和辱骂

网络的匿名性为许多人戴上虚伪的面具。网络"键盘侠"利用公民言论自由权利,在网络上针对与自己认知不同的人进行大规模的人身攻击,即使设置了违禁词语,施暴者还会借助谐音、音译等方式进行攻击。

2) 人肉搜索

广义的人肉搜索是指利用现代信息技术,将传统的网络信息搜索转变为找人、问人、人碰人、人挤人的关系型网络社区活动。广义的人肉搜索泛指一切由信息"征集者"提问,信息"应征者"答疑的信息搜索与提供方式。狭义来讲,人肉搜索是将Google、百度等搜索引擎与人工搜索相结合,通过在网络上发出"人肉搜索令",利用网络开放平台充分动员广大网民力量,集中网民注意力,在网络上搜索某一个人、某一件事的信息和资源,确定被搜索对象的真实身份并将其暴露于互联网世界之中的一种超强的搜索手段。人肉搜索具有双面性,一方面人肉搜索打破了言论的垄断、保障了公民的言论自由,有助于行使公民的监督权利,维护社会的公平正义。如"5·12"四川大地震后,Google、天涯、百度、新浪、网易等网站启动的"人肉搜索"——"寻找灾区的亲人"活动中,"人肉搜索"彰显出强大的草根舆论监督作用和能力,展现了前所未有的人文关怀和社会凝聚力。另一方面,"人肉搜索"也会导致网络暴力、侵犯他人隐私等网络伦理行为。网络人肉搜索的常用手段是,大肆挖掘、搜集、公开个人的信息资料和其他相关信息,并采用网络谩骂、网络通缉令、细节情节生造及假造的行为,对搜索对象进行恐吓、人身攻击和泄愤谩骂,出现了网络行为的暴力化倾向。正常情况下,网络公众应该是话语权的掌控者,但在更多的时候,网络公众只能作为被动的接受者。网络环境的公开虚拟使匿名宣泄无法受到即时管制,这一网络言论发布的特点使公众得以宣泄其以往的失衡。当众多网民的热情汇集在一起后,话语权被极度放大,导致被搜索的"人肉"隐私曝光、遭受铺天盖地的舆论谴责。网络社会盛行的人肉搜索过程中,网民大多是在被搜索对象未许可的条件下搜集他人信息,之后又在未经搜索对象同意的情况下进行传播和披露,这些行为已经侵犯了被搜索对象的隐私权,超出了法律对于隐私权保护的底线,是违法的行为。

11.3.4 网络诈骗

在"互联网+"的时代背景下,电信网络诈骗犯罪分子利用先进的科学技术为其诈骗行为"保驾护航"。早期的电信诈骗,犯罪分子多使用短信群发器进行短信诈骗。近几年来,随着网络技术的飞速提升,犯罪分子开始利用 VoIP 电话、任意号码更改软件、钓鱼网站、伪基站等先进科技手段实施欺诈,还能通过科技手段获取特定对象的详细信息,从而实施精准诈骗,这使得诈骗成功率越来越高。而且,诈骗犯罪分子还会提前对话务组的成员进行培训,训练其在面对突发情况时的随机应变能力。电信诈骗精准性高、具有非接触性、隐匿性强等特点,侦破难度大。

1) 钓鱼网站

钓鱼网站是指欺骗用户的虚假网站。钓鱼网站的页面与真实网站界面基本一致,欺骗消费者或者窃取访问者提交的账号和密码信息。钓鱼网站一般只有一个或几个页面,和真实网站差别细微。钓鱼网站是互联网中最常碰到的一种诈骗方式,通常伪装成银行及电子商务网站,窃取用户提交的银行账号、密码等私密信息。图 11.4 为假冒淘宝的钓鱼网站。

图 11.4 假冒淘宝的钓鱼网站

(图片来源: https://news.68idc.cn/safe/anquanqita/20150114171638.html)

一般而言，网络钓鱼诈骗的手段有以下七种：

(1) 发送电子邮件，以虚假信息引诱用户中圈套。

(2) 利用虚假的电子商务进行诈骗。

(3) 建立假冒网站骗取用户账号、密码实施盗窃。

(4) 利用"木马"和"黑客"技术窃取用户信息。

(5) 网址诈骗。

(6) 解除用户"弱口令"窃取资金。

(7) 手机短信诈骗。

2) VoIP

VoIP 是一种以 IP 电话为主，并推出相应的增值业务的技术。VoIP 主要有三种方式：①网络电话：完全基于 Internet 传输实现的语音通话方式，一般是 PC 和 PC 之间进行通话。②与公众电话网互联的 IP 电话：通过宽带或专用的 IP 网络，实现语音传输。终端可以是 PC 或者专用的 IP 话机。③传统电信运营商的 VoIP 业务：通过电信运营商的骨干 IP 网络传输语音。提供的业务仍然是传统的电话业务，使用传统的话机终端。通过使用 IP 电话卡，或者在拨打的电话号码之前加上 IP 拨号前缀，这就使用了电信运营商提供的 VoIP 业务。

"VoIP"设备是一种虚拟拨号设备，可以远程控制异地固话拨打电话，实施诈骗行为。这种设备帮不法分子实现人机分离，达到隐藏身份、逃避打击的目的。为了实现异地拨号，不法分子往往会以"高薪"为诱饵，招募人员在境内搭建 VoIP 设备。具体如图 11.5、图 11.6 所示。

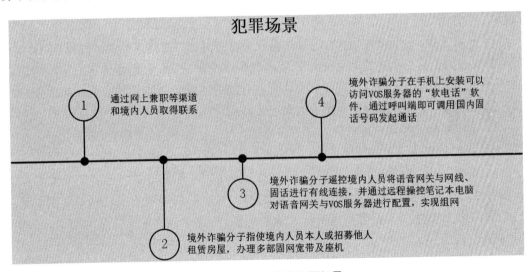

图 11.5 VoIP 业务犯罪场景

3) 刷单诈骗

刷单兼职诈骗是指骗子通过网络途径发布以"零投入、高回报、日清日结"为噱头的刷单兼职信息，通过头几次刷单后立即返还本金、佣金，骗取事主信任后，诱导其加大本金投入，随后以打包任务未完成等理由拒不返款，最终将事主拉黑。一般而言，刷单诈骗有以下几个步骤：

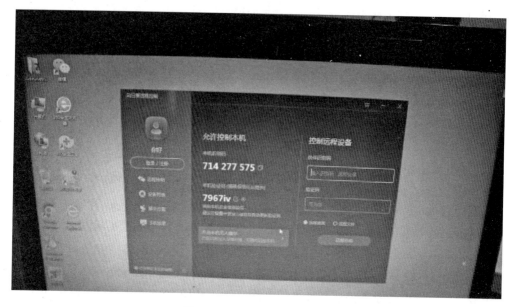

图 11.6　VoIP 远程控制场景

(图片来源：https://baijiahao.baidu.com/s?id=1758676646978651898&wfr=spider&for=pc)

（1）设置诱饵。骗子在用户使用的各种社交平台（如抖音、快手、微信、QQ、微博等）发布招聘广告、发送短信甚至直接加好友，打着"高薪""轻松"的旗号让用户心动。有时，平台上的点赞兼职也是诈骗，诈骗分子以送礼品为诱饵，吸引用户添加微信，然后拉用户入群进行刷单、"做任务"。

（2）愿者上钩。一旦用户主动联系，诈骗分子就会对用户进行培训，告诉用户工作十分简单，只要在网上拍下指定的商品并付款就能获得不菲的报酬，但是商品货款基本是需要用户先垫付的，诈骗分子说订单拍完后会将货款和酬劳一起支付给用户。为了骗取用户的信任，通常诈骗分子会让用户看到他人的兼职收益和付款截图。

（3）施以小利。当用户进行到"工作"这步时，诈骗分子会先给些甜头，前面几单会按照约定支付货款和酬劳，骗得用户的信任，目的是让用户加大投入，多刷多赚。

（4）实施诈骗。取得用户信任后，诈骗分子就会以"任务未完成""卡单""未按操作进行"等各种借口拒绝支付货款和酬劳，并不断鼓励用户连续刷单，且表示只有不断刷单才能拿到之前的货款和酬劳。如果用户听信了骗子的话，想要拿回之前的货款和酬劳，那就一步步陷得更深了。

11.4　信息技术伦理问题应对策略

11.4.1　网络知识产权保护措施

1）促进网络知识产权保护的技术创新

目前，我国网络技术投资力度不足、自主研发技术滞后、核心技术发展相对薄弱、科研成果转化率不高。因此,我国网络知识产权保护应该从以下几方面着手,以促进网络知识产权保护技术的发展:①国家应当加大网络技术研发与创新的投资力度,为知识产权保护技术的研发提供强有力的资金支持,扶持一批颇具互联网技术研发潜力的企业,鼓励和资助高校积极研发网络知识产权保护技术,提高我国自主知识产权的高新技术含量。②创建一支先进的网络技术研发队伍。引进网络技术研发、创新的高素质人才,培养网络技术监管、网络安全保护的人才队伍。③积极制定和实施国家知识产权战略,从知识产权创作、管理、保护、应用等多方面采取有效措施,重视核心产品关键技术研发与产品转化,逐渐建立一批对社会经济的发展有强大引领作用的关键核心技术的自主知识产权,努力建立一批具有自主产权的知名品牌、国际竞争力较强的优势产业。

2) 健全网络知识产权保护的法律制度

首先,健全网络知识产权制度。借鉴西方国家知识产权管理经验,结合自身实际,制定切实有效的网络知识产权法律保护制度,对打击侵权行为给予制度上的支持和保障。其次,完善网络知识产权保护方面的法律法规,及时处理信息网络知识产权利益纠纷等问题,与时俱进,不断完善和修正法律法规。

3) 构建网络知识产权保护的伦理规范

网络赋予网民极大的自主性和独立性,网络知识产权的保护、网络环境的优化离不开网民的自觉维护和共同努力。首先,强化网络知识产权教育,提升网络知识产权保护意识。通过在基础教育中增设知识产权课程,对不同层次类型的团体组织和个人进行有针对性的培训等方式,普及网络知识产权保护知识,提高公民知识产权保护的意识和能力。其次,大力宣传网络知识产权保护方法。借助网络媒体,广泛宣传知识产权在国家建设中的重要作用和地位,广泛、精确、有针对性地宣传和普及有关知识产权的法律知识、道德理念。

11.4.2 大数据伦理问题的应对策略

1) 电商平台应建立信息获取机制,控制大数据的使用,坚守技术道德底线

各电商平台在获取消费者信息时,要积极规避消费者隐私信息。规范各平台行为,在获取消费者信息时,应积极规避消费者隐私信息。严防平台店铺通过办理会员、赠送礼品等方式诱导消费者提供手机号、地址、微信号等个人信息。

各电商平台要完善内部审查制度,进一步细化产品隐私政策。一方面严格审查不同设备传至企业的数据信息,根据不同业务类型划定信息保密等级,不同业务使用不同等级的加密技术,提高顾客信息安全保密程度。另一方面,制定科学合理的产品隐私条例,客户端查看及修改信息均进行差异化处理。企业实时监测平台内容,对不合规信息做到及时发现。一旦发生信息安全风险,第一时间通知客户并做出补救措施。除此之外,企业应公开披露企业所提供产品或服务的隐私政策以及维护客户安全的具体措施,广泛进行数据安全宣传,提升用户的信息安全意识。

2) 提升消费者自身的隐私保护及维权意识

消费者是数据算法最直接的受害者。基于信息的不对称性,消费者很难完全规避技术层面的伤害。消费者要识别并远离电子商务平台的消费陷阱,首先要提高自身的隐私保护意识。在网络应用中,遇到填写及传播个人信息时,要能够理智对待,不能因为贪图一份小礼品、一张优惠券而泄露自己的隐私信息。其次要树立维权意识。当自己的隐私权、选择权受到侵犯时，勇于向有关部门举报或者充分利用网络发挥舆论作用来进行维权，不被虚假的"折扣"和"促销"所欺骗。

3) 政府加强外部监督管理，完善相关法律法规

目前，支持和规范政府数据共享开放的法治建设相对薄弱。数据权利、大数据应用和流通的规则等都还有待明确。建议加快推进大数据相关领域立法，为促进构建数据有序流通、有效应用的法治格局创造条件，推进政府数据共享开放，建立健全相关法律法规。同时，政府部门要充分发挥其监督管理的作用。一方面，要合理确定对企业失范行为的惩罚力度，减少企业触碰商业伦理底线的概率；另一方面，对守信守法以及在伦理道德方面有模范表现的企业要给予奖励，并大力宣传其诚信行为。

11.4.3 网络暴力应对策略

产生网络暴力的原因主要有两个：其一是大众关于网络暴力问题法律意识淡薄，意识不到在网络上不当发言会触犯法律，也不知道自己的言论会产生什么样的社会影响。其二是，法律法规不够完善。一方面，政府对网络问题运用法律防控的力度不够，另一方面，法律法规有滞后性，关于新型网络暴力问题的法律更新速度和完善程度不足。网络暴力问题可从以下三个方面进行应对：

1) 加大网络相关法律常识的普及力度

目前，国家高度重视网络暴力问题，制定了系列法律法规，包括《民法典》人格权编、侵权责任编，《刑法》《网络安全法》《关于依法惩治网络暴力违法犯罪的指导意见》等法规中的相关规定。然而，多数网民对这些法律法规不熟悉，没有网络安全的法律意识。一些不法分子为了博取流量、吸引眼球，利用网民的好奇心、断章取义、哗众取宠，利用法律意识淡薄的网民复制、传递信息，发酵不实言论，进而产生网络暴力行为。因此，需要加大网络暴力相关法律法规常识的宣传。通过论坛、知识讲座、网络知识竞赛等多种形式，提升网民的法律意识，合理规范自身的网络行为，降低网络暴力发生的可能性。

2) 网络平台自身要加强治理，创设良好的网络沟通环境

首先，平台要结合法律法规完善治理制度，出台平台公约，规范网民行为。如2022年抖音平台更新了《抖音社区自律公约》，新版内容对各方关注的网暴、不实信息传播等现象给予明确界定，进行规范治理和正向引导。新版《抖音社区自律公约》融合法律法规和平台治理要求，对涉及侵犯人身权益、违法与不良内容、不实信息、违反公序良俗、侵害未成年人权益、虚假与不诚信等行为和内容予以限定。其次，平台要做好监督，及时纠正、治理网络不良行为。平台可以通过发布网络防暴指南、拦截不良信息、发送防护提醒、私信保护、举报投诉等方式，帮助网民快速有效防范网暴侵害。

3) 进一步完善法律法规

现有的法律法规仍存在针对性不强、衔接不畅、效力不高等问题，制度实施效果与人民群众的期待还有一定的差距。因此，政府相关部门应从网络暴力信息治理角度，进一步加大建章立制的力度，及时出台相关部门规章，并积极会同有关部门开展研究，推动制定更加完善的法律制度，强化对当事人的保护救济。

11.4.4 网络诈骗应对策略

1) 加大对网络诈骗源头的打击治理

首先,网络市场监管部门积极发挥指导及监督作用,确保各大互联网企业履行社会责任,严格管理网络信息发布,杜绝"刷单"等词汇出现在网络媒体上,打击各类利用互联网进行返现的活动。其次,加强对电信和金融部门的监管和治理。同时,完善电信行业的治理。电信运营商要加强对 VoIP 电话业务和任意显号功能的管理,以及加强对非法出租网络通信线路的监督核查力度,并且要如实记录所有呼叫内容以及呼叫数据;进一步强化对网络非法信息的监管力度,利用大数据分析技术筛选、过滤、截获与诈骗信息相关的关键词语;最后,加强对金融行业的监管。银行和其他金融行业应建立异常账户监测预警机制,定期清理过期僵尸用户卡,严格执行相关规定,如控制一个身份证号在一家银行开办银行卡的张数。同时强化公民信息核验机制,改进银行卡管理,将开户人或持卡人的生物特征与卡片信息结合,减少卡被盗用的风险。此外,金融结构要加大对大额资金转账的动态预警机制,发现可疑情况,及时进行资金控制。

2) 进一步完善个人信息保护机制

(1) 逐步完善公民个人信息保护法律规范体系。针对我国个人信息犯罪频发这一社会问题,《中华人民共和国刑法修正案(七)》首次将侵犯个人信息入刑,在《中华人民共和国刑法修正案(九)》中进一步细化了该规则。2017 年最高人民法院、最高人民检察院联合印发了《关于办理侵犯公民个人信息刑事案件适用法律若干问题的解释》,进一步明确和细化了侵犯公民个人信息罪的入罪标准。2021 年 11 月 1 日起《中华人民共和国个人信息保护法》正式施行,明确规定了各种定罪量刑的情节,严格界定了个人信息收集的主体,并且规定了相关单位工作人员违反规定、侵犯公民个人信息应承担的法律责任,协调了各部门法中关于公民个人信息保护相矛盾的部分,明确了个人信息的保护范围,更进一步保障个人信息安全。后续,为确保发挥法规的有效实施,需要政府各部门建立相关配套机制作为支撑。例如掌握公民个人信息的部门及其相关工作人员,除了有国家法律规制,相关部门也应该在法律范围内制定与本部门实际情况相符的规章制度,以及对应的监督、追责机制。

(2) 进一步完善公安机关对网络诈骗的打击制度。首先,要成立打击网络诈骗专职队伍。网络诈骗具有地域广、专业性强、隐蔽性等特点,打击网络诈骗是一项长期而复杂的工程,需要形成长效机制。其次,公安机关需要成立由刑侦、经济侦查、网络监控等多元化的打击网络诈骗专职队伍,加强对人员的培训,不断革新技术,积极尝试探索大数据、人工智能等新技术在网络犯罪的防范及侦破行为方面的作用。

3) 提高公民自身的个人信息防范意识,加大信息安全及防范的知识普及力度

引导公民养成良好的网络使用习惯。具体如下:

(1) 使用复杂性强度高的密码,如使用大小写字母、数字和特殊符号的混合体。

(2) 为每个应用设置不同的密码(也许会有很多密码)。

(3) 按照一定频率更换密码。

(4) 将个人文件粉碎后再丢弃。

(5) 将家中的个人文件放在一个安全的私密位置(最好放在保险箱里)。

(6) 每年至少从三大信用报告机构（央行征信中心、百行征信、上海资信有限公司）那里查看一次自己的信用报告。

(7) 不要随身携带社保账号。

(8) 不要把需要邮寄的信件放在不安全的区域（如把它夹在信箱的外面）。

(9) 不要把社保账号或者驾驶证号打印在支票上。

(10) 不要把从银行购买的个人支票寄到家里，选择寄到银行，然后去取。

(11) 不要在使用电子邮件和电话等方式与别人进行交流时透露你的个人信息，除非是你发起的。

(12) 不要回复可疑的电子邮件。

(13) 不要随意订阅无法识别或者不知道是不是正规公司发来的电子邮件。

(14) 不要轻信各类中奖信息。

(15) 当需要输入个人信息或财务信息的时候，记得检查网站的https或锁型标志。

本章关键术语

商业伦理

知识产权

网络暴力

网络诈骗

钓鱼网站

VoIP

刷单

人肉搜索

数据霸权

课后思考题

1. 什么是伦理道德？如何将伦理道德用于企业？
2. 信息系统的道德维度有哪些？
3. 网络知识产权有哪些？列举一些网络知识产权的侵权行为。
4. 大数据环境下，人们会面临哪些伦理问题？应该如何解决？
5. 你（或者你身边的人）有没有遭遇网络诈骗？是如何解决的？你认为应该如何防范网络诈骗？
6. 假设明天是提交数据流程作业的最后时限，你打算今晚完成。这时，你的朋友说有急事，需要你的帮助。帮你的朋友解决完问题，你发现你已经没有时间完成作业了。第二天，你的朋友建议你把他的作业复制打印一份上交，并且你的朋友承诺他不会把自己的作业上交，你不用担心会被老师发现。这时，你会怎么做？

协作练习

人工智能带来的威胁

（1）一个插画师的选择困境

2020年，小林辞掉了插画组组长的工作，成为一名自由插画师。一开始，小林感觉非常开心。工作时间缩短了，收入更是翻了一番。但是到了2023年，小林感觉压力倍增。ChatGPT出现了，平面设计等工作开始被AI绘图取代。小林的订单减少了五分之四，收入又回到了三年前的水平。

市场上许多公司对图画的需求并不高，多限于表层。AI绘图虽然不够精致，但是效率高、操作简单。一般而言，一个插画师需要2周甚至一个月的时间才能完成一幅美宣图。在设备完善的条件下，AI绘图只需要10分钟就可以完成。因此，许多企业为了提高效率、降低成本，都将目光转向了AI绘图。如知名公关及广告服务商蓝色光标利用AI优化人员配置，无限期停止了创意设计、文案撰写、方案撰写等相关外包业务。

在此背景下，小林身边的同行们纷纷开始寻求出路，有的在等待时机，利用平台宣传、同行内推等方式寻找新的岗位；有的为了接到更多订单，改变接单习惯，尝试新的风格；有的转型做模型、课程培训；有的学习AI新技能，做AI修改图师，积极探索与AI共处的新方式。小林则打算研究短视频和手办，利用之前积累的经验在新媒体上开启新的创业征程。

（2）一个新媒体编辑的逃离

小张是一位新媒体编辑。早在2022年底，小张就接触到了ChatGPT。一开始，小张觉得ChatGPT不可能写出好的文稿。然而，在2023年3月份，小张在网上看到一位博主系统演示了ChatGPT的正确使用方法后，开始重新审视AI的力量。通过尝试，她发现，在ChatGPT上明确它是一个自媒体写作专家的身份，给出编辑选题，要求抓住读者情绪，直击痛点，再附上相应稿件，ChatGPT可以在十几秒钟生成一篇合格的中短篇稿件。如有不满意的地方还可以根据提出的要求迅速做出修改。

在视频常态化后，文字的力量开始削弱，小张就开始衍生出转行的念头。AI的迅速崛起更是加速了小张的转行决心。经过一番思想斗争，小张决定避开AI，从事商务、公关等和人打交道的职业。目前，她已经开始不断地刷招聘网站，投递简历，寻求新的出路。

2023年2月，央视财经援引美国《财富》杂志网站报道，一家提供就业服务的平台对1 000家企业进行了调查，结果显示，近50%的企业表示，已经在使用ChatGPT；30%的企业表示，有计划使用。而在已经使用ChatGPT的企业中，48%已经让其代替员工工作。

除此之外，人工智能给现有知识产权体系带来新的挑战，如利用AI绘图工具完成的作品，其产权应该归谁所有，产生的收益应该如何分配，都成了棘手的问题。

（资料来源：王涵.画的没有AI好，我被裁员了[EB/OL].（2023-05-22）[2023-12-08]. https://feeds-drcn.cloud.huawei.com.cn/landingpage/latest? docid=10510321591101&to_app=hwbrowser&dy_scenario=today1&tn=4ebf4be5e0dc90aa0b6e267759c78042c46d5ef1fec294f85d1e82447272406a&share_to=qq&channel=HW_TRENDING&ctype=news&appid=hwbrowser&cpid=666&r=CN.）

结合案例材料讨论以下问题：

1. 人工智能背景下人类面临哪些伦理问题？
2. 人工智能对你所学专业未来的就业有哪些影响？应该如何应对？
3. 为了让人工智能更好地发挥作用，政府应该做出哪些努力？个人呢？

本章测试及答案

参考文献

[1] 段华斌,韦美雁. 数据库原理实验指导及习题解答[M]. 杭州:浙江大学出版社,2016.
[2] 沈钧毅,侯迪,冯中慧. 数据库系统原理[M]. 西安:西安交通大学出版社,2014.
[3] 张珺,周虹,盛晏. 管理信息系统[M]. 北京:中国农业大学出版社,2011.
[4] 朱顺泉. 管理信息系统:理论·应用·实验[M]. 北京:清华大学出版社,2011.
[5] 薛华成. 管理信息系统[M]. 6版. 北京:清华大学出版社,2012.
[6] 陆鑫,张凤荔,陈安龙. 数据库系统:原理、设计与编程[M]. 北京:人民邮电出版社,2019.
[7] 蒙祖强,许嘉. 数据库原理与应用[M]. 2版. 北京:清华大学出版社,2021.
[8] 李辉等. 数据库系统原理及MySQL应用教程[M]. 2版. 北京:机械工业出版社,2019.
[9] 刘伟. 管理信息系统[M]. 大连:东北财经大学出版社,2020.
[10] 邱立新. 管理信息系统[M]. 北京:机械工业出版社,2020.
[11] 李东. 管理信息系统的理论与应用[M]. 4版. 北京:北京大学出版社,2020.
[12] 李苏剑,游战清,郑利强. 物流管理信息系统理论与案例[M]. 北京:电子工业出版社,2005.
[13] 李兴国. 管理信息系统案例[M]. 北京:清华大学出版社,2010.
[14] 杜治国. 管理信息系统实践教程[M]. 重庆:西南师范大学出版社,2019.
[15] 丁晖. 跨境电商多平台运营:实战基础[M]. 2版. 北京:电子工业出版社,2017.
[16] 王广宇. 客户关系管理[M]. 2版. 北京:清华大学出版社,2010.
[17] 周洁如. 客户关系管理经典案例及精解[M]. 上海:上海交通大学出版社,2011.
[18] 王永贵,马双. 客户关系管理[M]. 2版. 北京:清华大学出版社,2021.
[19] 程宏. 管理信息系统[M]. 杭州:浙江大学出版社,2007.
[20] 陈国青,郭迅华,马宝君. 管理信息系统:原理、方法与应用[M]. 北京:高等教育出版社,2019.
[21] 王要武. 管理信息系统[M]. 北京:电子工业出版社,2008.
[22] 庄玉良,贺超. 管理信息系统[M]. 北京:机械工业出版社,2019.
[23] 王菡,李长齐. 信息管理系统应用与开发[M]. 长春:吉林大学出版社,2020.
[24] 克伦克,博伊尔. 管理信息系统:第7版[M]. 冯玉强,等译. 北京:中国人民大学出版社,2019.
[25] 刘仲英. 管理信息系统[M]. 3版. 北京:高等教育出版社,2017.
[26] 黄梯云,李一军. 管理信息系统[M]. 7版. 北京:高等教育出版社,2019.
[27] 胡笑梅,张子振. 管理信息系统[M]. 北京:机械工业出版社,2021.
[28] 薛华成. 管理信息系统[M]. 7版. 北京:清华大学出版社,2022.
[29] 加里·杰里菲. 全球价值链和国际发展:理论框架、研究发现和政策分析[M]. 上海:上海人民出版社,2018.
[30] 王要武. 管理信息系统[M]. 北京:电子工业出版社,2017.
[31] 哈格. 信息时代的管理信息系统[M]. 北京:机械工业出版社,2017.
[32] 李普曼,拉乔伊,莫. C++ Primer中文版:第4版[M]. 李师贤,蒋爱军,等译. 北京:人民邮电出版社,2010.
[33] 麦克劳德,谢尔. 管理信息系统[M]. 北京:电子工业出版社,2007.

[34] 刁成嘉.面向对象技术导论[M].北京：机械工业出版社,2006.
[35] 朱梅琴.业务流程重组及相关案例的流程分析[J].现代情报,2003(11)：204-206.
[36] 王健.管理信息系统：原理、方法及新技术[M].北京：清华大学出版社,2022.
[37] 陈劲.科技创新：中国未来30年强国之路[M].北京：中国大百科全书出版社,2020.
[38] 拉德友.朴素式创新：节俭、灵活与突破式增长[M].陈劲,译.北京：清华大学出版社,2015.
[39] 陈劲.企业创新生态系统论[M].北京：科学出版社,2017.
[40] 劳顿 C,劳顿 P.管理信息系统[M].黄丽华,俞东慧,译.北京：机械工业出版社,2018.
[41] 克伦克,博伊尔.管理信息系统：技术与应用[M].袁勤俭,张一涵,孟祥莉,等译.北京：机械工业出版社,2018.
[42] 李少颖,陈群.管理信息系统原理与应用[M].北京：清华大学出版社,2020.
[43] 黄珍生.管理信息系统教程[M].北京：中国水利水电出版社,2018.
[44] 张才明.管理信息系统[M].北京：企业管理出版社,2020.
[45] 蒋艳艳."泛在网时代"的伦理风险[J].东北大学学报(社会科学版),2018,20(03)：233-238.
[46] 孙天成."杀猪盘"式电信网络诈骗打防对策研究[J].网络安全技术与应用,2023(04)：156-159.
[47] 孟映萍.大数据背景下企业信息化管理战略分析[J].现代商业,2021(09)：154-156.
[48] 王欢,李景春.大数据时代"楚门效应"的伦理困境与治理方略[J].观察与思考,2021(11)：81-88.
[49] 吕耀怀.大数据时代信息安全的伦理考量[J].道德与文明,2019(04)：84-85.
[50] 赵毅.大数据应用中的伦理问题研究[D].大连：大连理工大学,2021.
[51] 易泸月.电信网络诈骗犯罪的防控路径研究[J].法制博览,2023(11)：160-162.
[52] 高宏美竹,王鑫.电信网络诈骗犯罪的现状及对策分析[J].现代商贸工业,2023(12)：201-203.
[53] 胡栾,刘芳.电子商务时代下的市场营销理念研究[J].中国集体经济,2021(10)：66-67.
[54] 张俊波,王莉仙.工业企业信息化发展趋势的再审视[J].中国管理信息化,2021,24(05)：84-86.
[55] 杨伟,李乐.临时性组织研究评价与展望[J].外国经济与管理,2013,35(06)：52-60.
[56] 肖余春,李伟阳.临时性组织中的快速信任：概念、形成前因及影响结果[J].心理科学进展,2014,22(08)：1282-1293.
[57] 郑德宝.面向对象的实时软件开发方法研究[J].电子制作,2016(07)：43-45.
[58] 阴杰.面向对象开发方法与结构化系统开发方法的继承发展关系[J].科技情报开发与经济,2009,19(18)：116-118.
[59] 陈小红.企业信息化促进管理创新的"五体模式"驱动战略研究[J].科学管理研究,2016,34(01)：83-86.
[60] 秦佳佳.企业信息化对企业竞争力的影响研究[D].太原：山西财经大学,2014.
[61] 何培育,杨莉.数字经济时代企业数据知识产权保护困境与对策探析[J].重庆理工大学学报(社会科学版),2023,37(06)：80-90.
[62] 万云兰.信息技术对人力资源管理模式的影响探析[J].中国民商,2020(04)：192.
[63] 王艺霖.信息技术在企业经济管理中的应用优势分析[J].中国集体经济,2021(08)：23-24.
[64] 王健.管理信息系统：原理、方法及新技术[M].北京：清华大学出版社,2022.
[65] 杨敏.企业战略与信息系统战略规划的集成研究[J].中国管理信息化,2016,19(02)：62.
[66] 邓满英.浅析原型法[J].吉林农业科技学院学报,2008(02)：43-45.
[67] 丁磊.人工智能和大数据中的伦理与隐私[J].电子技术,2021,50(05)：28-32.
[68] 高利芳,曲晓辉.商业伦理与职业道德高等教育的调查与反思[J].财会月刊,2022(16)：52-59.
[69] 郭佳.省高院发布五起电信网络诈骗典型案例[N].青海法治报,2023-05-22(003).

[70] 董奇峰.试析现代信息技术及其对生产力的促进与影响[J].科学与财富,2020(23):77.

[71] 韩洪灵,陈帅弟,刘杰,等.数据伦理、国家安全与海外上市:基于滴滴的案例研究[J].财会月刊,2021(15):13-23.

[72] 吴君超.HX公司信息系统规划[D].银川:宁夏大学,2016.

[73] 田燕琴,宋黎.MIS系统的面向对象开发方法[J].福建电脑,2003(11):60-61.

[74] 邹士娇,姜道利.基于B/S模式的药学教学案例管理信息系统设计与实现[J].数字技术与应用,2022,40(12):233-235.

[75] 张光照.信息资源共享平台建设业务流程优化研究:中国财经教育资源共享平台应用案例分析[J].长江信息通信,2022,35(08):235-237.

[76] 佚名.创建信息时代的组织[EB/OL].(2023-06-21)[2023-12-08].https://www.guayunfan.com/baike/219444.html

[77] 中国新闻网.抖音社区自律公约更新:新增网暴治理规范、倡导规范表达[EB/OL].(2022-09-21)[2023-07-16].https://baijiahao.baidu.com/s?id=1744555377849509854&wfr=spider&for=pc

[78] 陈劲.零工经济带来的人力资源管理变革[EB/OL].(2019-01-28)[2023-05-23].http://www.qhzcpx.com/article/9071.html

[79] 国家网信办.完善网暴治理法律制度[EB/OL].(2023-03-16)[2023-06-18].https://baijiahao.baidu.com/s?id=1760496379807624168&wfr=spider&for=pc

[80] 音乐财经.美国呼吁打击盗版:每年给经济造成百亿美元和数十万就业岗位损失[EB/OL].(2023-02-27)[2023-06-21].https://zhuanlan.zhihu.com/p/609951198

[81] 陈劲,丁文星.动态能力与水之哲学[J].清华管理评论,2018(4):38-44.

[82] 陈劲.创新管理对经典企业管理理论的挑战[J].中国机械工程,2003,14(3).

[83] 郭东强.现代管理信息系统[M].5版.北京:清华大学出版社,2021.

[84] 侯炳辉,程佳惠,曹慈惠.信息系统评价体系及评价方法[J].中国管理科学,1993(03):26-35.